对于那些
致力于在国家和私人经济收益之间寻求平衡,
志在使两者均受益的许多个人和组织,
本项研究表示感谢。

This work was originally published by The World Bank in English as *Mining Royalties: A Global Study of their Impact on Investors, Government, and Civil Society* in 2006. This Chinese translation was arranged by Dr. Desheng Hu, Professor of Law at Xi an Jiaotong University, for Peking University Press. Peking University Press and Dr. Desheng Hu are responsible for the quality of the translation. In case of any discrepancies, the original language will govern.

本书原版为英文版，题名 *Mining Royalties: A Global Study of Their Impact on Investors, Government, and Civil Society*，由世界银行于2006年出版。中文版由西安交通大学法学教授胡德胜博士组织翻译，由北京大学出版社出版。北京大学出版社和胡德胜博士对翻译质量负责。中文翻译如与原版之间存在任何差异，以原版语言作准。

本书表达的发现、解释和结论并不必然反映世界银行、其执行理事会或者其所代表政府的观点。

世界银行不保证本书所包含数据资料的准确性。本书任何地图上显示的边界、颜色、数值和其他信息并不意味着世界银行对任何所涉领土法律地位的任何裁判、对所示边界的认同或者承认。

自然资源治理译丛

译丛主编 魏铁军 胡德胜

矿业特许税费

关于其对投资者、政府和市民社会影响的国际研究

Mining Royalties : A Global Study of Their Impact on
Investors, Government, and Civil Society

[美] 詹姆斯·奥托　[美] 克雷格·安德鲁斯　[南非] 弗雷德·卡伍德
[加] 迈克尔·多格特　[澳] 彼得洛·古齐　[美] 弗兰克·斯特摩尔
[美] 约翰·斯特摩尔　[美] 约翰·蒂尔顿　著
胡德胜　魏铁军　王涛　许胜晴　张青　译　胡德胜　校

著作权合同登记号　图字：01-2012-6689
图书在版编目(CIP)数据

矿业特许税费：关于其对投资者、政府和市民社会影响的国际研究/(美)奥托(Otto,J.)等著；胡德胜等译.—北京：北京大学出版社，2013.1
（自然资源治理译丛）
ISBN 978-7-301-22569-1

Ⅰ.①矿… Ⅱ.①奥… ②胡… Ⅲ.①矿业-税收管理-对比研究-世界 Ⅳ.①F811.4

中国版本图书馆CIP数据核字(2013)第109944号

Mining Royalties: A Global Study of Their Impact on Investors, Government, and Civil Society
Copyright © 2006 by International Bank for Reconstruction and Development/The World Bank
矿业特许税费：关于其对投资者、政府和市民社会影响的国际研究
版权所有© 2006 国际复兴和开发银行/世界银行

书　　名：	矿业特许税费：关于其对投资者、政府和市民社会影响的国际研究
著作责任者：	［美］詹姆斯·奥托　［美］克雷格·安德鲁斯　［南非］弗雷德·卡伍德　［加］迈克尔·多格特　［澳］彼得洛·古齐　［美］弗兰克·斯特摩尔　［美］约翰·斯特摩尔　［美］约翰·蒂尔顿　著　胡德胜　魏铁军　王涛　许胜晴　张青　译　胡德胜　校
责任编辑：	郭瑞洁
标准书号：	ISBN 978-7-301-22569-1/D·3337
出版发行：	北京大学出版社
地　　址：	北京市海淀区成府路205号　100871
网　　址：	http://www.pup.cn
新浪微博：	@北京大学出版社
电子信箱：	law@pup.pku.edu.cn
电　　话：	邮购部 62752015　发行部 62750672　编辑部 62752027　出版部 62754962
印　刷　者：	北京大学印刷厂
经　销　者：	新华书店
	965mm×1300mm　16开本　20.75印张　258千字
	2013年1月第1版　2013年1月第1次印刷
定　　价：	39.00元

未经许可，不得以任何方式复制或抄袭本书之部分或全部内容。
版权所有，侵权必究
举报电话：010-62752024　电子信箱：fd@pup.pku.edu.cn

译丛总序

　　人类的任何活动都是直接或者间接地利用自然资源的活动。对自然资源的勘探、开发、利用以及自然资源初级产品（国内和对外）销售的活动进行管理，事关一国社会经济发展的物质基础，涉及国家的政治安全和经济安全。近些年来，自然资源对国家政治和经济安全的致命影响凸现，各国领导或者政府极其重视，相关治理的理论和实务在国际范围内日渐成为关注和研究的重大课题。

　　世贸组织争端解决机构刚刚于2012年2月22日通过上诉机构和专家组关于美国、欧盟和墨西哥诉中国原材料出口限制措施案的裁决报告，美国、欧盟和日本就于次月13日就中国稀土等材料出口措施向世贸组织争端解决机构起诉中国。我国在前案中总体上的败诉，不仅预示着在后案中的形势不容乐观，更表明我国迫切需要立足于全球化的视野、善于运用市场经济的方法，创新自然资源治理机制，从而有效地可持续性利用自然资源（特别是战略性或者稀缺性自然资源）和切实保护资源富集地的自然环境。

　　从国际和国外来看，以国家政治和经济安全为中心的自然资源治理研究势头正猛。但是，就国内而言，研究基础较差、起步较晚。在以WTO机制为核心的市场经济全球化条件下，我国理论界和实务界人士对于市场经济发达国家的情况，以及如何以符合市场经济规律和WTO规则的路径、方法和措施管理涉及自然资源的活动，在理论上缺乏认识、理解和运用。例如，有位国内知名学者声称："在发达的资本主义国家，土地都是私有的。"其实,在美国领陆中约30%的土地属于美国联邦政府所有,而领海底土、专属经济区和大陆架基本上全部由联邦政府基于人民的信托进行管理。特别是,目的正确就意味着方法正确的"目的决定论"思潮,在目前的国内似乎占据主流。不过,在原材料出口限制措施案的裁决报告作出后,中国就致函世贸组织,表示将修改有关规定和措施,使中国的做法符合裁决。这表明,"目的决定论"是行不通的。只有在确定了目标以后,通过程序上正当而适当的方法、方式、措施和手段来实现目标,才是实践上可行、经济上有效以及政治上得分的最佳选择。

我们处于一个全球化的时代。经济的市场化和全球化是一个现实,环境保护的国际化是一个现实,市场经济发达国家争夺自然资源是一个现实,国内和国际自然资源保育、开发和利用的制度化是一项时代要求。我国是一个处于从计划经济向市场经济过渡的转型国家,而主要的发达市场经济国家出于解决市场失灵、维护国家经济安全的需要,应对环境保护全球化挑战的需要,正在加强对自然资源的管理、进行着有关自然资源有偿使用的制度改革或者创新。

我国的自然资源管理制度是改革开放初期借鉴国外的相关做法而建立。一方面由于我国当时刚开始从计划经济向市场经济转变,另一方面由于对国外自然资源管理制度的考察并不全面,因此在制度设计上存在许多计划经济的痕迹,忽视市场手段和市场方法的运用。随着国民经济的快速发展,我国自然资源原料和产品的供需矛盾日益突出,现有自然资源治理机制不仅造成了自然资源的大量浪费,产生了严重的生态环境问题,致使公共的国家自然资源财富惊人流失,而且引发了诸多国际贸易争端。

尽管每个国家都有权走一条不同于其他国家的、符合自己国情的发展道路,但是都不能置经济的市场化和全球化的现实以及环境保护的国际化的现实于不顾,为所欲为。况先哲有云:

"三人行，必有我师焉。择其善者而从之，其不善者而改之。"（《论语·述而》）客观现实、时代要求和科学理性决定了我国不可能像市场经济发达国家一样，走完全自由市场经济的路径。然而，通过借鉴市场经济国家自然资源治理的经验、吸取其教训，以可持续发展为基本理念，完善我国自然资源治理，不仅在宏观上是发展有中国特色的社会主义市场经济的客观要求，而且在微观上是促进我国资源的市场优化配置、提高资源利用率、降低经济发展对资源的过度依赖和消耗、保护和改善生态环境、确保经济又好又快发展的重要路径。

译丛选择一些在国际上颇具影响的关于自然资源治理的学术性著作，予以翻译，以求促进国内在这一领域的研究，为我国相关法律和政策的制定和完善提供理论和实践上的借鉴资料。

魏铁军　胡德胜
2013 年 1 月

作者简介

詹姆斯·奥托，法律博士，本研究团队负责人，美国丹佛大学法学院研究生部主任、研究型教授。奥托是一位自然资源法学家、矿业经济学家和工程师，具有与矿业部门共事30年的经验。他曾在40个国家为政府、私营部门、多边机构和教育机构工作，主要从事与矿业政策、法律和税费有关的工作。奥托曾和其他同仁一道组织并资助了服务于各国政府的区域性的联合国矿业税费研讨班，有来自45个国家的160多名政府官员参加。奥托为政府和私营部门提供了一些国家矿业部门的财政改革的深入分析；这些国家包括澳大利亚、布基纳法索、加拿大、刚果民主共和国、多米尼加共和国、巴布亚新几内亚、秘鲁、菲律宾、马达加斯加、马来西亚、马里、毛里塔尼亚、蒙古、莫桑比克、纳米比亚、尼日利亚、波兰、沙特阿拉伯、南非等。奥托编辑或者与他人合著了四部关于矿业税费的著作，包括他作为研究团队负责人所主持编著的著名的《全球矿业税收比较研究》这部著作的第一版和第二版。他给本研究团队提供了丰富的关于世界各地矿业特许税费制度的法律和经济方面的知识；同时，他也为本研究团队进行团队合作的税费合作研究提供了管理方面的经验。

克雷格·安德鲁斯，位于美国华盛顿特区的世界银行的首席矿业专家。安德鲁斯负责世界银行在非洲、拉丁美洲、亚洲和中亚地区的国家的矿业项目。这些项目包括援助有关国家的政府进行矿业监管和税制改革、财政收入管理、机构强化和能力建设、地球科学和环境管理制度建设、自然资源项目效益及其影响的衡量，以及小规模采矿。除了为世界银行工作外，他也经常在国际会议上发言,还是矿业著述的撰稿人以及专业协会与研究团体的积极参与者。在1992年入职世界银行之前,安德鲁斯是总部设在加利福尼亚州旧金山市的布罗肯希尔控股有限公司国际业务发展部的经理。他毕业于克莱蒙特—麦肯纳学院和乔治城大学。

弗雷德·卡伍德,博士,南非威特沃特斯兰德大学矿业工程学院高级讲师、副教授。卡伍德以其关于南非矿产资源最优租金的定量研究,获得博士学位。目前他讲授矿业政策、矿业投资以及矿业财产评估方面的研究生课程,主要研究领域是矿场评估、矿业租金及其分配、矿业税费以及矿产行业的合规性。他曾经开办过面向专业人士和社会公众的关于未来在南非实施矿业特许税费的讲座,并且出版或者发表有关矿业特许税费的文章和学术分析报告。卡伍德曾受南非财政部邀请参加矿业特许税费的讨论,并为南非发展共同体地区的多个成员国政府进行矿业特许税费分析。他为本研究团队提供了关于非洲国家矿业税费政策、矿业特许税费财政收入分配事宜、私人当事人矿业特许权使用费安排以及矿场评估技巧方面的知识。

迈克尔·多格特,博士,加拿大皇后大学矿产勘探硕士项目主任和副教授。由于在加拿大矿业经济学领域的卓越贡献,多格特获得了2002年度"加拿大矿业、冶金和石油协会罗伯特幼鳗矿业经济学奖"。多格特为本研究团队带来了关于加拿大矿业税费、勘探经济学、矿床特性和矿场决定因素方面的深度知识。他目前的研究兴趣包括经济性矿床的发现成本、勘探和收购的成本—收益分析、勘探和矿场开发的融资、采矿业盈利能力、矿产资源项目投资的国际竞争定位以及矿业政策和矿业税费立法。多格特主要在同勘探和矿业税费相关课题上,为许多私营部门和多国政府广泛工作。

彼得洛·古齐,博士,澳大利亚科廷科技大学西澳大利亚矿业学院矿产经济学副教授,对矿业政策、勘探和采矿项目的财务评估以及风险和决策分析有着特别的兴趣。在1995年到2002年期间，古齐担任西澳大利亚州矿产和能源部的副主任。随后五年，他担任西澳大利亚州地质调查局主任。此后七年，他担任西澳大利亚州水务局财务主管。他有在阿富汗、澳大利亚、纳米比亚、南非以及当时的西巴基斯坦（现巴基斯坦）从事地质和矿产勘查工作约20年的经历。在矿产和能源部工作期间，对于支持和监管西澳大利亚州勘探、矿业和石油业（包括在制定新的金矿和钒矿特许税费之时，管理矿业特许税费政策和征收矿业特许税费）方面，古齐发挥了关键作用。钒矿特许税费是混合矿业特许税费体系在澳大利亚的首次应用。古齐还领导了铜矿和钴矿特许税费的产业咨询程序及改革。并不完美的现实是，必须以这样一种方式有效率地管理公平的矿业特许税费体系，即，既不对产业又不对政府增加过多的遵从或者执行成本，又不会导致频繁的和具有破坏性的诉讼。在让经济理论的严谨性同这种并不完美的现实进行结合方面，他为本研究团队提供了实践经验。

弗兰克·斯特摩尔（博士，美国科罗拉多矿业学院经济和商业学系名誉教授）和**约翰·斯特摩尔**（美国科罗拉多矿业学院经济和商业学系讲师，美国丹佛大学法学院兼职教授）组成了一个父子团队。他们为本项研究提供了自己在矿业财务分析和采矿计算机模型开发方面的技能。他们合著有《经济评价和投资决策方法》一书，不仅在大学课程设立范围内而且还面向政府和私营部门讲授该方向的课程。他们的合著著作目前已经出版到第11版，成为采矿业的一项标准，销量超过3万册。约翰·斯特摩尔还是《全球矿业税收比较研究》（第1版）的作者之一。除了讲授大学课程，他们还为超过1.7万名的政府和矿业界成员讲授过七百多次该方向的短期课程。斯特摩尔父子拥有丰富的国际经验，为广泛的客户群提供多种分析服务；这些客户群包括许多世界上最大的矿业公司和石油公司以及国家政府。

约翰·蒂尔顿,博士,担任位于智利圣地亚哥的智利天主教主教大学矿业中心的矿业经济学教席,美国科罗拉多矿业学院经济和商业学系研究教授。在科罗拉多矿业学院,蒂尔顿连续多年担任矿业经济学威廉·J.科尔特教席。他有助于本研究团队敏锐地理解矿业特许税费对生产决策的微观经济影响,更好地认识公共政策。在过去三十多年中,他主要研究同金属产业和市场有关的经济和政策问题,并撰写了大量关于矿业的书籍和文章。他最近的研究领域包括东道国政府视角下的矿业税费、采矿业和经济发展、金属需求的长期趋势、采矿业的生产率增长来源以及金属贸易中的比较优势变化等。蒂尔顿经常就智利矿业特许税费问题发表演讲和评论。蒂尔顿在世界各地多所大学、多边机构和咨询机构中受聘担任各种职务。由于在矿产资源经济学领域公认的杰出贡献,他被采矿冶金和勘探协会授予矿产经济学奖,被矿产经济和管理协会授予杰出服务奖,以及被瑞典吕勒奥理工大学授予名誉博士学位。

序

在国际矿业界目前所讨论的问题当中,矿业税费是其中最受关切或许是最具挑战性的课题。在当前(2006年年初)矿业产品价格高企的情况下,许多矿业公司——无论是新入门的公司,还是主要的大公司;无论是地方性的公司,还是国际性的公司——在那些几乎没有矿业立法或者税收经验的国家境内,都正在加紧它们的勘探开发活动。这些国家的政府都面临着设计和实施适当的现代税收制度的需要。即使在那些拥有矿业开发经验的国家,公众对公司暴利的看法也常常挑起要求重新谈判合同或者要求修改税收立法的呼吁。在矿业税费问题上,几乎没有政府相信矿业公司缴纳了过多的税费,几乎没有矿业公司认为自己缴纳的税费太少,而且公民也很少相信自己从缴纳的矿业税费中确实得到了实实在在的利益。

然而,在这些过于简单的看法背后,却存在着非常复杂的课题:矿业税费应该如何设计,如何评估,如何缴纳,以及如何计算。来源于矿产开采的政府收入的主要形式之一是特许税费;它最通常地被认为是向作为矿产资源所有人的主权者所应当支付的、用以换取开采矿物权利的回报。尽我们所知,本书是这样唯一的一部著作,即,既从理论基础角度又在实践应用上全面研究矿业特许税费及其同整体税收制度关系的著作。对于世界银行正在同其政府一道努力,以求鼓励在矿业领域中进行新投资而且同时确保实施充分而公平的税收的国家来说,矿业特许税费是一个颇有意义的话题。

本书全面地讨论了这些问题:矿业税收背后的理念,矿业特许税费的基本要点，矿业特许税费计算的范例及其同其他形式税收之间的相互作用，以及矿业特许税费在不同情况下对投资的经济影响。本书还讨论了各种不同的矿业特许税费制度对投资者和政府的影响，并提供了具体的国家案例。最后，书中还用一章的篇幅就财政收入渠道的透明度、治理和管理——这一在国际社会中日益重要的话题——进行了讨论。

  本书是矿业税费领域内知名专家们的杰作。然而，如果没有必和必拓公司的慷慨支持，这项工作将难以完成。世界银行非常乐意支持本书的出版，认为它是关于矿业特许税费的一本全面而务实的著作，对于政府、企业和市民社会更好地理解矿业特许税费的概念和应用，将是一本特别有用的工具书。我们希望，本书将促使所有利益相关者和感兴趣各方有能力参与关于矿业特许税费的具有建设性的和富有远见的讨论中来。

拉沙德—鲁道夫·卡尔达尼（Rashad-Rudolf Kaldany）
世界银行集团石油天然气矿业和化学品部主任

前　　言

一、背景

在世界范围内,矿业领域的监管和财政制度正在经历着重大变革。据估计,在过去的 20 年中,有 110 多个国家要么制定了新的矿业法,要么对过去的矿业法作出了重大修改。[1] 伴随着对其矿业法进行现代化的这一努力,这些国家还常常从财政方面是否合理的角度进行审查。在一个全球化的时代,吸引勘探和矿业投资的竞争不断加剧。国家已经越来越注意将自己在矿业领域的监管和税费同其他国家的制度进行比较。从而形成了这样一种趋势,即,税费相对较高的国家降低税费水平,而税费较低的国家提高税费水平。这就营造了一种越来越公平的竞争环境(参见奥托,2002 年)。国家的这种内省措施的一部分已经成为审视包括矿业特许税费在内的各种税费的不同形式和税费水平。

过去 20 年来,许多矿产品出口国降低了它们的一般所得税税率、对于矿业活动以及其他许多工业活动免征诸如进口关税、出口关税和增值税等其他税种,或者对这些活动实施零税率(亦

---

[1] 奥托在 1996 年编列了 1985—1996 年间已经实施的新的矿业法(典)或者对过去矿业法(典)修改完毕的 110 个国家的名单。现在,这类国家的数目应该会更大(奥托,1996 年)。赫琴林顿(Hetherington)在 2000 年注意到,自 1990 年开始,绝大多数非洲国家已经制定了新的矿业法。根据他在 2000 年对非洲国家的统计,他的报告是:1990 年以来,有 30 个国家已经制定了新的矿业法,12 个国家正在审查其矿业法,只有 13 个国家的矿业法是 1990 年之前的。

即,对活动进行评估,而后设定零税率)。此外,对于股息和红利以及利润的代扣代缴税额也有所减少。在其他税费已经缩减或者取消的情况下,矿业特许税费已经受到特别的审慎审查。部分地讲,这种审视可以成为用来维持或者提高竞争力的措施。但是,在一些国家,矿业特许税费越来越多地成为适用于实现财政分权目标的考量。各国的改革措施并不均衡,但是总的趋势却已经是适用于矿业的许多税费出现了减少。

许多国家征收矿业特许税费;但是,另外一些国家(例如智利、格陵兰岛、墨西哥、瑞典和津巴布韦)相反,并不这样做。[2] 在征收矿业特许税费的多数国家,决策者关注的是矿业特许税费的高低水平及其计算方式是否具有竞争力、是否具有效率。在不征收矿业特许税费的国家,偶尔也会有征收矿业特许税费的呼声。

二、研究目的

在当前这个改革和全球化的时代,政府决策者和私营部门的投资者都需要获取许多种类的信息,从而有助于作出成熟的决策。税费是一项复杂的课题,意愿良好但是考虑不周的税费计划会对任何产业造成重大影响。由于其本身的成本结构以及对重大的市场驱动性需求和价格波动的严重依赖性,矿业对于税费造成的影响尤其敏感。本项研究的目的,在于对矿业特许税费提供一种全面、客观而中立的分析,供各国政府、矿业界和市民社会在认真讨论有关矿业特许税费及其各种表现形式的优点和缺点时参考使用。

虽然本项研究主要是直接关于政府所设定的矿业特许税费的,但是,其方法和原则也可以适用于私人当事人之间的特许权使用费。这种私人当事人之间的特许权使用费非常常见,特别

---

[2] 在本书交付出版的时候,智利的立法机构正在审议一项矿业特许税费的立法草案,而津巴布韦的总统宣布了他寻求征收矿业特许税费的想法。

是当地下矿产资源属于私人拥有时,或者在将矿业权中的某项利益转让给第三人或者可由第三人获得时,更是如此。

三、范围和结构

本书在结构上分为六章。第一章就本项研究进行了介绍,对研究成果的一般性建议予以概括性介绍。在第二章中,从一般意义上对矿业税费进行了讨论,以提供一项宽泛的基础。而这对于理解矿业部门的性质以及已有并适用于该部门的种类多样的税费路径,是不可或缺的。本章还介绍了公共政策问题,研究了矿业同其他类型行业相比所具有的独特特征,阐释了经济租金的概念,列举了税费种类的工具包。此外,它还指出了在检验其任何部分之时立足于整个财政制度审视问题的主要趋势,并讨论了其重要性。

在第三章中,研究分析从税收的一般问题转为关于矿业特许税费的专门问题。从政府和纳税人两者的不同角度,本章阐释了征收或者不征收矿业特许税费的合理之处,介绍并探讨了征收矿业特许税费的各种方法。本章还分析了在实施不同形式的矿业特许税费中所遇到的挑战,并根据有关法律中的规定,就所选择国家的事例论证了征收矿业特许税费的不同路径。最后,就国家和私人当事人所选择和使用的矿业特许税费方式的广泛组合进行了阐释。

基于第三章中所讨论的矿业特许税费方式,第四章研究了它们对矿业经济的影响。对于不同矿业特许税费方式的应用,本章运用现金流量分析方法针对三种模型矿种进行了分析。在每一种模型中,情况和条件都多种多样,从而以检验矿业特许税费对项目经济方面的影响。此外,本章还提出了一个定量模型,用于研究所选择矿业特许税费对于矿场寿命和矿产资源储量的影响。最后,以对所选定特许税费方法的微观经济影响进行的总结,结束本章的讨论。随着微观经济分析的完成,第五章转向更广泛的视野,讨论矿业特许税费对投资环境和市民社会的影响,矿业特许税费及其分配对市场的影响,以及对政府的影响。

第六章既总结了本项研究的主要发现,也建议了许多最佳做法。本章讨论了政府和矿业企业如何计算和披露源于矿业的税费和支出。随着在许多发展中国家有关矿业的经济和社会贡献被作为严重问题而提出,这一事项正在日益成为国际社会关注的重点。本章介绍了透明度的情况,构划了关于信息披露和报告一般原则,讨论了对于信息披露的关键挑战。本章还概括了《采矿业透明度倡议》这样一种收入报告方法,它在发展中国家和矿业公司的运作中正在成为一种形影不离的方法。

本书随附光盘中还包括如下一些附录(中文版中予以省略)。附录 A1 包含了分布于世界各地的一些国家的同矿业特许税费有关的简要介绍以及制定法节选。附录 A2 包含本项研究早些时候所分析过的模型矿种的研究分析结果的表格样本。最后,就矿业特许税费征收的管理和分配事宜,附录 A3 和 A4 提供了事例。

四、作者的中立性声明

在研究矿业特许税费这一课题时,我们作者力求保持一种中立的、提供信息的立场,而且既不提倡也不反对矿业特许税费。某一种矿业特许税费是好是坏,将取决于其受益者(无论是公共机构,还是私人实体)的特殊和具体情况,对矿业情势所进行的评估,以及观察者的观点。本研究中所包含的信息和所进行的分析,旨在向有关各方提供一种其决定将不同形式的矿业特许税费适用于或者不适用于某一矿种或者多个矿种所可能产生影响的理解和认识。

参考文献

Hetherington, Russell. 2000. "Exploration and Mining Titles in Africa: An Introductory Review." Hetherington Exploration and Mining Title Services, Willoughby, NSW.

Otto, James. 1996. "The Changing Regulatory Framework for Mining Ventures." *Journal of Energy and Natural Resources Law* 14 (3): 251—61.

Otto, James. 2002. "Creating a Positive Investment Climate." Proceedings of the World Mine Ministries Forum, Toronto, March 13—15.

译者前言

诚如世界银行集团石油天然气矿业和化学品部主任拉沙德—鲁道夫·卡尔达尼（Rashad-Rudolf Kaldany）在为本书所撰序中所言，"在国际矿业界目前所讨论的问题当中，矿业税费是其中最受关切或许是最具挑战性的课题"。在我国，改革和完善矿产资源税费制度成为一项重大的急迫任务。无论是在对《矿产资源法》及其配套法规规章正在进行修改的过程中，还是在国家发展计划及政府工作部门的工作要点中，矿产资源税费都是最受关注的课题之一。

我国"十二五"规划第49章提出要"深化资源性产品价格"改革，"建立健全能够灵活反映市场供求关系、资源稀缺程度和环境损害成本的资源性产品价格形成机制，促进结构调整、资源节约和环境保护"。国内学术界对于我国矿产资源税费制度的改革和完善问题已经讨论多年，特别是近十多年来在数量上可谓成果颇丰，有些观点乃至为全国人大代表和政协委员在提案中所使用。然而，认真分析和研究国内一些所谓主流观点，对矿产资源税费的认识存在重大误区，问题很多，特别是对国际上其他国家的矿产资源税费制度的认识有许多常识性错误。例如，国内主流观点错误地认为"矿业权利金是国际通行做法或者国际惯例"。

借鉴国外经验和吸取他国教训，有助于我国根据具体国情构建一套既具有中国特色又符合市场经济全球化要求的矿产资源税费制度。《矿业特许税费：关于其对投资者、政府和市民社会影响的国际研究》由来自世界上最著名矿业大学以及世界银行的、以詹姆斯·奥托（James Otto）教授为首的八位杰出专家联袂而著，目前是世界范围内唯一一部全面性研究矿业特许税费（mining royalty taxation）的专著，也是一部权威性极强的比较研究专著，具有重大研究和参考价值。

该书的创新之处在于：第一，讨论了矿业特许税费的历史以及目前使用的矿业特许税费类型，涵盖了诸如税费管理、财政收入分配和报告这些十分重要的实践问题。第二，从政府决策者、当地社区和市民社会的其他成员、矿业公司以及税费管理者等多元利益相关者的视角分析了矿业特许税费政策，明确各种征收方法的长处和缺点。第三，考虑到经济影响是矿业特许税费对投资环境、市民社会和市场的影响结果，评估了这些征收方法对生产决策和矿场经济的经济影响。第四，讨论了征收税费的政府对矿业财政收入进行管理的有关问题，其中包括透明度的重要性问题。通过领悟本书作者的研究发现和建议，可以深刻理解作为一项工具的矿业特许税费有着诸多的类型和方法，在矿业的不同发展阶段具有不同的影响、功能和作用。

正如本书作者所指出的，世界范围内，国家或者地区的政府在针对矿产资源开发活动设征专门的税费的时候，存在严重的税和费不分的情形，这是本书英文原版中在广义上使用"mining royalty taxation"一词的原因；译者将之翻译为"矿业特许税费"。在矿业特许税费类型的术语翻译上，基于表述简便、容易理解且不易误解的考虑，本人些许创新地使用了新的中文表述，这就是"从量型"、"从价型"、"从利型"、"收入型"等等，而不是国内目前普遍采用的"从……计征的"或者"根据……计征的"的表述方式。

于体例方面，中文版在尊重原书体例的原则下，照顾中文读者的阅读习惯，进行了一些必要的技术性调整：（1）根据需要增加了节以及节内一至三级标题的序号。（2）将注释由章后注释修改为页下注释，并对有关文献予以详细标出。（3）对于需要在中文版中予以解释或者说明的内容,以页下注释的方式予以解释或者说明,并标注"译者注"。(4)省略了索引部分。(5)对于原书随附光盘的内容没有翻译,也没有作为中文版的随附光盘。原书随附光盘包括四个附录。附录 A1 包含了分布于世界各地的一些国家的同矿业特许税费有关的简要介绍以及制定法节选。附录 A2 包含本项研究早些时候所分析过的模型矿种的研究分析结果的表格样本。附录 A3 和 A4 就矿业特许税费征收的管理和分配事宜提供了事例。

本书的翻译分工是:胡德胜(序、前言、致谢、首字母缩写词和缩略词、第一章、总结和结论、感谢、作者简介);王涛(第二章、第六章);魏铁军、许胜晴(第三章);许胜晴(第四章);张青(第五章)。经互相校对译稿后,全书由胡德胜最后校对和定稿。

本书中文版本的翻译和出版得到了世界银行的无偿许可,特别感谢其版权管理官员玛娅·雷夫吉纳(Mayya Revzina)在许可合同协调过程中给予的大力支持。在出版过程中,得到了北京大学出版社支持,特别感谢杨立范副总编的大力支持。本书的翻译和出版得到了陕西煤业化工集团有限责任公司的资助,谨此表示感谢。

由于译者翻译水平有限,不当或者错误之处在所难免,敬请读者批评和指正。

译者 胡德胜
2013 年 1 月

致　　谢

　　本项研究的作者在此感谢必和必拓公司和世界银行。前者为从事本项研究工作提供了资金,后者出版了本项研究成果。此外,我们还要感谢西澳大利亚州地质调查局的高级地质学家陈社发(Shefa Chen)和高迈·特伦奇(Gaomai Trench)两位博士,他们在翻译中国法律方面提供了帮助;感谢丹佛大学斯特姆法学院的研究生研究助理丹妮拉·科雷亚(Daniella Correa),她在翻译南美国家的制定法方面提供了帮助。感谢巴布亚新几内亚矿业部的格雷姆·汉考克(Graeme Hancock)主任和谢德拉克·希玛特(Shadrach Himata)副主任,他们提供了巴布亚新几内亚的有关资料。同卡尔·哈里斯(Karl Harries)所进行的讨论有助于我们理解特许权使用费在私人当事人之间的作用。萨斯喀彻温省工业和资源部的迈克尔·冈宁(Michael Gunning)对于该省铀和煤的矿业特许税费结构进行了说明。最后,特别要感谢的是凯西·凯利(Kathy Kelly),她在对书稿进行技术编辑方面提供了帮助;以及世界银行石油天然气和矿业政策处的艾利森·伯格(Allison Berg)以及出版办公室的阿齐兹·戈德米尔(Aziz Gokdemir),他们为本书的出版提供了帮助。

首字母缩写词和缩略词

APT,超额利润税
ASM,个体和小规模
ATCF,税后现金流量
BEE,(南非)弱势群体经济扶助
COW,工作合同
EBITDA,利息、税项、折旧及摊销前的收入
EITI,《采矿业透明度倡议》
ENAMI,智利国家矿业公司
ETR,有效税率
FOB,离岸价格
GAAP,公认会计准则
GDP,国内生产总值
IAS,国际会计准则
ICMM,国际金属和采矿业理事会
IMF,国际货币基金组织
IPO,首次公开募股
IRR,内部收益率
LME,伦敦金属交易所
MDF,矿业发展基金
MDGs,千年发展目标
MPRDA,(南非)《矿产和石油资源开发法》
NGO,非政府组织
NPI,净利润收益

NPR,净利润矿业特许税费
NPV,净现值
NSR,矿业企业净回报
OECD,经济合作与发展组织
OPEC,石油输出国组织(欧佩克)
PPI,生产者价格指数
PSA,产品分成协议
RSBC,《不列颠哥伦比亚省制定法(修改)》
TBVC,特兰斯凯,博普塔茨瓦纳,文达和西斯凯
VAT,增值税

目 录

第一章　绪论　(1)
第二章　矿业领域的税费　(6)
　　第一节　矿业税费概述　(6)
　　第二节　矿业税费的演变　(40)
第三章　矿业特许税费工具　(44)
　　第一节　征收矿业特许税费的目的　(44)
　　第二节　矿业特许税费的类型和计征方法　(46)
　　第三节　所选国家矿业特许税费之比较　(87)
　　第四节　私人当事人间特许权使用费　(138)
第四章　矿业特许税费对矿种的影响
　　　　——定量分析　(151)
　　第一节　所选矿业特许税费类型对三个矿种的影响　(151)
　　第二节　模型结果和讨论　(164)
　　第三节　矿业特许税费和税收对矿种边界品位的影响　(179)
　　第四节　定量分析结果之讨论　(196)
第五章　矿业特许税费对投资者、市民社会、
　　　　市场和政府的影响　(200)
　　第一节　投资环境　(200)
　　第二节　对市民社会的影响　(241)
　　第三节　对市场的影响　(249)
　　第四节　对政府和东道国的影响　(253)

第六章　收入流的透明度、治理和管理　(261)

 第一节　透明度问题　(261)

 第二节　披露和报告的一般原则　(264)

 第三节　披露过程中的关键性挑战　(270)

 第四节　矿业部门收入示范报告模板　(278)

 第五节　《采矿业透明度倡议》　(280)

 第六节　经验教训　(285)

总结和结论　(288)

第一章

绪　论

在全世界范围内，没有任何一种其他针对矿业的税费像矿业特许税费一样充满如此之多的争议。矿业特许税费是一种对于自然资源部门而言颇为独特的税费，它具有体现自身意义的多种多样的形式；它有时以利润作为计征基础，但是更常见的则是根据生产出来的产品数量或者产品价值作为计征基础。许多国家已经改革或者正在改革它们在矿业领域进行监管和征税的方法。作为改革措施的一部分，矿业特许税费这一概念正在受到重新审视。当政治家努力捍卫和坚持那些同国家对其矿产资源永久主权相关的原则时，或者当企业力求为其股东维持合理的利润时，这一审视可能会非常敏感。本项研究的目的在于，对矿业特许税费提供一种全面、客观和中立的分析，使之能够供政府和矿业界在认真讨论有关矿业特许税费及其各种表现形式的优点和缺点时参考使用。

本项研究在詹姆斯·奥托（James Otto）教授的领导下进行。奥托教授同许多国家的政府在设计它们的矿业税收制度方面，已经工作了20多年。由其领导的是一个令人印象深刻的团队，其成员来自世界上在矿业领域领先的许多大学，包括弗雷德·卡伍德（Fred Cawood）高级讲师和副教授（南非威特沃特斯兰德大学矿业工程学院），迈克尔·多格特（Michael Doggett）主任和副教授（加拿大皇后大学矿产勘探硕士项目），彼得洛·古齐（Pietro Guj）矿产经济学副教授（西澳大利亚矿业学院，曾任西澳大利亚州矿产和能源部副部长、西澳大利亚州地质调查局主任)，弗兰克·斯特摩尔(Frank Stermole)和约翰·斯特摩尔(John Stermole)两位教授(美国丹佛大学及其科罗拉多矿业经济和商业分院)，约翰·蒂尔顿(John Tilton)教授(智利天主教主教大学矿业中心，曾任前文所说科罗拉多分院的经济和商业系主任，现在两处任职)。世界银行石油天然气和矿业政策处的领衔矿业专家克雷格·安德鲁斯(Craig Andrews)撰写了关于收入流管理中的透明度一章。团队成员共同汇集形成了这样一种知识基础，即，涵盖地质学、矿业工程、矿业经济学、项目分析和评估、法律以及政府管理。

本项研究在结构上分为六章，先后分别讨论以下问题：对矿业特许税费进行全面和中立分析的理由和需要；矿业部门的性质，现有和适用于这一部门的各种税收方法，包括矿业特许税费的具体种类、事例以及相关问题；矿业特许税费对矿业经济学以及对涉及矿产资源储量、边界品位以及矿场寿命的影响；矿业特许税费对投资环境、市民社会以及市场的影响；收受财政收入的政府对收入流的治理和管理，包括增加透明度；以及，包括建议在内的一项总结。配套光盘中的附录包含有丰富的信息，包括大约40个法域法律中有关矿业特许税费规定的节选。

本项研究的主要结论是：每个国家的地质的、经济的、社会的和政治的环境都是独一无二的，非常适合于一个国家的矿业特许税费路径对于另一个国家来说可能并不切合实际。对于矿业特许税费是本来就好还是生来就坏这一核心问题的回答，取决于所涉各方的环境、项目的经济价值以及有关人员的看法。关于收入流管理中的透明度的问题正在日益成为国际关注的焦点。尽管不可能坚持认为存在一种可以理想地适用于所有国家的或者适用于一个国家境内不同矿种的矿业特许税费，但是，提出可以适用于大多数情况的建议却是可能的。这些建议包括以下八个方面。

（1）在设计一项税收制度时，决策者应该注意税收对矿业经济以及对未来的潜在投资水平所可能产生的累积性影响。在决定将何种税收及其税负适用于矿业部门时，决策者不应该仅仅考虑实现单个税种目标的方式，还必须将所有税种的累积性影响考虑在内。这种意识要求，必须承认每一个税种在实现特定目标方面的重要性。无论对于国家还是对于投资者而言，整体的税收体制都应该是公平的，是具有全球竞争力的。

（2）国家应该慎重权衡眼下财政收入同长期收益之间的关系。眼下财政收入是指从包括矿业特许税费在内的税种的高税负中所能够获得的财政收入，长期收益是指从能够对长期发展、基础设施和经济多元化作出贡献的一种可持续发展的矿业中所能够获得的收益。

（3）矿业企业应该发挥一种应有的作用。如果能够获得矿业企业提供的有关矿业特许税费对下列事宜影响的定量评估，政府就将能够作出更合理的决定：潜在的总体投资，贫瘠矿山的关闭，这些关闭对国家矿产资源储量总量的影响。

（4）具有吸引投资者的强烈愿望的国家，应该既可以考虑放弃矿业特许税费而依赖于一般税收体制，也可以认可投资者更愿意接受按其能力纳税的强烈偏好。一个寻求同其在矿业部门投资领域进行竞争的其他国家实行不同制度的国家，可以发现以所得或者利润为计征基础的收入型或者从利型矿业特许税费是一种投资激励措施。同其他形式的矿业特许税费制度相比，虽然从利型矿业特许税费制度存在固有的实施难度，但是，有能力对所得税进行有效管理的政府最好能够实施从利型矿业特许税费。

（5）设征矿业特许税费的政府应该做到以下几点：

——征询矿业产业的意见，就矿业特许税费制度的变化将对矿业产业产生的影响进行评估。

——实施一种或者几种透明的制度，以及在有关法律和法规中规定一种足够详细的具体规定,从而让所有矿产资源税费计征基础的确定事宜都十分清晰明确。

——在税费征收机构的能力范围内,选择一种或者数种适合于进行有效率和有效行政管理的矿业特许税费方法。

——无论是对加强财务报告方面还是在加强对矿业部门税务负有设定和征收职责的行政机构的体制能力建设方面,都需要给予优先考虑。因此,政府应该可以考虑矿业特许税费供选方案的全部范围,而不是仅限于那些最简单的方法。

——基于纳税能力,审慎地考虑所有矿业特许税费的供选方案(从利型的各种制度)。

——避免过高的从量型或从价型矿业特许税费的税费率。过高的税费率将会严重影响诸如边界品位和矿场寿命这类生产参数。

——对于遭遇金融困境的矿业企业,规定一种它们可以申请缓交或者免交矿业特许税费的方法,条件是它们完全满足预先设定的条件。

——允许将已经缴纳的矿业特许税费从应税所得额中予以扣除,或者允许用其冲抵应纳所得税额。

——对于个体和小规模经营者,在一般的矿业特许税费方案不应该实施的情形下,规定替代性措施。

(6) 在受影响社区能够直接从矿业收益中分享利益的情形下,决策者和企业应该考虑下列措施:

——承认这种收益可以通过包括或者不包括税收在内的多种措施得以实现。

——以这样一种方式平衡包括矿业特许税费在内的整体矿业税收制度,即,为企业投资于社区和地区层次上的可持续发展项目计划,提供一种激励机制。

——要求矿业企业直接向资源地社区支付一定份额的矿业特许税费(或者其他形式的矿业税费),而不必经过中央税务机构;或者,作为一种替代方式,建立这样一种制度,即,确定的资源地社区的份额通过中央税务机构缴纳,但是以一种透明而及时的方式进行分配。

(7)在以一种提高公众参与度的透明方式处理矿业特许税费缴纳方面,决策者和企业应该承担共同责任。总的来说,源于矿业部门的财政收入应该对经济增长和社会发展作出贡献。特别是在发展中国家,关于这些财政收入方面的责任制和透明度的缺乏,往往加剧了治理不善,导致了腐败、冲突和贫困。为此,正在得到国际社会支持的《采矿业透明度倡议》(Extractive Industries Transparency Initiative)就是这样一项程序,即,国家和矿业企业自愿同意系统地记录并公开矿业企业已经缴纳、政府已经收到的财政收入。

(8)从宏观经济治理的角度来看,优化目标应该是,对来源于矿业部门长期的社会利益(包括政府的税费收入)的净现值予以最大化。这种路径就意味着一种平衡。这是因为,如果税收过高,随着投资者转向其他替代性领域,投资和税收基数将会降低;如果税收过低,国家将损失服务于公共福祉的有用财政收入。

第二章

矿业领域的税费

一般情况下,矿业活动能够创造财富或经济盈余。这种潜在性为私营公司进行矿藏勘探、开发以及开采活动提供了动力。尽管矿业公司通常为追逐利润所驱使,但是拥有主权之政府的目标和目的却与此大相径庭,而且后者掌控着私人投资进入矿业领域的条款和条件。政府的各项行动和政策(包括对矿业部门所设征的税),都是为了推动已为主流政治进程所确认的各项社会目标(例如,经济发展)的实现。

本章从整体上对矿业税收进行考察。特别是,对于随着焦点逐渐缩小到矿业特许税费,本章讨论对之重要的一些话题和事项。

第一节 矿业税费概述

一、一般性政策问题

一般在决定针对采矿和矿业部门所设征税的结构和性质的过程中,每一个政府都会遇到以下公共政策问题。

(一) 最优矿业税收水平

政府对矿业部门征收的税越多,矿业所创造的财富中流向政府的部分就越多。当然,这就意味着流向矿业公司的财富就越少。因此,提高税率会降低矿业公司从事矿产开采或开发新矿场的积极性,甚至,当税率太高时,会降低矿业公司维持现有营运生产状况的积极性。因而,公共政策中的一个关键性问题就是确定最优矿业税收水平。[1] 显然,一方面,一个让政府取走所有财富的税率是过高的,因为这样无异于杀鸡取卵、竭泽而渔。另一方面,零税率则显得过低,因为这给政府带来的只是源于采矿和矿产生产的非税收性利益。在这两种极端之间的某处,便是矿业税收的最优水平;这种最优水平能够实现税收收入净现值的最大化,或者,更确切地说,能够实现国家从矿业部门所获得的所有社会利益的净现值的最大化(见图2.1)。

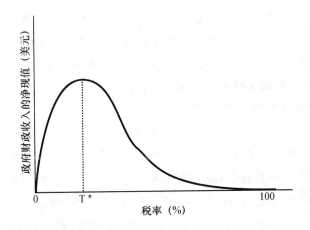

图 2.1　受税率影响的政府税收收入

资料来源:J. 蒂尔顿。

注释:T 表示最优税率。

遗憾的是,在实践中,确定最优税收水平绝非易事,因为这需要了解在税收水平变化时,矿业公司如何改变其当前行为,而且更重要的是,如何改变其未来行为。此外,预估未来的税收收入需要了解国内矿业部门可能产生的未来利润流,而该利润流

---

[1] 关于最优税收收入水平的更多信息,请参见蒂尔顿(2004)的详细解释;Tilton, John E. 2004. "Determining the Optimal Tax on Mining." *Natural Resources Forum* 28 (2): 147—48.

取决于金属价格的走势以及生产成本。不过,关于最优税收水平,有两点是众所周知的。第一,对于由矿业所创造的财富,政府能够既可以以税收的方式,也可以以非金钱利益的方式获得它的份额。非金钱利益方式是指政府对矿业公司所设定的条件或义务,或者是矿业公司对政府的自愿赞助,而且它们都会增加生产成本。例如,政府可以要求或迫使矿业公司在边远地区修筑道路并负责养护,不过这些道路既可用于矿业生产又可被社会公众所使用。政府也可以强迫或鼓励矿业公司在矿场周围提供教育、医疗以及其他社会服务。政府还可以坚持要求矿业公司使用本地供应商或雇佣本国劳动力,或者要求下游工序在其国内完成。这些要求或条件增加的生产成本越多,政府通过税收收入形式获得的利益就越少,最优税收水平也就因此越低。

第二,毋庸置疑的一点是,国家在一定期限内从其矿业部门能够获得的收益量将会流向近期。这是因为,在提高税收后的头几年内,税收收入几乎总是有所增加。然而,从长远的角度来看,较高的税收水平可能会挫伤矿业公司进行矿产资源勘探和矿场开发的积极性,并因而减少税收收入,使其低于本来应该达到的水平。其结果是,短期而言,从政府的观点来看,提高矿业税收水平(例如,设征一项新的矿业特许税费,或者设征一项税费率更高的矿业特许税费)几乎总是一项成功的举措。然而,经过好几年甚至更长的时间,提高矿业税收水平对税收收入所产生的消极影响才能够显现出来。即便如此,也很难对消极影响进行评估。因为这需要将政府实际税收收入与没有提高税费率情况下所能够获得的税收收入进行比较。

(二)最优税收结构

许多不同种类的税可以并且确已对矿业部门设征。对于经济效率、国家和公司之间风险分摊、管理的简便性以及其他考量因素来说,每一种税(包括不同形式的矿业特许税费)都有其一系列的优点和不足。

例如，经济学家们经常指责对每吨金属矿石（或对每吨金属矿石的市场价值）所设征的特许税费；他们认为此类特许税费导致生产决策缺乏效率。对于矿业公司来说，这种特许税费是生产的额外成本。对于在不征收特许税费时经济上尚可开采的低品位矿石，可能在征收特许税费后变得无利可图。在这种情况下，对矿业公司的收入或者利润征税则更为有效。因为此类税种并不改变追求利润最大化的矿业公司的最优产出，而且开采边际品位的矿石仍然有利可图。然而，作出这一假设（确实有人已经这样假设）将是错误的，即，公司利润税以及从利型特许税费不会扭曲公司的行为。对于正在运营的项目和潜在的新项目，此类税费的确会减少公司的预期净现值和内部收益率。其结果是，高的公司利润税以及高的基于利润的特许税费会促使矿业公司比在正常情况下更快地停止边际品位矿石的开采，也会减少新项目的经济吸引力。然而，它们的影响将会小于非以盈利性为计征基础的高水平税费的所产生的影响。

税收结构也影响着国家与矿业公司之间的风险分担。采矿是一项风险特别高的活动。这部分是因为大多数新矿场的开发需要很长的筹备期，而且预计到在开发之前的所有潜在技术、地理、经济以及政治问题困难重重。此外，大部分矿产资源产品市场在商业周期内都极不稳定，其价格存在大幅波动。当世界经济繁荣时，矿产资源产品的价格是世界经济增长缓慢或者衰退时期的两三倍。其结果是，在一定时期内，对单个矿业公司来说其所得利润的变化较大。而且各个矿业公司于任一时间点上所获利润的差别也很大。有些矿场成为摇钱树，而其他的却无法盈利，即使在矿产资源产品价格较高的时期也是如此。

公司利润税以及从利型矿业特许税费能够在国家和矿业公司之间合理分配矿业风险。当税前利润下降20%时，政府的税收和矿业公司实现的税后利润都会下降大约相同的金额。从量型和从价型的矿业特许税费将更多风险转嫁给了矿业公司，甚至在价格低迷时期,在矿业公司处于亏损状态下,政府也能够继续从开采和销售的每吨金属中取得一定金额的税款。相反,累进所得税或超额利润税会将更多的风险转移给政府。这是因为,累进所得税或超额利润税要么只对矿业公司的利润征税,要么只对某一矿场的内部收益率或者净现值征税。

通常情况下,与政府相比,矿业公司更易于承担风险并且也较少地逃避风险。在这种情况下,国家可能希望通过设征混合税来向矿业公司转移更多风险。然而,这种策略也需要成本。为了补偿矿业公司承担的更多风险,政府必须愿意允许矿业公司获得大部分的预期利润,而这就意味着政府预期收入的减少。

随着时间的推移,混合税也会影响政府的收入流。例如,在项目开发期间对卡车、钻头、球磨机以及其他进口生产资料所征收的进口关税能够带来税收收入。在生产过程中,从量型或从价型的矿业特许税费能够带来税收收入;一旦项目能够盈利,公司利润税或从利型矿业特许税费能够带来税收收入;在公司利润达到所设定的利润水平后,超额利润税能带来税收收入。此外,在对公司利润征税的情况下,允许生产设备加速折旧的规定能够使政府税收流推迟多年。

在确定混合税时,另一个重要的考虑因素是税收管理的难度和偷税的可能性。有些税(包括多种矿业特许税费)易于管理而且很难偷税。政府官员只需要了解一个矿业公司的总销售额或总生产额,就可以确定该公司的应纳税额。这样不仅可以降低行政管理成本,还可以降低公司为争取减税而投入资源的动因。或许更为重要的是,它降低了腐败的可能性。然而,对于矿业公司利润税和从利型矿业特许税费来说,这些优点并不明显。对成本(诸如向母公司支付的管理费以及其他非市场交易)的合理性进行评估十分困难,并且矿业公司为尽力减税和避税而投入的时间和资源也许能够带来丰厚的回报。

(三) 特异性(或者统一性)

另一个政策性问题是关于税法的特异性。基于税收的目的,许多国家都对采矿业和矿业部门予以特别考虑。部分原因在于,对于一些国家来说,来源于矿业部门的收入在政府财政收入和外汇收入中占有很大份额。在这种情况下,政府与矿业公司就包含许多事项的特别协议展开磋商就不足为奇了;这些事项包括个别大型工程,或"巨型"工程的税收问题。此外,一个普遍的观念是,由于矿业部门开发的是不可再生资源,矿业部门与其他部门有所不同,因此对矿业部门适用的税种和税率也应该与其他部门有所区别。在某些情况下,这种资源包括品位极高并因此能带来高额利润的矿藏。在对经济租金和开发者成本的讨论中,本章将考虑这一关于税收特异性的理由。

其他国家(以近几年智利的情况为例)已经对矿业公司像对其他公司一样征税。这样做能带来一些好处。它可以消除特定行业取得有利于本行业税收立法的能力,并因此减少矿业公司游说并求得特别照顾的动因;税收统一性还能够减少税法的复杂性,使它们更加易于管理;可以消除或减少为了增加税收而把某一行业单独挑选出来可能性。正如下一部分所讨论的,这一点对于矿业公司来说极为重要,东道国会也因此而受益。

(四)税收制度的稳定性以及因议价能力衰减和平民主义带来的挑战

公司在决定是否对矿业项目投资时,很大程度上受预期税后回报和风险的影响。对现有税收制度的稳定性进行预测是任何风险评估的重要组成部分。对于计划花费几千万或者几十亿美元投资于新的矿物和矿物合成物的矿业公司来说,它对于在投资完成且所投资产不再为动产之后的任何可能的税负变化都会非常关注。

就政府角度而言,关于税收制度稳定性的认识同样十分重要。矿业公司基于对风险—回报之间利弊得失的权衡,如果所预计的税收制度的稳定性越高,它对回报的要求就越低,那么政府通过税收或者其他利益形式从矿业部门取得的财富份额就越大。

然而，令人遗憾的是，无论是对政府还是对矿业公司来说，税收制度的稳定性是难以保证的。原因之一就在于难以确保未来的政府遵守现任政府作出的承诺和签订的协议。在某个时间，或许在所要执行的决定作出 5 年或 10 年以后，新一届政府很可能会掌权。另一个原因在于，在矿产项目的营运期内，议价权会发生变更。雷蒙德·弗农（Raymond Vernon）(1974) 多年前将这种变更描述为议价能力的衰减。在开发一项矿产项目前，其未来的盈利性具有相当大的不确定性，而这种不确定性是由多种原因导致的。结果是，除非在税收方面得到享有优惠待遇的承诺，矿业公司一般不愿意开发该项目。基于多种原因，东道国政府迫切想看到矿业公司开发该项目，因而显得十分热情、慷慨。一旦项目完成，投资资本就投了进去，而且再也无法从东道国抽回。随之，关于项目盈利能力的不确定性也消失了。结果是，一些项目无法盈利，而另外一些则利润颇丰。

无论如何，对于共同认同的税收体制，不管项目成功与否，都会产生不愉快的结果。没有利润的项目消耗着国家的不可再生资源，国家却没有以税收的形式获得回报，或者几乎没有获取回报。进而，公众会质疑，项目没有利润的情况要么反映了公司缺乏能力，要么，在公司是国际公司的情形下，是公司将利润转移到了国外来逃避税收。另一方面，盈利项目确实向政府缴纳了税款，但是这些项目消耗着明显宝贵的国内资源。而且，公众始终认为，盈利项目产生的财富大部分都进入了矿业公司的腰包，尤其对那些十分成功的项目更是如此认为。

于矿业部门而言，在似乎有很多跨国公司正在经营的情形下，这些关切可能被平民主义所特别关注。一般社会公众常常忽视从长远来看可能产生的消极影响，因而很可能支持对矿业部门尤其是大型外国公司征收较高的税。在支持国家和国民利益的一方同支持外国公司及其股东利益的一方这两方之间的对抗中，政治家们能够容易地主导有关讨论。然而，如果税收水平已经达到或高于最优税收水平，则继续提高税收水平不但对矿业公司有害，而且对国家亦有害。此外，税收制度的变化会降低投资公司对该国税收制度稳定性的评估，增加对该国投资风险认知。更高的风险认知和风险不确定性意味着任何项目预期收益的更多部分必须由公司取得，用来作为对高风险的补偿，以致国家所获取的会更少。简而言之，税收制度的变化也会同样降低最优税收水平。

既然税收制度的变化会增加风险认知度并降低最优税收水平，那么各国应该如何应对随着时间推移而降低的风险认知度呢？在过去的几十年中，印度尼西亚与矿业公司之间签订了数批合同。在外国矿业公司看来，第一批合同是对其最为优惠的。在经历了一段时间的政治与社会动荡之后，该国政府愿意为公司提供额外补偿。这些投资项目被证明是有吸引力的，因而降低了在该国投资的风险认知度。在这之后，印度尼西亚政府向第二批投资者提供的优惠条款就比第一批略微减少。就这样，优惠条件随着合同批次的增加而递减。只要双方达成协议，协议内容就不再变更，矿业公司在投资前就能清楚适用何种税收制度。最重要的是，矿业公司明白，投产之后，税收制度变更的可能性微乎其微。

政府和矿业公司还可以通过把项目投产后政府及公众的不满降到最低的路径，来增强税收制度的稳定性。可以通过混合税让政府获得预期的财富份额来实现这一点。对项目产出征收适度的矿业特许税费可以确保，即使在项目没有利润的情况下，国家也能因其资源的开发而获得一些收益。同样，当项目利润丰厚的情况下，设征某种超额或累进利润税，有助于使政府免受公众对其导致大量财富流失而损害公共利益的质疑。归根到底，所有各方都必须认识到，在项目盈利时，私人公司需要就其承担的风险以及就其在项目失败时受到的损失，获得充分的补偿。

（五）税收的分配和利用

对于矿业税收，尽管公众争论的焦点大多集中于财富在国家和私人公司之间的合理分配以及以上所讨论的其他事项。然而更为重要的是，如何分配并最终利用税收收入。大约十年来，关于为了国家（尤其是发展中国家）的经济增长和发展而生产和出口矿产资源产品的积极和消极影响，经济学家、政策分析者以及其他人一直争论不休。来自于所谓资源诅咒之争的结论之一是，矿产资源产品既可以推动经济增长，也可以阻碍经济增长，而这很大程度上取决于政府如何利用其从矿业部门征收的税收以及其他资金。[2]

鉴于矿产资源产品的价格和矿业利润在商业周期内的波动性，争论的问题之一是关于商品稳定基金的有效性。当矿业部门繁荣，矿业税收较高时，政府将其部分矿业税收存入该项基金。当矿产资源产品价格以及矿业税收较低时，则从中提取资金。在智利、纳米比亚、秘鲁、挪威、巴布亚新几内亚以及其他一些矿产品生产国存在或者已经实施此类制度安排。它在一些国家发挥了很好的作用，而在另一些国家却没有。与此相关的问题是，如何利用基金中的资金。将利润投向海外而非国内，有助于使国内经济免受因矿产部门繁荣而可能引起的对微观经济层面的消极影响，从而降低通常所说的"荷兰病"发生的可能性。

政府还必须决定如何分配矿业税收的财政收入。从历史的角度来看，矿业税收的很大部分被留在了中央政府，只有很小的一部分到了采矿所在地的省或地区。不过，近年来，为了回应采矿所在地的省或地区的不断增长的要求，分配到这些地方的矿

---

[2] 有关这方面文献的评论，请参见史蒂文斯（Stevens）(2003)以及戴维斯（Davis）和蒂尔顿（2005）的有关讨论。Stevens, Paul. 2003. "Resource Impact: Curse or Blessing? A Literature Survey." *Journal of Energy Literature* 9 (1): 3—42; Davis, Graham A., and John E. Tilton. 2005. "The Resource Curse." *Natural Resources Forum* 29 (3): 233—42.

业税收多了一些。

二、矿业部门为何与其他部门有所不同？

关于政府经常给予矿业部门以特殊待遇的问题，前一部分业已提及，本部分将对之予以进一步说明。为了取得用于实现公共服务的财政收入以及引导纳税者的行为，国家对经济活动征税。为实现上述两个目标的任何一个，一国政府都需要决定：是否应当对矿业部门征收同其他部门相同的或者不同的税。同税的普遍适用有所不同的做法被称为差别对待。差别对待既可以是按部门对待（例如，对所有矿种征收一种不向其他部门征收的税种），也可以是按矿业部门的子部门对待（例如，对于年产量低于100万吨的砂石和砾石的生产，可以采取激励性措施），还可以按项目对待（例如，政府允许一个矿场根据议定的税收协议运营）。对矿业部门的征税程度尤其取决于政府是愿意采取统一税收制度还是愿意考虑矿业部门的特性。2004年，奥托这样总结政府在政策制定上的困境：

> 按部门的不同给予非统一的待遇而实行差别对待的税制，就其性质而言，便是复杂的，并且给监管机构带来了更大的负担。此外，如果一个部门（例如矿业部门）享受特别待遇，其他部门也会以其"特殊性"而寻求照顾。[3] 大多数经济学家认为，根据经济活动的种类而采取差别待遇会导致经济的扭曲。对一个部门实施刺激（或抑制）措施，可能会导致另一个部门失去（或赢得）投资。然而，如今大多数国家对矿业部门征收与其他部门不同的税。通常可以基于

---

[3] 可以将希腊和美国的税收制度进行对比。在希腊，部门间的税收差别程度非常小，税务管理机构结构简单且精干。然而，在美国，可以说，税收制度或多或少都是建立在部门间差别对待的基础之上的，这种部门间差别造成了复杂的管理制度。在这种差别待遇税收制度下，由于每个部门都主张对自己采取特殊待遇，政治家受到的压力会非常巨大。

两个原理来证明对这一部门实施差别待遇的合理性,即矿业部门的特殊性和矿产所有权。

(一)给予特别税收待遇的理由

长期以来,矿业部门一直认为自己与其他经济活动有所不同,因此应该享受特别待遇。矿业部门的以下属性展示了矿业公司至少与某些其他种类的项目有所不同:

(1)勘探期漫长,而且在此期间没有任何收入。

(2)与其他多数部门相比,在发展和建设阶段,矿业部门需要的资本数额较大。

(3)矿场一旦建成,投入的资本便难以抽回而且财产无法转移。

(4)矿业部门的设备往往专业性较强,在世界范围内只有少数生产商能够制造,因此这些设备必须进口。

(5)矿场寿命一般很长并且会受制度变化以及政策不稳定性的影响。

(6)与其他多数部门相比,矿产品价格经常不稳定,因此矿业部门的收入呈现周期性。

(7)运营规模可以很大,也可以很小。

(8)项目关闭时会产生大量成本(有复垦要求)。

(9)会发生与生产无关的大量成本。例如,投资于社区基础设施或项目。

当今世界,大多数国家,甚至那些表示把争取实现广泛的税收统一性作为其总的税收政策的国家,都为作为纳税者的矿场多少提供一些特别待遇。表2.1列举了矿业部门的某些特性以及税收政策的相应回应。

表 2.1　矿业部门的特性以及相应的税收政策回应

特别待遇的理由	税收政策回应
矿场投产前必须进行长期而高成本的探矿活动。探矿期没有收入来抵销这些成本。	• 用将来的收入抵销投产前(取得收入前)的探矿费用(亏损向前结转,摊销)。
矿场开发的资本密集程度非常高,矿场投产前需从特定的供应商那里进口大量的专业设备和专业技术。	• 一旦正式投产,采用各种方法加快资本成本的回收。 • 正式投产后,允许对服务成本向前结转和摊销。 • 降低进口税税率或免征进口关税。 • 对进口的设备和服务在增值税方面降低税率、免征进口税、进口退税或者抵销。
矿产用于出口。	• 降低出口关税税率或免征出口关税。 • 免征增值税或实行零出口税。
不同种类的矿产在劳动力、成本、价格、附加值、环境以及社会方面的属性大不相同。	• 对不同种类的矿产实行不同的矿业特许税费率。
公司的规模或大或小。	• 根据生产规模,实行不同的矿业特许税费率。 • 对规模小的公司,免征一些种类的税费。
在与商业周期相关的周期性阶段中,矿场生产的原材料易于发生重大的价格波动。	• 不时地为处于严重的短期财政困难的项目豁免特定种类的税,通常是矿业特许税费。 • 允许亏损向前结转。
采矿活动终止之后没有收入,但是矿场将承受与关闭和复垦相关的巨大成本。	• 要求在关闭矿场前预留用于关闭矿场和复垦的单独基金,并允许此类基金在当期应纳税所得额中进行一些扣除。
许多矿业项目的开采周期很长,矿业公司担心一旦投资完成,政府会修改税法,对矿业公司的回报产生消极影响。	• 至少在部分开采周期保持部分或全部相关种类的税费的稳定。 • 通过制定法或协议的方式,保持税费的稳定。

(续表)

特别待遇的理由	税收政策回应
在投资总额特别巨大时（一项特大项目），只有对当前税收体系进行重大修改，才能使投资成为可能。	● 与公司签订一份协议，该协议包含一些专门的税收条款，整体或部分取代普通税法。
一个公司可能在某一项目运营上享有特殊待遇的同时，还继续进行着勘探，而勘探又可能产生新的运营项目。	● 适用栅栏原则（将矿场的账户与其他活动的账户相分离）。

资料来源：J. 奥托。

（二）所有权是征收矿业特许税费的一项理论基础

矿业部门与其他经济部门的另一个不同之处在于，作为纳税人的矿业部门对其开采的不可再生资源，在大多数情况下并不拥有所有权。在绝大多数国家，矿产资源或归国家所有，或归全民所有，或归王室或统治者所有。在其他情形下，主要是在欧洲的大陆法系国家，矿产资源出现处的土地所有者拥有矿产的所有权。矿产资源的所有者，同其他形式不动产的所有者一样享有一种利益，即，当财产利益被取走时获得相应偿付的权利。这种偿付在实际上具有一种所有权转移税的效果，通常被作为征收矿业特许税费的一项理由。这样，开采资源（例如，森林资源、石油资源以及矿产资源）的公司得以经常享受表 2.1 中所列的各种特别税收刺激措施。但在某些情况下，它们还必须缴纳一种附加税、一种差别税，用以确保矿产资源所有者因财产权转移而至少获得一些补偿。一些国家免除了这样一种附加税或差别税，也许是认识到，对于所有权丧失的补偿，可以通过财政税收以外的方式（诸如就业、基础设施建设等）进行。

在矿产品价格持续低迷时期，对于开采不可再生的公共资源却不以其收入为计征基础缴税的矿场，公众可能会强烈反对。奥托于2004年在其著作中这样写道[4]：

> 维持一个对矿业部门免征矿业特许税费的财政制度，在政治上是十分困难的。原因很简单。当矿产品价格低迷而成本却高昂时，矿场无法产生利润，因而国家无法取得税收，或获得的税收极少。同样，如果实施大额投资税收刺激措施，国家便无法征收从价型或收入型的税费（至少在矿场营运初期如此）。尽管归国家所有或归全民所有的矿产资源将被开采、销售，或出口，但此时却对国库收入无益，或利益不大。在这种情况下，政治上的可持续是罕见的。

一方面，对于那些被认为只是使自己获得财富而没有使公众受益的矿场来说，可能会面临来自社会公众的压力。但是，如果社会公众认为矿场的营运对于公共利益十分重要（例如，在矿场是当地主要雇主的地方），那么社会公众则愿意对矿场免收矿业特许税费。例如，在经济衰退时期，关闭矿场的社会成本可能会高于通过征收矿业特许税费而带来的利益。由于这个原因，许多国家都允许在特定条件下缓交矿业特许税费。让人最难以向社会公众传达的信息是，尽管在矿场无利可赢的时期，免征矿业特许税费可能导致年税收收入的减少，但是征收矿业特许税费的话，如果矿场不开采位于地下的矿产资源，则事实上会减少税收总额。当投资者因为矿业特许税费而将资金投入其他领域时，留在地下的矿产资源并不能为公共利益作出贡献。

---

[4] 大多数矿业生产国都设征矿业特许税费。不设征矿业特许税费的国家时常面临要求设征的压力。例如，在美国，1872年矿业法制度遵从发现宣告权利原则，对于根据该制度转移至私人部门的矿产，要求设征矿业特许税费的呼声日益增强。在2004年初，智利、（澳大利亚）新南威尔士州和南非的政府当时都考虑设征矿业特许税费。以前没有设征矿业特许税费的秘鲁，已经通过了矿业特许税费立法，法律将于2004年生效。Otto, James. 2004, "International Comparative Tax Regimes," 50 *Rocky Mountain Mineral Law Institute* 17: 1—45.

(三) 利用税收手段调整纳税人的行为

矿业部门与其他部门的不同之处还在于,矿业经营会对当地的社区和环境产生重大影响。针对这些影响,在税费方面可以采取这种形式的鼓励措施,即鼓励矿业公司投资于受影响的社区。这些措施既可以是把经审批的企业对社区基础设施的投资作为所得税的抵扣,也可以是为了促使企业避免或者最小化某类行为而设定处罚(例如,针对尾矿,设定一项根据数量收取的费用)。

(四) 考虑矿业部门的特殊性而采用从利型税费(包括矿业特许税费)

以盈利能力为征收基础的税费(包括一些从利型矿业特许税费)的一个优点在于,它们从根本上认识到没有任何两个项目是完全相同的,项目之间的经济状况千差万别。换句话说,因为从利型税费都是以盈利能力(也就是支付能力)为计征基础的,所以它们可以在一个统一的税收体系下适用,这种统一税收体系自动对每个项目进行区别对待。这种从利型税费排除了对反映平均水平的税率或者税基进行测算的必要性。例如,在为每吨矿石设定从量型矿业特许税费的税费率的时候,对低成本矿物来说是合理的税费率,但对高成本矿物也许就难以适用了。相反,基于对盈利性的衡量而设定的税费率为5%的矿业特许税费能够基于高低不同的盈利能力自动调整应纳税款。

三、李嘉图租金、霍林租金、稀缺性租金以及使用者成本

在数个重要方面,矿业部门与其他部门都存在很大的不同(蒂尔顿,2003)。首先,矿业活动开采的基本原材料(地下的矿产资源)往往属于国家所有。基于这一点,很多人认为,国家应该因其这一关键投入,在其他部门也都缴纳的税收之外,取得补偿。这一关键投入对采矿活动作出了贡献。

其次,在与人类有关的任何时间尺度上,矿产资源都是不可再生的。这样,现在消耗矿产资源时就产生了机会成本。因为一旦

开采,被开采出来的矿产资源未来就无法开采了。这就意味着,未来的生产活动将因此而不得不依赖于品位更低,因而也更加昂贵的矿产资源,或者不得不使用替代材料。

最后,尽管许多矿场没有获得具有竞争力的资本回报率,或者最多只是稍微有利可图,但有些矿场确实是富矿。这些富矿不可避免地会引起公众的注意,并引发有关如何在公司、政府和其他利益相关者之间公平分配这些财富(毕竟这些财富是以国家地质遗产为基础的)的问题。

所有这些问题都与经济学家和其他人所称的经济租金密切相关。于是,矿业税费不可避免地产生了经济租金以及与之相关的合法所有权的公平性问题。矿业税费领域的一些问题引发了更多的争论和困惑。

下面将首先讨论经济租金的一般性质,然后探讨与矿业开采以及矿产产品密切相关的两种经济租金。第一种是李嘉图租金,第二种是霍林租金、稀缺性租金或者使用者成本。最后,将从经济租金的角度考察一些种类的矿业特许税费。

(一)经济租金的性质

经济租金是指向某一生产要素的所有者或者向控制着一系列生产要素的企业所进行的支付或者给予的货币回报,但是支付或者回报并不改变其经济行为。例如,一个年收入达 50 万美元的成功流行歌手,可能有一次教流行歌曲而获得年收入 5 万美元的次优经济机会。在年收入至少为 5 万美元的情形下,如果他愿意继续做一个流行歌手,那么他每年都在获得 45 万美元的经济租金。这 45 万美元就是政府可以通过征税取走的他的收入,而且从这位歌手愿意为市场提供的服务的角度来看,这样做并不会改变他的行为。同样地,当公司通过生产产品和提供服务所获取的收益超过了吸引其进入某一行业所必需的收益时,或者,在该公司已经在这一行业的情况下,超过了避免使其减产或完全关闭所必需的收益时,公司就获得了经济租金。

举世闻名的经济学家约瑟夫·斯蒂格里茨(Joseph E. Stiglitz)(1996)在其教科书《微观经济学原理》中,对经济租金作出如下描述:

> 经济租金是指对生产的商品或提供的服务所支付的两种价格之间的差额,前者是实际支付的价格,后者是本来应该支付的价格。……任何得到经济租金的人的确都是幸运的,因为这些"租金"都与努力毫无关系……
>
> 当一些公司比其他公司的经营活动更富有效率时,前者就得到了效率之差范围内的经济租金……假设在一个市场中,除了A公司之外,其他公司都具有相同的平均成本曲线,市场价格就等于这些公司的最低平均成本。由于A公司的生产效率最高,因此它的平均成本远低于其他公司。在这种情况下,A公司很愿意根据它的最低平均成本,以较低的价格生产产品。A公司得到的收益超过吸引其进入市场而需要达到的收益;超过的这一部分就是"租金"——这是对A公司较高能力的回报。

约翰·科德斯(John Cordes)(1995)在《矿产租金税收导论》一书中,使用了一种与上述定义略有不同但却相一致的方式描述了经济租金:

> 经济租金可被定义为某种商品或所投入要素的当前市场价格与其机会成本之间的差额。机会成本是一种能够被商品或服务所有者愿意接受的保留价格或者最小数额……
>
> 于是,经济租金就成为一项盈余——一种为促动期望的经济行为所不必要的利益回报。经济租金的存在意味着资源的可分配性是最主要的,而不是分配的结果。从公共政策的角度来看,在不改变现有的生产和消费决定的同时,所有的租金都能被征税。资源所有者仍然能够基于其投入的资本得到可接受或所需要的回报。消费水平将仍然保持不变,因为在

竞争条件下,生产者不可能通过提高价格而转嫁税收负担。因此,可以将经济租金重新定义为能够以税收方式取走而不会导致资源利用方式发生变化的收益数量。

重要的是,不能将租金与工资、利息或利润相混淆;后者是对劳动力、资本和企业家服务的补偿。对后者征税会降低这些资源的所有者向市场提供服务的积极性,并且会扭曲经济行为和经济绩效。

(二)李嘉图租金

英国经济学家大卫·李嘉图(David Ricardo)是首批探索经济租金的学者之一。在19世纪初期他的著述中,他注意到可以根据土地的肥沃程度对农业用地进行分类。最肥沃一级的土地生产一定数量粮食(比如,一蒲式耳谷物)的成本,比第二最肥沃级的土地更低。同样,第二最肥沃级的土地生产一定数量粮食的成本比第三最肥沃级的土地更低;以此类推。

图2.2说明了这样一种情况。一定量的最肥沃一级的土地(A级土地)所生产粮食(比如,谷物)的量为0Qa,其单位产量(比如,一蒲式耳谷物)的成本为0Ca。第二最肥沃级的土地(B级土地)的产量为QaQb,其单位产量的成本为0Cb。同理,C级、D级等土地的产量和成本以此类推。

当人口数量少而且对农业用地的需求量最合理(也就是,最肥沃一级的土地能够生产出所需要的全部粮食)时,最肥沃一级的土地存在富余。由于一蒲式耳谷物的价格是由其成产成本决定的,当市场价格为P1时,所有的土地所有者都得不到经济租金。随着人口的增长,对粮食和农业用地的需求也随着增长。一旦所有的最肥沃一级的土地(A级土地)都被耕种,农场主只能开始耕种次肥沃一级的土地(B级土地)。随着人口的持续增长,更贫瘠因而成本更高的土地将被耕种。如果发生这种情况,必须提高粮食的价格,以回收在最贫瘠土地上进行生产所需要的生产成本。例如,如果人口所需粮食供应量的增加导致耕种包括G级土地在内的土地,一蒲式耳谷物的价格将上涨到P2(见图2.2)。

24 矿业特许税费

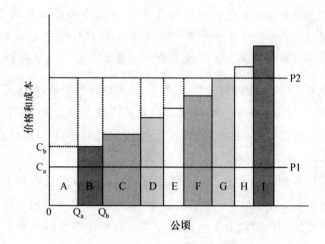

图 2.2 李嘉图租金因土地肥沃程度的不同而不同
资料来源:J. 蒂尔顿。

注释:从 A 到 I 各柱体表示不同质量或者肥沃程度的土地。每个柱体的高度反映了一定数量粮食(比如一蒲式耳谷物)的生产成本。例如,柱体 A(最肥沃土地)的生产成本为 OC_a。柱体 B 所代表土地的生产成本为 OC_b。每个柱体的宽度代表其所对应的每个等级的土地所生产的粮食数量。因此,柱体 A 所代表的最肥沃土地的粮食产量为 OQ_a,柱体 B 所代表的土地的粮食产量为 $Q_a Q_b$。P1 是柱体 A 代表的最肥沃土地所生产的粮食能够完全满足市场需求时的粮食的市场价格。P2 是市场需求要求从柱体 A 到柱体 G 代表的土地都生产粮食时的粮食的市场价格。

一个类似的图表可以反映矿业租金。在这种情况下,图中的柱体反映了矿产品位不断降低的生产铜矿或者其他金属的单个矿场。图中的横坐标这时表示的是矿场的生产能力而非土地的公顷数,纵坐标表示的是铜矿或者其他金属的生产成本和价格而非粮食的生产成本和价格。

在价格为 P2 的情况下,从 A 级到 F 级土地(都比 G 级土地肥沃)的所有者都能获得经济租金,或称李嘉图租金。只要粮食价格为 P1 或高于 P1,最肥沃一级土地(A 级土地)的所有者就愿意耕种他们的土地。当价格为 P2 时,他们认识到单位产量的经济租金等于价格 P2 和 P1 之间的差价。所有 A 级土地所有者获得的经济租金总量为价格 P2 和 P1 之间的差价乘以 A 级土地的产量,即图中从 A 级土地的最高成本到价格 P2 所在直线之间的长方形柱体。

同样的,从 B 级土地到 F 级土地所有者获得的经济租金为各自的最高成本到价格 P2 所在直线之间的长方形柱体。如图所示,单位产出的经济租金中,A 级土地(最肥沃一级土地)所有者的最高,而后随着土地肥沃程度的下降而下降。最贫瘠的 G 级土地的使用者没有获得经济租金。

与农业用地一样,矿产也有不同等级的品位。例如,少数铜矿拥有高品位的矿石和有价值的副产品。它们邻近地表,并易于运至海港。因为这些以及其他原因,一些铜矿矿场的生产成本非常低,而其他的铜矿矿场就没有这么好的条件,但仍然有利可图。因此,就像李嘉图按照土地的肥沃程度将农业用地分级排序一样,矿场也可以按照生产成本来排序。例如,在图 2.2 中,A 柱体反映了生产成本最低的矿场的生产成本和产量,B 柱体反映了生产成本次低的矿场的生产成本和产量,等等。要使从 A 矿场到 G 矿场的产量能满足市场需求,铜矿石的市场均衡价格为 P2。从 A 矿场到 F 矿场都能获得经济租金,而 G 矿场仅能回收生产成本。

一般认为,上面所讨论的这种经济租金适于作为征税的对象,这是基于以下两个原因。首先,大多数税种扭曲了经济,降低了经济效率。例如,对工资征收所得税会导致劳动力供应曲线的下降。其结果是,与不征收该税种时相比,社会消耗的产品数量下降而且休闲时间增加。然而,针对经济租金征税并不会影响劳动力、资本和其他生产要素的供应,也因此不会造成经济的扭曲。其次,在许多人看来,对经济租金征税似乎是公平的或公正的。对于受惠者来说,经济租金是一种礼物或回报,因为受惠者毫无贡献。人们的疑问是,李嘉图笔下的土地所有者是否应该从人口的增长中获利,而其他人则不能?实际上,随着粮食价格的不断上升,其他社会成员的生活质量每况愈下。

因此,与富矿密切相关的经济租金经常被用于作为对矿业征收特别税费的理由也就不足为奇了。人们经常争论的问题是:为什么由国家地质遗产产生的财富流向了矿业公司的所有者而不是全体公民？尤其是，很多矿业公司的所有者是外国人。尽管这种争论极具渲染力，但是详细研究之后，笔者持有两点保留意见。

(1) 经济租金不仅存在于矿业部门，还存在于任何拥有固定生产要素的部门。李嘉图集中讨论了农业用地存在的经济租金，但是经济租金还存在于林场、(养殖和天然)渔场、葡萄园以及狩猎场。随着城市规模的不断扩大，城市中心土地的所有者通过经济租金实现了他们财产价值的飞升。

事实上，公共政策本身经常制造经济租金。当城市中建造了地铁，地铁站周围的公寓则会升值。当一块土地因被重新规划而允许建造房屋或者以一种之前被禁用的方式利用时，这块土地通常会升值。娱乐中心或公共绿地保护区的建立，会惠及周围房屋的业主。

因此，为获得经济租金而设计的税种并不是仅仅适用于矿业。在整个经济活动中能够发现各种经济租金，而且在公共政策制造经济租金的领域，对经济租金征税是否具有公正性的争论最为激烈。

(2) 可以得出的公道结论是，矿业的经济租金数额尽管从短期来看相当可观，但从长远来看，它并不存在。要想知道为什么，就必须探究经济租金的数额是如何随时间而变化的。

从短期来看，只要能不断收回投资或者可变成本，矿场就有继续运营的动因。在矿业领域内，这些成本类似于人们所知的现金成本，通常包括劳动力成本、原材料成本、能源成本以及只要生产进行就会产生的其他支出。然而，这些成本不包括公司在短期存续期间内无论是否处于经营状态都会产生的资本和其他固定成本。因此，当市场价格低于矿场的平均生产成本但高于其平均可变成本时，尽管一个矿场会产生亏损，但是这种亏损却要比关闭该矿场时产生的亏损小得多。通过继续营运，矿场至少能够不断回收一部分固定成本。鉴于只要市场价格高于或等于平均可变成本，矿场就有继续营运的动力，那么矿场就获得了短期经济租金，该租金就是市场价格和平均可变成本之间的差额。

当然,从长远来看,矿场需要回收其全部生产成本。这些生产成本包括已投入资本以及具有竞争力的该投入资本的回报率。如果不能做到这些,矿场就会停产,而不会为了维持营运而追加新的投资。因此,矿场获得的长期经济租金是市场价格和矿场平均总成本之间的差额。这种长期经济租金要比短期经济租金小得多。

通过考察某一具体矿场(在这里,是 B 矿)所获得的经济租金,图 2.3 验证了上述情况。这里假设,矿场的现金或可变成本是由 OCb 决定的。只要市场价格高于 OCb,B 矿场在短期内就有继续经营下去的积极性。当市场价格为 P2,矿场获得的每一单位产出的经济租金就等于每一单位产出的价格 P2 与 OCb 之间的差额。如图 2.3 所示,经济租金总量可以被分为三个部分:准租金、其他租金和纯租金。

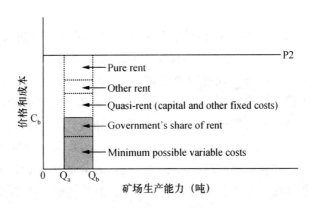

图 2.3 矿场 B 的租金来源

资料来源:J. 蒂尔顿。

注释:P2 代表矿场 B 所生产金属的市场价格;OCb 代表矿场 B 的生产成本;$Q_a Q_b$ 代表矿场 B 的生产能力。

首先,准租金反映了矿场对投入的资本和其他固定成本的回报。这种经济租金只能在短期内存在。从长远来看,一个矿场如果无法回收它的固定成本,将会关闭。

其次,其他租金的产生来源有几种。其中,金属价格的反复波动是最重要的原因。当经济繁荣时,价格会急速飙升,矿场获得的经济租金也会随之增长。然而,在商业周期中,这种积极的租金会被经济萧条、金属价格低迷时期的负租金所抵销。与准租金的情况类似,其他租金只能在短期内存在,而不是长期存在。[5]

最后,纯租金是真正意义上的李嘉图租金。当一个矿场正在开采的矿产质量高于运营中的边际矿场或成本最高矿场(图2.2中的G矿)的矿产质量时,就产生了经济租金。矿产质量取决于矿石品位、矿化性质、埋藏深度、是否易于连接海运以及影响生产成本的其他因素。

赞同对经济租金征税的人通常认为纯租金与矿业有着紧密的联系。这些经济租金反映了由国家地质遗产创造的利益,并且不像准租金那样只能在短期内存在,而是能够长期存在。甚至从长远来看,营运着的矿场不会关闭,因为政府通过税收方式取走的是纯租金。

这一观点固然没错,但是它忽略了一个需要考虑的重要因素。在矿业部门,纯租金的产生不仅要求开采有价值的矿产,而且还要求或者通过勘探而发现有价值的矿产,或者通过发明以及新技术使得原来已经发现但却不具有经济价值的矿产变得具有价值。在具有价值的矿产被发现之前以及在能够使得生产具有盈利性的技术被开发之前,矿产资源不可能得到开采。为勘探活动提供激励措施是制造和获取经济租金的要求。翻山越岭寻找新矿床的地质学家们要寻找的并不是边际品位的矿床,而是能够产生纯经济租金的富矿带。同样地,寻求能够将不具有经济性的矿产转变为有价值的矿产的新技术,也是受到了获取由这些发明创造所带来的经济租金这一愿望的驱使。

---

[5] 其他租金也包括垄断租金、能力租金(由于能力差别而产生的租金)以及公共政策租金(由于公共政策而产生的租金)。就像由于市场价格的周期性波动而产生的租金一样,公共政策的租金最终会改变公司行为,并且被政府收回。请参见蒂尔顿(1977)的详细解释;Tilton, John E. 1977. *The Future of Nonfuel Minerals*. Washington, DC: Brookings..

因此,通过征税的方法取走经济租金将对经济行为产生影响,并且从长远来看,会扭曲经济。针对与矿业相关的纯租金征税的国家,必须做好准备,或者为新的勘探矿产活动提供补贴,或者自己进行勘探。否则,随着时间的流逝,这些国家最终会发现它们的矿业部门逐渐萎缩,而且已探明矿产逐渐耗尽却没有替代矿产。

对于公共政策而言,危险之一是矿业部门的没落会历经多年。从短期来看,与矿业相关的大量经济租金(准租金、其他租金和纯租金)意味着,对矿业设定较高税费率首先将肯定增加政府的财政收入。对矿业产出以及随之而来的对财政收入的消极影响,要多年后才能显现出来;同样地,扭转这种局面也要花费多年时间。幸运的是,有一项可以预示矿业税负过重的指标体系。与其他国家相比,一国勘探支出的下降通常最先预示着该国正在失去吸引投资进入其矿业部门的竞争力。

(三) 霍林租金、稀缺性租金和使用者成本

1931年,美国经济学家哈罗德·霍林(Harold Hotelling)发表了一篇具有创新价值的论文"可耗竭资源经济学"。论文指出,同其他公司相比,开采不可再生资源的公司在行为上有所不同。正如所有关于微观经济学的优秀启蒙课本所述,那些具有竞争力并将利润最大化的公司总是有不断增加新生产能力的动因,直到它们的边际成本(生产下一单位产品的成本)与市场价格持平为止。如果它们在持平之前停止增加新生产能力,那么它们可以通过增产来增加利润。如果在持平之后继续增加新生产能力,则生产最后一件产品的成本将超过产品的售价,那么它们可以通过减产来增加利润。

霍林指出,除了在矿产资源产品生产过程中的生产成本之外,公司还会面临机会成本。这是因为,如果现在增加一个单位的产量,而不是将需要的资源留在地下,那么就会减少将来可用资源的数量。更确切地说,霍林指出的机会成本是未来利润的净现值;这种净现值的损失,是由于现在每生产一个单位的产品就会导致矿

产资源的减少。结果是,那些追求利润最大化并且具有竞争力的矿产品生产公司,将只会把产量提高至市场价格等于其所生产的最后一单位产品的生产成本与机会成本之和的临界点上。于是,矿场 G(图 2.2 中的边际生产者)只有在市场价格高于其可变成本或现金成本并且足以涵盖其机会成本的情况下,才会继续生产(如图 2.4 所示)。否则,该矿场的盈利性只有通过现在减产从而储备矿产资源以供未来之用的方法来增加;盈利性可以通过其当前的净现值加上未来利润进行计算。

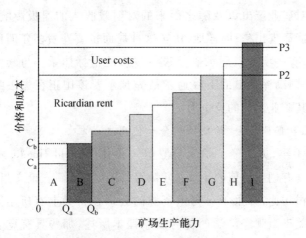

图 2.4 矿业中的使用者成本

资料来源:J. 蒂尔顿。

注释:从 A 到 I 各柱体表示不同质量的矿场。每个柱体的高度反映了给定数量金属(如铜)的生产成本。例如,柱体 A 代表矿场的生产成本为 OC_a。柱体 B 代表矿场的生产成本为 OC_b。每个柱体的宽度代表其对应的每个矿场生产的矿物数量。因此,生产成本最低的矿场(柱体 A)能够生产的矿物数量为 OQ_a,成产成本稍高的矿场(柱体 B)能够生产的矿物数量为 Q_aQ_b。P1 是市场需求能被矿场 A 生产的铜满足时铜的市场价格。P2 是市场需求能被从柱体 A 到柱体 G 所代表的矿场生产的铜满足时铜的市场价格。P3 是市场需求能被从柱体 A 到柱体 G 所代表的矿场生产的铜满足并存在使用者成本时铜的市场价格。使用者成本会在开采不可再生资源(如金属)的过程中上升,这反映了现阶段生产下一单位产品在将来所失去利润的净现值(关于使用者成本的更多讨论,请见正文)。

霍林指出的这种机会成本被称为霍林租金、稀缺性租金或使用者成本。虽然这三个概念可交换使用，不过，本项研究仅采用使用者成本一词。这是因为，如果市场价格同使用者成本与当前生产成本之和不能持平，生产者就有关闭矿场并将矿产资源留在地下以供将来使用的动因。可见，尽管使用者成本是发生于将来的成本，但它反映了真实成本。因此，忽略使用者成本将改变经济行为和资源的配置。

关于使用者成本，有几个方面需要予以强调。

第一，使用者成本是未来利润的净现值。这种净现值是由于现在开采边际品位的矿产资源（即矿场 G 的矿石）生产下一个单位产品而不是将这些资源储存于地下以供将来使用从而放弃的未来利润的净现值。在开采边际品位内的矿产资源（即 A 至 F 的矿产资源）的情况下，所丧失的未来利润的净现值反映了使用者成本和纯李嘉图租金这两者。

第二，在给定条件下，可以通过使用者成本来反映地下边际品位的矿产资源的当前市场价值以及发现新的边际品位的矿产资源的预期成本。这样，使用者成本反映了矿产资源所具有的由于其不可再生性而产生的价值。

第三，尽管在可以卖出高价的意义上，高品位矿藏具有很高的价值，但是现有的实证性证据表明，这种价值来源于与之相关的李嘉图租金，而非使用者成本。实际上，试图计算使用者成本的实证研究发现，不仅对于金属矿产资源来说，而且对于石油以及其他能源资源来说，大部分使用者成本基本上可以被忽略或者为零［蒂尔顿 2003，阿德尔曼（Adelman），1990］。这一发现与矿场经营者的行为相符。即便存在但也很少有这样的例子，即，因为相信折现后的未来增加的利润足以弥补当前利润的损失，经营者就会在价格高于生产成本时自愿减少产量。事实上，几乎没有矿场经营者特别熟悉使用者成本这一概念。然而，不可能仅仅因为产能决策能够使随时间推移而进行的矿产资源储量开采最优化，矿场经营者就不考虑使用者成本。矿场的产能一经设定，就决定了矿场的最优产量[凯恩斯(Cairns),1998]。

　　对于使用者成本为何可以忽略不计或者为零,原因尚未完全明确。也许只是因为,发现新的边际品位的矿场(例如,含铜量为0.5%的斑岩型铜矿床)容易,因而费用低。尽管发现富矿困难而且费用很高,但是富矿的价值在很大程度上或完全反映了与之相关的李嘉图租金。不确定性也可能是造成使用者成本可以被忽略不计的一个因素。对于其当前成本低于主流市场价格的矿产,当技术的变革和其他发展具有使其作为未来矿藏而变得不具有经济性的可能时,通过减少现有产量而产生的预期利润的净现值,将会大打折扣。

　　上述讨论对于矿业税收意味着什么呢?广为接受的理由是:对矿业部门征税的基础是矿业部门存在经济租金,因而对这一部门的公司征收的税应该比其他部门的公司多一些;这些理由似乎是有问题的。因为矿产资源基于其不可再生性而具有的价值看来可以忽略不计。而且,由于使用者成本不是租金而是真正的成本,因而试图获得这些成本将会扭曲经济行为和经济绩效。尽管由于矿床质量的不同、沉淀成本的存在以及其他因素,在矿业部门的确存在大量的经济租金,但是长远看来,这些租金的大部分会消失,而且从更长远的观点来看,这些租金则会完全消失。

　　据此或许可以让人认识到,政府对矿业部门应该少征税,或完全不征税;不过,只有在矿业税收的最终目的是获得经济租金(特别是获得很长期间的经济租金)的情况下,这一结论才能成立。正如本章开头所提及的,像公司一样,政府有着自己的目标和目的。尽管公司可能在很大程度上是受追逐利润的驱动,而政府则是致力于通过经济发展或者其他手段提高社会福利。因而,矿业税收的最终目的不是获得经济租金,而是促进社会福祉;不管怎样,这一理念已为主流政治进程所确认。为了实现这一目的而设置的最优税率(见图2.1)与获得经济租金没有密切关系。同为获得任何长期存在的经济租金而设计的税收政策相比,最优税率带来的税收收入既可能多也可能少。

矿业特许税费中,一些种类比另一些种类更适合用于获得经济租金。那些以矿物的数量或重量为计征基础的从量型矿业特许税费是最不合适的,因为它们对于经济租金的计算不具有任何敏感性。从价型矿业特许税费要稍微好一点;这种矿业特许税费会随着价格的波动而波动,但是与项目经济状况的成本方面没有关系。从利型矿业特许税费更好一些;因为,尽管它们也没有考虑到资本回报,但是考虑了收入和成本。有人建议对矿业部门设征以纯经济租金为计征基础的矿业特许税费,但是这一提议既未得到政府也没有得到产业界的支持。与之最接近的方法是一些国家(如菲律宾和巴布亚新几内亚)的尝试。这些国家设征了超额利润税,该税的适用以这样一种计算为基础,即(1)看企业获取的利润是否达到了征收该税的利润临界值;(2)超过规定的内部收益率以外的所有款项将被课征该超额利润税。需要说明的是,这种尝试在巴布亚新几内亚已遭废弃。加纳使用的一种以成本和利润比率为计征基础的规模浮动法(在第三章中将详细介绍)也适合于一些种类的经济租金,但是这种方法忽略了资本回报。以经济租金原理作为计征基础的税费可以适用于任何公司,但是却从未这样做过。石油是一个例外,因为政府会不时地,尤其是在石油价格非常时,对其设计并适用某种以公司回报率为计征基础的超额税费。

(四) 税费种类的识别和分类

在设计财政制度时,政府有多种方案可供选择,并且可以采用种类和形式各异的征税方法。适用于矿业部门的这些征税方法通常可以归类于两种主要的税种之一:对物税和对人税。

对物税是针对矿藏或者针对开采所需要的投入以及活动所征的各种税。这些税可以分为两组:影响项目可变成本的税费(如从量型矿业特许税费、从价型矿业特许税费、营业税以及消费税)和影响项目固定成本的税费(如特定种类的财产税、进口税、注册费、土地租金、增值税、某些种类的印花税以及贷款利息和服务的预扣税)。对物税几乎不考虑盈利性这一概念。

相反,对人税则是针对某些特定的净收益,即,不大考虑成本的收入。例如所得税,累进利润税或超额利润税,汇出红利预扣税,某些从利型矿业特许税费,以及某些收入型矿业特许税费。表2.2列举了政府适用于矿业部门的主要税种,并且说明它们是否以净收益的某种计算作为计征基础。

表 2.2 对矿业经常征收的税以及计征基础

税种	税基
对物税(以数量或价值为计征基础)	
从量型矿业特许税费	按单位数量征收
从价型矿业特许税费	矿产价格的百分比(价格的定义多种多样)
营业税和消费税	销售价格的百分比
财产税或资本税	财产或资本价值的百分比
进口税	(通常是)进口价格的百分比
出口税	出口价格的百分比
汇出贷款利息的预扣税	贷款利息价值的百分比
进口服务的预扣税	服务价格的百分比
增值税	货物或服务价格的百分比
注册费	按每一注册项目收费
租金或使用费	按单位面积收费
印花税	按每一交易收费或按交易价格的百分比收费
对人税(以净收入为基础)	
所得税	收入的百分比
资本收益税	资本财产的利润分配的百分比
超额利润税	超额利润的百分比
紧急状态超额利润税	紧急状态下超额利润的百分比
净利润矿业特许税费或净价值矿业特许税费	矿物价值减去允许可扣除成本的百分比
汇出利润或红利的预扣税	汇出价值的百分比

资料来源:J. 奥托。

一般而言,与对人税相比,在涉及边际品位、矿场寿命以及矿产资源储量的决策中,对物税更易于导致扭曲。在设计一项税收制度时,决策者应该意识到税收可能对矿业经济和未来潜在的投资水平产生累积性影响。这种意识必须认识到每一税种对于实现特定目标的重要性以及它们的累积效果的影响。

(五) 各税种的目标及其整体融合

前一部分介绍了不同税种以及它们导致生产扭曲的可能性。尽管单独使用任何一个税种都可能会产生或大或小的影响,但是混合使用一系列的税种所带来的效果可能会令人满意。表2.3展示了各税种背后的某些目标以及这些税种适用的普遍程度。

表2.3 税种的政策目标以及适用的普遍程度

税种	目标	普遍程度
对物税		
从量型矿业特许税费	提供稳定而确定的财政收入(因为商品价格波动不会对其产生影响而且具有稳定性);所有权转让收入	普遍适用,尤其是用于工业用矿产和大宗矿产
从价型矿业特许税费	至少提供一些财政收入;所有权转让收入	普遍适用
营业税和消费税	为提供以经济活动量为基础的财政收入;对投入征收的税	在许多国家,增值税已经取代了营业税;消费税可以只对特定种类的物品(如燃料)继续征收
财产税	提供基于设备价值而形成的稳定财政收入;通常由地方政府征收	普遍适用
进口税	提供财政收入;为国内生产者提供竞争优势;从历史上看,为港口发展和海关提供资金	大多数国家对矿业设备实行免税或零税率
出口税	提供财政收入;服务于当地需求的一种鼓励措施	几乎所有的国家都取消了针对矿物征收的出口税

(续表)

税种	目标	普遍程度
汇出贷款利息的预扣税	提供财政收入;鼓励更大的公平性;鼓励地方融资	普遍适用
进口服务的预扣税	提供财政收入;鼓励使用当地服务	普遍适用
增值税	提供财政收入;获取部分增值	如果产品用于出口,大多数国家都会以免征或出口退税的方式来消除对投入和产出的影响
注册费	为管理机构提供运转收入	普遍适用
租金或使用费	提供稳定的财政收入,通常是为地方政府提供土地使用费	普遍适用
印花税	提供基于交易价格的财政收入	在大陆法系的发展中国家普遍适用
对人税		
所得税	提供基于支付能力的财政收入	普遍适用
资本收益税	对资本财产处置而产生的利润进行征税	普遍适用于发达国家,许多发展中国家不适用
超额增值税	对获得过高利润的一部分征税	很少适用
紧急状态超额利润税	对获得过高利润的一部分征税	很少适用
净"利润"特许税费或净价值矿业特许税费	提供基于支付能力的财政收入	主要用于拥有良好税收管理的国家
汇出利润或红利的预扣税	提供基于支付能力的财政收入;鼓励将资本留在本国	普遍适用

资料来源:J.奥托。

表2.3中所列的所有对物税并不以按照某种方法计算的利润作为计征基础,并且如果发生应税行为,就必须缴纳这些税。有几种对物税(如土地使用费和从量型矿业特许税费)每年都能够带来

或多或少的稳定财政收入。政府所面临的挑战之一是，获取足以支持政府基本运行费用的年度财税收入水平。那些依赖矿产品出口的国家特别容易受到矿产品价格波动的影响，因而，与经济较为多样性的国家相比，这些国家可能更加强调对物税。这些矿产品出口国还有其他可用手段来调节财政收入的周期。例如，一些国家或地区（如阿拉斯加、瑙鲁、挪威以及俄罗斯联邦等）建立了财政收入特别稳定基金，在高收入财年留出一部分财政收入，以备低收入年份之用。

矿业部门投资者关注的将是整体税收水平（即有效税率）以及相应税负中不以盈利性为基础的对物税所占的比重。对物税会提高对风险的评估，因为公司将要关注的是，在矿场由于市场变化或经营状况糟糕而承受损失的年份，是否仍然会被要求缴纳大量的税。在决定何种税收以及什么样的税收水平适用于矿业部门时，决策者不仅应该考虑实现单个税收目标的方法，而且还应该考虑所有税收（尤其是对物税）的累积性影响。[6]

并非所有的税种都是独立发挥作用的。在几乎所有国家，所得税制度都允许在计算应纳税所得额时扣除矿业特许税费。这样一来，尽管在没有所得而无需缴纳所得税的早期年份，适用从量型或从价型的矿业特许税费可能会产生经济扭曲，但是这种扭曲会随着抵扣的落实而减轻。例如，甲国的所得税率为30%，矿业特许税费率为2%；在没有所得而无需缴纳所得税的年份，矿业特许税费率将为2%；在抵扣得以完全实现的年份，则矿业特许税费的净效果实际上为 $2(2\times0.3)\%$ 或者1.2%。大多数国家都允许公司将亏损从一个年份向前结转至另一个年份，因而，早期发生的可以抵扣的矿业特许税费将进一步减轻项目在以后年份的所得税税

---

[6] 对有效税率进行数据分析所使用的方法，已经为20个以上的国家所规定和验证。请参见奥托，科德斯，巴塔尔萨（Batarseh）（2000）的详细解释：Otto, James, John Cordes, and Maria L. Batarseh. 2000. "Global Mining Taxation Comparative Study." Golden, CO: Institute for Global Resources Policy and Management, Colorado School of Mines.

负。在允许不特定的亏损向前结转的制度中,一个合理的、较低的矿业特许税费率对矿产资源(矿产储量)所有者长期回报的影响可能要比公认的低一些。然而,虽然对许多矿场(除了那些拥有大量的接近边际品位矿石的边际矿场外)来说,较低的矿业特许税费率对于所开采的矿产储量的长期影响可能极小,但是在矿场亏损经营的年份,缴纳高额财物税的义务所具有的威胁就对所有那些没有用于度过亏损期的现金储备的矿场构成了一项巨大威胁。

在詹姆斯·奥托所领导团队的一系列努力下,一个铜矿财政模型得以建立,并且应用于20个以上国家或地区的税收制度之中(见表2.4)。除了其他成果外,基于向政府缴纳的所有主要税费(包括各种矿业特许税费在内),模型计算出了每一个国家或地区有效税率的数值。这种模型对于理解设征一个新税种、变更税率或税基对一国国际竞争力可能产生的影响会有用处。对于探究多种税收和激励措施混合使用的影响,这种模型更是大有裨益。需要注意的一个有趣现象是,不设征矿业特许税费并不能保证一个较低的整体有效税率;例如,墨西哥和格陵兰岛都没有设征矿业特许税费,但是其有效税率却相对较高。类似的情况是,虽然西澳大利亚州设征了矿业特许税费,智利没有设征,但是前者的有效税率却比后者低。然而,投资者在智利获得的回报率要比在西澳大利亚州高,这主要是因为矿业公司在西澳大利亚州需要在项目早期阶段缴纳矿业特许税费。为了实现税收或者财政收入的预期水平,政府有多种多样的方案可以选择。对于某些税种的税率(如所得税率或预扣税率),大多数国家可能几乎没有或者没有灵活性,但是税基可能容易调整(如可以加速矿业资本性设备折旧,允许在项目早期阶段进行大量抵扣)。税费率缺乏灵活性的一个例外通常是矿业特许税费。因为矿业部门的矿业特许税费是独一无二的。同适用于所有部门的税种相比,在政治上或许更容易不时地对矿业特许税费进行修改。

表2.4 选定国家或地区铜矿模型经济指标的比较

国家或地区	外国投资者的内部回报率(%)	总有效税率(%)
税收最低的国家		
瑞典	15.7	28.6
西澳大利亚州	12.7	36.4
智利	15.0	36.6
津巴布韦	13.5	39.8
阿根廷	13.9	40.0
中国	12.7	41.7
税收第二低的国家		
巴布亚新几内亚(2002)	13.3	42.7
玻利维亚	11.4	43.1
南非	13.5	45.0
菲律宾	13.5	45.3
印度尼西亚(第七次COW制度)	12.5	46.1
哈萨克斯坦	12.9	46.1
高税收国家中第二高的1/4国家		
秘鲁(2003)	11.7	46.5
坦桑尼亚	12.4	47.8
波兰	11.0	49.6
亚利桑那州(美国)	12.6	49.9
墨西哥	11.3	49.9
希腊	13.0	50.2
高税收国家中税收最高的1/4国家		
印度尼西亚(没有实行COW制度)	11.2	52.2
加纳	11.9	54.4
蒙古(2003)	10.6	55.0
乌兹别克斯坦	9.3	62.9
科特迪瓦	8.9	62.4
安大略省(加拿大)	10.1	63.8

资料来源:J.奥托(2004)。

注释:COW=工作合同。表中各国家或地区的数值,除蒙古(2004)、巴布亚新几内亚(2002)、秘鲁(2003)以及印度尼西亚(2003)以外,由奥托、科德斯和巴塔尔萨采集。由于税收制度经常变化,请慎用此表。

第二节 矿业税费的演变

关于对矿业部门征税,不同的国家有着不同的期望、需求和管理能力。对一国来说理想的税收制度,在另一国看来也许并非是最优的。此外,有见识的政府会关注投资者的偏好,认识到投资者会区别不同的税收管辖区而进行投资。一国矿业税收制度的演变会受一系列因素的影响。

无论一国的国内情况如何,减少适用于矿业部门的对物税或者降低其水平,在全球范围内已经成为一种趋势。例如,许多国家在25年前对采矿设备征收进口税和对矿产品征收出口税(至少对矿石和精矿如此)。如今,大多数国家已经取消或在很大程度上减少了进口税,而且几乎所有国家都对矿产品实行零出口关税或免征出口关税。由于增值税制度已经广泛应用,几乎所有国家都通过采取免征、零税率或者退税的方式来消除增值税对矿产品出口的影响。

在那些设征矿业特许税费的国家,降低税率至其评估水平已经成为一种趋势。现在,除了钻石以及其他贵重矿石,从价型矿业特许税费率通常不超过3%或4%。除了调整矿业特许税费率之外,许多设征从价型矿业特许税费的国家现在允许对一定的非生产性费用(如运费、装卸费和保险费)的价值基础进行调整。许多国家对一些适宜的矿产适用矿业企业净回报法。一些国家或地区开始摒弃从量型和从价型,采用从利型矿业特许税费。

前已提及,一些国家或没有设征,或以前没有设征而最近开始设征矿业特许税费。然而,在那些没有设征矿业特许税费的国家,政府时刻面临着公众要求设征矿业特许税费的压力。例如,西澳大利亚州于2000年之前开始对黄金开采设征矿业特许税费。直到2000年,一些矿产品生产国家或者地区(如智利、格陵兰岛、墨西哥、秘鲁、南非、瑞典和美国)并未设征矿业特许税费。[7] 截至本项研究完成之际,秘鲁已经设征而南非也将在近期设征矿业特许税费;智利已经提出设征矿业特许税费的法案;美国国内在联邦层次上设征矿业特许税费的呼声日益增强;格陵兰岛正考虑对贵金属和钻石设征矿业特许税费。在矿产资源归国家所有或全体人民集体所有的国家中,大部分都已设征了矿业特许税费。

目前尚不清楚的是,在所采用的矿业特许税费形式之中,是否存在一种趋势。目前,从价型是最普遍的形式;不过对工业矿产,最普遍的形式是从量型。然而,在有着强有力的税费管理体制的国家,已经开始转向以利润为计征基础的(从利型)或以收入为计征基础的(收入型)矿业税费制度。在加拿大的几乎所有省,传统的矿业特许税费方法已经被以可调整收入为计征基础的收入型矿业税费所取代。类似的,美国的内华达州以及澳大利亚的北部地区使用从利型或收入型矿业特许税费制度。这些国家或地区获得了一个较高的矿业部门投资水平,并且还从巨额的矿业部门财政收入中获益。此处可能提出的问题是:何种情况能够表明这样的时机已经成熟,即,一个国家从设征从量型或从价型的矿业特许税费转向设征从利型或收入型矿业特许税费的时机。对于每个国家来说,答案都将是不同的。但是总的来说,一些因素可以表明是否可能发生这种转变。以下是关于这些因素的举例:

(1)经济多元化。如果一国政府的经济和税收计征基础是多元化的,那么它对矿业部门设征一种差别税的理由就不大充足,而且也缺乏依赖于长期确定且稳定的某些种类的税的需要。有些人可能会认为,总的来说,同一种不考虑盈利性的制度相比,一国政府通过采用一种从利型制度而从矿业部门取得的长期财政收入要多得多。

---

[7] 美国的情况比较复杂。一些矿产(如煤)可能被联邦政府设征矿业特许税费。但是对大多数硬岩矿物并未设征矿业特许税费。州政府可能会对出现在几种土地上的一些种类的矿产设征采掘税,这是一种矿业特许税费。

(2) 守法纳税的普遍水平。与以净收入或净利润为计征基础的税种相比,从量型或从价型的税种不易发生偷税漏税的情况。如果一般所得税制度运转良好,政府依赖于不易发生偷税漏税的征税方法的需要可能要小。

(3) 税收机关的管理能力。同从量型和从价型矿业特许税费相比,从利型和收入型矿业特许税费方案实施起来在本质上更为困难。那些拥有具备较高能力、充足资金和忠于职守职员的税收管理制度的国家,能更好地管理从利型和收入型税费。

(4) 高度发达且被广为认识理解的一般所得税制度。通过利用为一般所得税目的而制定的指南和程序(如折旧规则),一种收入型或从利型矿业特许税费或许能够确定某些可扣除成本。

(5) 从其他产业部门类似方案中获得的经验。那些拥有对其他资源部门设征从利型或收入型税费以及相关财务的经验的政府,可能更愿意将这种经验适用于矿业(如界定会计规则的产量分成协议)。

(6) 对吸引投资具有强烈意愿的国家。矿业投资者愿意根据自己的支付能力来纳税,因而,一个国家要想从与其他国家争夺矿业部门投资的竞争中脱颖而出,可能使用收入型或从利型矿业特许税费制度作为一种投资激励措施。

当今世界,各国核定矿业特许税费的方法广泛多样。附录 A1 展示了分布于世界各地的一些国家的同矿业特许税费有关的制定法节选。对这些制定法进行考查后不难发现,它们之间缺乏统一性。即使在征收相同种类矿业特许税费的不同国家,国与国之间的计征基础也各不相同。而且,在部分或全部矿业特许税费归州或省所有的那些国家(如阿根廷、澳大利亚、加拿大和美国),矿业特许税费的确定在每个国家内的不同管辖区域之间几乎没有或者根本没有表现出一致性。没有迹象表明目前各国在矿业特许税费方面正在走向一种趋同。

参考文献

Adelman, Morris A. 1990. "Mineral Depletion with Special Reference to Depletion." *Review of Economics and Statistics* 72 (1): 1—10.

Cairns, Robert D. 1998. "Are Mineral Deposits Valuable? A Reconciliation of Theory and Practice." *Resources Policy* 24 (1): 19—24.

Cordes, John A. 1995. "An Introduction to the Taxation of Mineral Rents." In *The Taxation of Mineral Enterprises*, ed. James Otto, 26. London: Graham & Trotman.

Davis, Graham A., and John E. Tilton. 2005. "The Resource Curse." *Natural Resources Forum* 29 (3): 233—42.

Hotelling, H. 1931. "The Economics of Exhaustible Resources." *Journal of Political Economy* 392: 137—75.

Otto, James. 2004. "International Comparative Tax Regimes," 50 *Rocky Mountain Mineral Law Institute* 17: 1—45.

Otto, James, John Cordes, and Maria L. Batarseh. 2000. *Global Mining Taxation Comparative Study*. Golden, CO: Institute for Global Resources Policy and Management, Colorado School of Mines.

Stevens, Paul. 2003. "Resource Impact: Curse or Blessing? A Literature Survey." *Journal of Energy Literature* 9 (1): 3—42.

Stiglitz, Joseph E. 1996. *Principles of Micro-Economics*, 2nd ed., 298—99. New York: W.W. Norton.

Tilton, John E. 1977. *The Future of Nonfuel Minerals*. Washington, DC: Brookings.

Tilton, John E. 2003. *On Borrowed Time? Assessing the Threat of Mineral Depletion*. Washington, DC: Resources for the Future.

Tilton, John E. 2004. "Determining the Optimal Tax on Mining." *Natural Resources Forum* 28 (2): 147—48.

Vernon, Raymond. 1974. *Sovereignty at Bay*. New York: Basic Books.

第三章

矿业特许税费工具

前一章从一般意义上探讨了矿产资源税费,并且指出了一些关键问题及事项。本章将专门探讨矿业特许税费。首先,本章将讨论征收或不征收矿业特许税费的合理性。其次,将论证盛行的矿业特许税费类型。所选国家的矿业特许税费信息包括了这些国家的法律节选,用以讨论有关的具体矿业特许税费的计征方法。本章中按区域编制的表格总结并且比较了超过30个矿产品生产国家或地区的矿业特许税费计征方法。例如,有些国家允许对处于经营困难期的企业减征、缓征或者免征矿业特许税费。最后,本章将讨论私人当事人之间的矿业特许权使用费安排,并把它和政府设征的矿业特许税费进行比较。对于本章,读者需要注意的是,矿业特许税费仅仅是整个税费体系的一个组成部分,不同种类矿业特许税费的缺陷或者优点可能遭到其他税费类型的平衡或者放大。

第一节 征收矿业特许税费的目的

在世界范围内,尽管矿业特许税费的结构和税费率存在广泛的差异,但是对于其中大多数而言,征收原因却是相同的。那就是:作为将矿产移出土地的回报而向矿产资源所有者进行的偿付。作为一种补偿方法,矿业特许税费是对这样一种许可的回报,即,该许可首先给予矿业公司接触矿产资源的权利,其次给予矿业公司为自己的利益而开发这一资源的权利(卡伍德,2004)。相比之下,在某些大陆法系国家,向国家缴纳矿业特许税费的法律基础在于将其作为对持续的开采权的偿付,但是并不以事实上的或者隐含的国家所有权作为基础(另请参见第二章中的"所有权是征收矿业特许税费的一个理论基础"部分,它讨论了矿产资源所有者所享有的获得矿业特许税费的权利)。

由于矿业法上关于矿产权益所有权以及矿产开发者所享有的与之相分离的保有权的法律规定不断发展变化,矿业特许税费的征收方法随着时间的推移而已经变得日益复杂。矿产权益的所有者由财产法(物权法)规定,而国与国之间的财产法(物权法)存在差异。所有者既可以是由一群人组成的社区,他们的集体所有权源自古老的习惯法;也可以是个人,这种情况出现在具有大陆法系传统的国家;还可以是根据国际法对其领土内的矿产资源行使主权的政府。关于国家自然资源主权的影响,绝不能低估[巴伯里斯(Barberis),1998]。随着国家开始控制矿产资源,它们规定了矿业特许税费,而这种税费逐渐融入一般的财政制度之中。

另一种观点认为,矿业特许税费是"为减轻风险而进行支付的意愿"的象征(奥托和科德斯,2002)。矿产资源的所有者和开发者对风险的看法都需要重视,这是因为矿业特许税费这一工具的结构和税费率反映了投资者准备接受的风险和所有者准备接受的风险之间的平衡。晚近以来,国家自然资源主权的观念以及矿业领域中日益增长的对可持续发展的认识,正使得矿业特许税费被视为进行社会经济变革的工具。这促使一些国家设立了矿产开发基金,将一定比例的矿业特许税费转移给较低级别的政府,或者在价值增加于国外经济体时,对矿产开发权的持有者征收更高的矿业特许税费。总的说来,征收矿业特许税费为政府提供了一种相对灵活的财政政策工具。同在所得税条款下收缴的一般财政收入相比,矿业特许税费更加易于对较低级别的政府或者受影响的利益相关者进行简单的、定向的分配。

第二节 矿业特许税费的类型和计征方法

如果政府决定设征某种矿业特许税费,它可以使用多种方法进行计征。其所采用的方法将会同时影响投资者和政府。本部分研究矿业特许税费的特定类型和征收方法,并举例说明所选择的常用矿业特许税费类型的计征方法。鉴于并非所有的当事方都会从同样的角度审视矿业特许税费,因而,本部分分别从投资者和政府的角度探讨不同矿业特许税费征收方法的优缺点。有些种类的矿业特许税费相对而言易于计征和监管,而其他的则不然。本部分讨论所选择的矿业特许税费类型的行政管理要求,阐释哪一政府机构适于管理各种矿业特许税费。

一、计征矿业特许税费的常用方法:特殊性还是统一性?

在设计某种矿业特许税费制度时,一项至关重要的决策是决定该制度将在何种程度上区别对待不同的矿种。对所有矿种适用一种统一的制度,还是对每一矿种都单独对待?

历史上,很多政府使用一种矿业特许税费制度,生产出来的每一种矿产品都适用一种单独的计征方法。由于所要规定的方法种类繁多,矿业法的相关条款、实施方案或者附属法规相当冗长。对每一矿种使用单独计征方法的优点在于,它可以根据每一矿种的市场状况、物理属性以及相应的盈利能力量体裁衣。然而,这种税费制度难以适用于包含多个矿种的矿产品,如含有多种金属成分的精矿。另外,一个详细的计征方法(例如,一个假定全国范围内所有铅精矿中均含有某一特定金属的计征方法)可能会因为新技术的采用或者各种矿床的开始开发而很快变得过时。一些制定法把矿业特许税费率与其明确规定的一个固定价格联系起来;不幸的是,在市场价格变动时(这使得法定的固定价格由于通货膨胀而过时),这一方法将不可避免地遭受失败或者需要修改。一些国家使用政府制定的一种参考价格,国家定期发布矿业特许税费实施方案或者附属法规。在行政资源充足的情况下,这种方法可以成为使政府制定的参考价格不会过时的有效方法。

越来越多地,为每一单独矿种量体裁衣的计征方法,或者出现于矿产种类多而且税务主管机关成熟且有能力的国家(如澳大利亚和美国),或者存在于规定单个矿场的经协商形成而制定的国家协定法律之中。基于盈利能力或者收入的矿业特许税费制度所具有的一个明显优点是,它们可以适用于任何类型和任何规模的矿业生产运营而不用区分所生产的矿产类型。这是由于它们仅仅以收入和成本作为基础,因而对各种类型和规模的矿场来说,计征方法都可以是相似的。

下面的举例来自已经废止的矿业法条款,用于阐释假定金属含量并以法定参考价格结构作为基础的计征方法。由于不可避免的技术变革和产品价格波动,这种税费制度具有内在的不稳定性。

例一 对每个矿种(法定的品位和价格)采用单独矿业特许税费计征方法的制度

第78条 (1)为了计算矿业特许税费——

(a)假定黄金的纯度为80%;

(b)假定锡矿石中的金属锡含量不低于72.5%;

(c)假定每吨铌铁矿石中含有不少于65单位的五氧化二铌和五氧化二钽;

(d)假定钨矿中含有65%的五氧化二钨;

(e)假定铅矿石中含有不少于78%的铅;

(f)假定锌矿石中含有不少于55%的锌;

(g)对于含有锡矿、铌铁矿、钽铁矿或者钨矿的混合矿石,按照其中能够产生矿业特许税费最多的矿石计算整体的矿业特许税费。

在提供充分证据的前提下,对于已经缴纳的矿业特许税费与在如果当初知道矿石组成的情况下本应当缴纳的矿业特许税费之间的差额,此种混合矿石的出口者有权要求退还。

48 矿业特许税费

(h) 假定包含铅和锌的混合矿石为铅矿石。

……

实施方案四

1. 对于锡矿石来说,当金属锡的价格达到第一栏中规定的价格时,矿石中所含每吨金属锡的矿业特许税费应当按照第二栏中规定的比例进行计算。

  2200.00 奈拉*及以下 价值的 11%;
  2400.00 奈拉及以下 价值的 12%;
  2600.00 奈拉及以下 价值的 13%;
  2800.00 奈拉及以下 价值的 14%;
  3000.00 奈拉及以下 价值的 15%;
  3200.00 奈拉及以下 价值的 16%;

2. 对于平均含银量低于 4 盎司/吨的铅矿石或者金属铅,矿业特许税费为银价值的 2%。如果含银量不低于 4 盎司/吨,额外征收银价值 3% 的矿业特许税费。

3. (a) 对于钨矿,当其单位价值:

不超过 35 先令时,矿业特许税费为其价值的 1%;

超过 35 先令时,矿业特许税费为其价值的 1% 另加每超过 35 先令 1 先令(不足 1 先令时按 1 先令计算)增加 0.1% 计算,但是最高比例不得超过其价值的 5%。[1]

尽管许多国家或地区已经不再采用对每一矿种适用单独的矿业特许税费计征方法,但是它在一些国家或地区仍然使用着,这些国家或地区通常矿产种类多而且具有一个成熟且资金充足的税务行政系统。使用这种方法的明智的国家或地区现在避免设定假定的矿物含量和明确的货币价值。下面的例子(一份不完全表格)取自西澳大利亚州。与前例相比,尽管这种方法有所改良,但是第二栏中规定的费用仍然需要每隔数年更新一次。

---

 * 奈拉为尼日利亚货币单位。——译者注。
[1] 尼日利亚《矿产资源指令》第 121 章,已废止。

例二　对每个矿种适用不同矿业特许税费计征方法但是避免了通货膨胀和金属成分类型问题的制度

第 1 栏	第 2 栏	第 3 栏	
矿种	金额(澳元)/吨(根据生产或获取的数量计算)	特许税费计收值的百分比	下列规定的税费率(澳元)
集料	30 分		
农用石灰石包括石灰砂和贝壳砂	30 分		
绿坡缕石		5	
铝土		7.5	
建筑石料	50 分		
铬铁		5	
黏土	30 分		
非出口煤(包括褐煤)			1 元/吨,将于每年 6 月 30 日进行调整;以该日期截止的年度与 1981 年 6 月 30 日截止的年度相比,根据考利煤炭平均出矿价上涨的百分比进行调整。
出口		7.5	
钴			税费率为 (a) 以精炼品销售的,特许税费计收值的 5%; (b) 以金属形式销售的,特许税费计收值的 2.5%; (c) 作为镍的副产品,在 2000 年 7 月 1 日至 2005 年 6 月 30 日期间销售的,则, (i) 特许税费计收值的 2.5%;或者 (ii) 如果选矿是根据第 86AB(2)条的规定进行,则适用(d)中所载公式计算税费率; (d) 作为镍的副产品,在 2005 年 6 月 30 日之后销售的,按下列公式计算税费率

(续)

第1栏	第2栏	第3栏
钴		$P \times \dfrac{U}{100} \times \dfrac{2.5}{100} = R$ 元/吨 其中， P = 按元结算的每吨钴金属的离岸价格或者为计算镍副产品中的钴的实际销售价值而使用的等值（在一般销售条件下，不包括特殊折扣）； U = 所销售的镍的副产品每含有100单位钴的数量 R = 应缴矿业特许税费
建筑石灰石	30分	
铜		税费率为 (a) 以精炼品销售的，特许税费计收值的5%； (b) 以金属形式销售的，特许税费计收值的2.5%； (c) 作为镍的副产品，在2005年6月30日之后销售的，按下列公式计算税费率 $P \times \dfrac{U}{100} \times \dfrac{2.5}{100} = R$ 元/吨 其中， P = 按元结算的每吨铜金属的离岸价格或者为计算镍副产品中的铜的实际销售价值而使用的等值（在一般销售条件下，不包括特殊折扣）； U = 所销售的镍的副产品每含有100单位铜的数量 R = 应缴矿业特许税费
钻石		7.5%

资料来源：西澳大利亚州《1981年采矿附属法规(修正)》。

与对每一矿种进行单独处理的制度不同，除了矿产种类多且税务行政体系成熟的国家或地区以外，在过去几十年中矿业特许税费立法领域出现的趋势是规定一种更为协调一致的路径，或者是适用于所有矿种的一种统一制度，或者是统一适用于某一类别或某一组矿种的计征方法。下面的例子来自于博茨瓦纳。

例三 对同一类别矿种适用统一矿业特许税费计征方法的制度[2]

第66条 矿业特许税费

(1) 根据本章规定,一项矿业特许权的持有者应当负有义务,按照本条规定的税费率和方式,就其在行使特许权过程中获取的任何矿产向政府缴纳矿业特许税费。

(2) 应当按照本条第(3)款所界定的总市场价值的下列比例缴纳矿业特许税费——

矿种	比例
宝石	10%
贵重金属	5%
其他矿物或矿产品	3%

(3) 在计算矿业特许税费时,"总市场价值"是指在不存在折扣、佣金或抵扣的公平交易中,矿场因处分矿产或矿产品而应该获得的出场销售价值。[3]

在那些实践上是根据个案具体情况(或许是根据某项协议所商定的税费)为每个矿场逐一设定矿业特许税费的国家,可以对税费制度进行调整,以适应所开采矿藏的独有特性。采用这种方法的情况正在变得越来越少,因为大多数投资者喜欢在不采用差别税费的国家进行投资。下面的例子来自安哥拉和中国。

例四 对每个矿场适用不同矿业特许税费的制度

第15条 财政制度

……

(2) 对每一采矿权建立明确的、可适用的财税制度,该制度将

---

[2] 在那些税收行政能力可能有限的国家或地区,这是它们新的矿业法典的一种趋势。

[3] 《博茨瓦纳共和国矿业和矿产资源法》(1999年第17号法律),该法于1999年9月1日成为法律,并在1999年9月17日《公报》上发布。除了矿业特许税费以外,对某些类型的矿场,尤其是钻石矿场,政府可以采用利润分享方案。

包括：

(a) 对以未经加工原矿的价值为基础设征的税，根据所采掘的每种矿产资源的单位价值予以确定，而对加工过的矿产资源，则以年度生产价值为基础确定一种比例税。

该税也称矿业特许税费，可以在安哥拉政府认为方便时以实物的方式缴纳。在任何情况下，该税均被视为运营成本并且应当按月缴纳。[4]

例五 在规定范围内对每个矿场适用不同矿业特许税费的制度

(1) 在中华人民共和国境内开采本条例规定的矿产品或者生产盐(以下简称开采或者生产应税产品)的单位和个人，为资源税的纳税义务人(以下简称纳税人)，应当依照本条例缴纳资源税。

(2) 纳税人具体适用的税额，由财政部商国务院有关部门，根据纳税人所开采或者生产应税产品的资源状况，在规定的税额幅度内确定。[5]

上面的例子反映了政府对矿业生产设征矿业特许税费时所采用方法的多样性。从政策的角度来说，选择某种总体方法(即，适合于每种矿产品、每个矿场或者一种统一制度的系列制度)的首要目标，应该考虑税务主管机关对所选方法进行行政管理的能力。

二、矿业特许税费的类型、定义和特征

(一) 矿业特许税费

矿业特许税费是什么？如果不想只是草率地进行讨论的话，那么这个问题会相当复杂。说到征税，政府都是富有发明创造能

---

[4] 安哥拉《矿业法》(1992年1月17日第1/92号法律)。

[5] 中国有两种矿产资源特许税费，一种是从价型，另一种是从量型。从量型矿业特许税费在法定范围内，根据每个矿场的具体情况确定。《中华人民共和国资源税暂行条例》(1993年12月25日第139号国务院令)。

力的,因而有些征税方法并不总是符合简单的分类方法。这些分类方法取决于个人的观点,这样,对于什么是矿业特许税费,会计眼中的观点可能与政治家或者经济学家有所不同。本项研究对特许税费这一术语采用一种广义的解释,用以阐释这样一种广泛多样的收入获取机制,即,只要一方或者另一方当事人可能认为是特许税费,那么就认为这种税费便是特许税费。在确定某一税费种类是否是矿业特许税费时,本项研究中所采用的标准的确是主观的。本项研究所采用的定义如下:

矿业特许税费是指具有下列一个或者多个特征的任何税费种类:

(1) 创设该税费的法律将之称为矿业特许税费;

(2) 设征该税费的目的在于,对于矿产资源所有者将矿产资源的所有权或者销售权转移给纳税者而进行补偿;

(3) 该税费的目的在于,对矿产生产者开采矿产资源的权利进行收费;

(4) 该税费仅仅适用于矿业而不适用于其他产业。

(二) 从量型矿业特许税费

最古老的矿业特许税费计征方法是以体积或重量为基础,按单位体积或单位重量征收一定的费用,因而被称为从量型矿业特许税费。[6] 例如,矿业特许税费可能是以5澳元/立方米或者2.5澳元/吨作为计征基础。尽管以单位体积为计征基础的矿业特许税费过去曾经为一些国家所使用(主要是适用于工业用矿物和原油),但是这种矿业特许税费已经在很大程度上被更易于监管和计量的以重量为计征基础的矿业特许税费所取代。大多数从量型矿业特许税费应用于在一定程度上呈现均质特性的矿物,例如工业用矿物(沙、砾石、鹅卵石、石灰石、规格石材)或者大宗出售的矿物(煤、铁矿石、盐、磷矿、硫矿石)。最常用的从量型矿业特许税费形

---

[6] "从量型矿业特许税费"有两种英文表述方法,"unit-based mining royalty"和"specific mining royalty",后者主要在澳大利亚使用。

式是以进行主要的加工或者处理之前的坑口重量或者体积数量为基础。然而,这一概念可以适用于选矿的各个阶段。

与其他许多计征方法相比,从量型矿业特许税费更为直截了当。这是因为,容易引起争议的参数(如价格、价值和成本)并不包括在计征基础之中。然而,正如生活中的许多事情一样,"魔鬼存在于细节之中",这些方法并非不存在任何缺陷。例如,以重量为计征基础的方法可能会因为矿物处于不同的处理阶段而发生改变,如脱水煤。对于以矿石或者精矿出售的金属矿物来说,重量基础可能与矿石或精矿的重量有关,或者与矿石或精矿中的金属含量有关,或者与可回收的金属重量有关。

当从量型矿业特许税费适用于非均质的矿产时就没有这么简单了。例如,一种来自于块状硫化物矿床的典型的铜精矿可能包括可以用来销售的铜,但是也可能包括锌、铅、金、铂,而它们均具有不同的内在价值。一个仅仅以所含的铜为基础的从量型矿业特许税费将不能认识到副产品或者关联产品的价值潜力。

从量型矿业特许税费非常适合于区分不同规模的经营,并且常常可以看到采用规模浮动方式的这种方法。与较大规模的经营相比,对效率可能较低的小规模经营可以适用较低的税费率。这种区分认识到了小规模经营(尤其是工业矿物生产领域中的家庭经营或者合作经营)的矿场所能够产生的对劳动力和服务的需求,而这些需求对于大规模的经营来讲则意义不大。实际上,规模浮动的从量型矿业特许税费认识到了过高的矿业特许税费可能使得规模较小的、经济上无利可图的项目不能进行,而太低的矿业特许税费则对正被以高利润水平开发的矿产资源,可能难以给其所有者以充分的补偿。

(三) 从价型矿业特许税费

政府用来计征矿业特许税费的最常用方法是用某种矿产的特许税费率乘以该矿产的价值。这种以价值为基础的矿业特许税费就是从价型矿业特许税费,其英文术语主要有"value-based royalties"和"ad valorem royalties"两种。矿业特许税费率既可能统一适用于某种矿产的所有交易,也可能根据基于所售矿产价值或者累积价值的规模浮动而有所不同。确定价值的方法有很多,最常见的是下列情况下的矿产价值:

(1) 矿石的坑口价值;

(2) 初级产品的价值(例如精矿);

(3) 可开采矿产的价值;

(4) 根据销售总收入所确定的价值;

(5) 根据销售总收入减去某些可扣除费用(如运费、保险费、装卸费)后所确定的价值;

(6) 根据矿业企业净回报(针对冶炼和精炼费用进行调整)所确定的价值。

与从量型矿业特许税费一样,矿场无论是盈利还是亏损,都应当支付从价型矿业特许税费。然而,与从量型矿业特许税费有所不同的是,从价型矿业特许税费随着矿产品价格的波动而波动。因此,当矿产品价格高时,政府将会获得比矿产品价格较低时更多的财政收入。

从价型矿业特许税费看似应该很容易计算,但事实上常常并非如此。计算的复杂程度主要取决于价值确定方法。如果只是简单地将价值确定为销售收入(总收入、发票价值、结算价值),那么计算就非常简单。然而,一些政府关心的问题是,销售价值可能低于市场价值。这种怀疑可能源于对矿业公司通过"转移定价"方式进行避税、以非正常低价向其垂直性附属机构进行销售、对于未来合同缺乏合理预测、价格与市场不同步的长期销售协议等情况的经验性总结。矿业公司却可能这样认为,发票价值并不能反映市场价值,因为市场价值会计入某些费用,例如,到出口地点的运输费、保险费和装卸费。为了解决这些问题,有些国家转而使用更为复杂的税费制度,这些制度使用一种假设的市场价值。政府使用很多方法来确定市场价值。例如,市场价值可以这样计算:首先确定产品中的矿物数量,然后采用一个参考价格来确定这一数量的价值。然而,尽管一些矿物有参考价格(如伦敦金属交易所有阴极铜的每日报价),但并不是所有矿物都有参考价格。参考价格制度的一个固有问题是,所售产品(如某一提炼品)常常不同于参考价格所对应的产品(如阴极铜)。

当对价值进行调整以减去一些特定的费用(通常是与采矿或者选矿没有直接关系的费用)时,问题就会变得更加复杂。最常见的调整是从销售价值中扣除从采矿地点到销售地点发生的所有费用(如运输费、保险费和装卸费)。另一种常见价值是矿业企业净回报;其应税(费)基数考虑的是扣除冶炼和精炼费用以及罚款之后,生产者所获的收益。

(四) 从利型矿业特许税费

大部分投资者偏爱以支付能力为基础的税费制度,也就是以某种盈利能力指标或者调整后的收入为基础的税费制度。从量型矿业特许税费和从价型矿业特许税费并不考虑某一经营相应的盈利能力,因为它们只是关注所生产矿产的数量,或者所生产或者所销售的矿产价值的某些指标。最纯粹形式的从价型矿业特许税费只考虑价值,尽管调整费用的估价方法的确在某种程度上考虑了与生产无关的一些成本。与从量型矿业特许税费和从价型矿业特许税费在方法上的不同是,它在计算矿业特许税费时以某种方式扣除了一系列范围广泛的成本,这些成本包括生产成本和资本成本。一些国家或地区已经完全不再征收矿业特许税费,而是转而单纯地依靠一般所得税,例如,格陵兰岛、墨西哥、瑞典和津巴布韦都没有征收矿业特许税费。

很多国家把以支付能力为基础的征税理念运用到矿业特许税费的计征方面。虽然具体方法存在差异,但是它们都根植于这样一种观念,即,对于所生产矿产的价值和某些允许的成本(如资本成本、生产成本、营销成本、运输成本、搬运成本和保险成本)都应该予以考虑。有一位评论者对矿业特许税费计征方法的理想思路

作出了如下描述[格林(Green),转引自费伯(Faber) 1977]:

> 矿业特许税费是因一项资产的消耗而对该资产所有者进行的补偿。因此,理想的状况是,应该将它设定在与该矿产尚在土地中时的价值相当的数值上,也即,用所开发出来的该矿产的销售收入减去合理的开采、冶炼以及运至销售地点的费用,并且这些费用足以涵盖所有的成本和间接费用(包括合理的资本支出的回报以及资本减值准备)。

换句话说,有些税费专家(如格林)认为,矿业特许税费应当与本项研究第二章中详细讨论的租金概念存在某种联系。

实践表明,建立在资源租金概念基础上的矿业特许税费所带来的计算和审计挑战是巨大的,所以,如今几乎没有政府采用这一概念。然而,较为简单的从利型或收入型矿业特许税费制度已经得到采用;这种税费制度在计征方法上使用了销售收入减去可扣除成本的方法,但是不考虑资本回报。从利型矿业特许税费有很多称谓,包括净利润矿业特许税费、净利益矿业特许税费、净收益矿业特许税费、矿业税等。哈里斯(1996)在其详细讨论私人当事人之间矿业特许权使用费安排的著作中,对需要同时考虑销售额(或收入额)和成本的任一矿业特许税费制度所固有的问题进行了阐释。

> 净利润矿业特许税费非常复杂而且常常难于理解或者确定,因为需要大量的信息和专业会计人员的服务来对之进行计算和确定。它既容易被滥用也时常最容易遭规避……从理论上讲,如果缴纳者公平地确定净利润矿业特许税费,那么它对所有相关者都有好处。收受者将可能获得一种更高的净利润的比例(与较低的矿业企业净回报的比例相比),而且他会因此从成功的冒险中看到高回报。然而,他必须做好准备,在共同享受利益或者共同承担风险之前允许缴纳者至少收回相当一部分成本,在冒险的风险中,同缴纳者共同等待回报的实

现并分享回报。他还必须做好准备,花费时间和金钱来向专业职业人员进行咨询,从而确信自己收到了应得的份额。最重要的是,他必须准备承担这样一种风险,那就是,即使项目已经由一个慷慨且公平的缴纳者进行商业生产,它却可能永远也无法产生"净利润",而在这种情况下,收受者也就永远不能获得矿业特许税费。

在私人当事人之间的协议中,适用于净利润的矿业特许权使用费率通常高于以总销售收入或者矿业企业净回报为基础计算的协议费率。对于政府设定的税费率来说,这一点也是一样。例如,对铜设征从价型矿业特许税费的很多政府把税费率设定在(价值的)1%和4%之间,然而采用从利型矿业特许税费的大多数国家或地区则把税费率设定在(利润的)5%。

计征矿业特许税费的大多数政府都是风险规避者,偏爱从量型或者从价型;然而,越来越多的国家或地区成功地实施了以各种盈利性指标为基础的或者以收入为基础的矿业特许税费制度。从利型和收入型矿业特许税费之间的差异主要在于二者的定义不同。一个纯粹的从利型矿业特许税费将会考虑到单个矿场的总销售收入并且减去那些与该矿场有关的可扣除成本。然而收入型矿业特许税费制度则并不将收入局限于产品销售收入,它还可能包括其他各种收入(例如销售某一财产的收入),并且允许缴纳者将其所有的矿场进行合并计算。[7] 列明从利型和收入型矿业特许税费实施方案的制定法往往相当冗长,并且列出清单明确哪些种类的收入应当计入收入、哪些成本可以从收入中扣除。这种税费制度在矿产资源种类多而且拥有训练有素、设备完善的税务行政管理的国家或地区比较流行。

---

[7] 对税收管辖区内所有经营的收入和支出予以合并计算的做法反映了缺乏实施"栅栏原则"(ring fencing)的能力。栅栏原则是指这样一种情形:在该情形下,就征税目的而言,对纳税人的每一项经营均予以单独处理,从而将其与该纳税人的其他所有经营区别开来。

（五）混合制度

有很多计征方法把盈利能力这一概念与从价型或从量型的矿业特许税费结合起来。例如，可以计算出来某一盈利指标，然后根据这一指标（可能是成本与销售收入的比率，回报率，或者是单位价格与某一参考价格的比率），调高或者调低从价型矿业特许税费率。这样，在维持一种矿业特许税费流的同时，这种税费制度就考虑了盈利能力，并将低盈利矿场与高盈利矿场区别开来（混合制度的例子，请参见附录 A1 中加纳和密歇根州的矿业特许税费制度）。

在另外一种混合制度中，纳税者既计算从价型矿业特许税费也计算从利型矿业特许税费，然后按其中较高的一个缴纳，或者同时缴纳两者。但是在后一情况下，纳税者可以用从价型矿业特许税费冲销从利型矿业特许税费。在这类制度中，从价型矿业特许税费被作为一种最低税费而征收。

三、矿业特许税费计算方法

大多数计算矿业特许税费的方法都可以归类于上述三类常见的方法，即从量型矿业特许税费、从价型矿业特许税费以及从利型或收入矿业特许税费。另外，每种类型都有许多具体的方法用来计算应当缴纳的矿业特许税费额。表 3.1 列出了计算矿业特许税费的一些方法。该表并未穷尽列举所有方法，其他方法也得到了使用。本项研究在后面举出了其中一些方法的实例，附录 A1 中包含了所选择的实施这些以及其他一些矿业特许税费方法的制定法。该表中出现的一些术语（如"净价值"）使用广泛，但是在不同国家或地区的含义不尽相同。

表 3.1　关于矿业特许税费征收方法和计算基础的事例

从量型矿业特许税费

体积

重量

随产量增加而增加的累进税费

从价型矿业特许税费

矿产品计价基础
- 票据反映的销售总价（发票金额、提单金额）
- 市场总价

　企业产品证书以及国际参考价格的每日报价

　由政府官员确定产品价值

　根据国际市场价格确定坑口矿石中所含金属的价值

　根据国际市场价格确定销售产品中所含金属的价值

　根据国际市场价格确定所包含可回收金属的价值

　由政府不时公布市场价值

　由部长确定市场价值

　由评估专家设定价值（钻石和宝石）
- 市场净价（通过扣除非生产性成本如运输费、保险费、装卸费而调整后的价值）
- 矿业企业净回报（通过扣除冶炼和精炼费用而调整后的回报）
- 协议同意范围内可用的最优价格（设定底线）

矿业特许税费率
- 固定
- 根据利润水平而变化
- 按照累计年度产量水平而分级
- 按照累计年度销售收入水平而分级

从利型矿业特许税费
- 净价值（市场价值减去可扣除资本成本和运营成本）
- 净利润（实现的销售收入减去可扣除资本成本和运营成本）
- 净收入（实现的收入减去可扣除资本成本和运营成本）

资料来源：J. 奥托。

四、计算样本

前面几部分对国家或地区所使用的不同矿业特许税费计征方

法各描述了一个样本。各种方法的差别很大,而且即使在同一方法之中(如从价型矿业特许税费),税基也可能有所不同。如何将以矿业企业净回报的2%同以所含金属国际市场价格的3%分别作为矿业特许税费的两者进行比较呢?本部分讨论不同征收方法的实例。下面以美元为假设货币单位,计算了九种不同类型的从量型、从价型和从利型的矿业特许税费。这些计算与在第四章第一部分模型矿种中计算的矿业特许税费相似,但是每一矿种在冶金方面会存在差异。正如前文所述,可适用的矿业特许税费单位税费和矿业特许税费比例不仅在国与国之间存在差异,而且在同一国内各个州(省)之间也有所不同。

对每一种不同的矿业特许税费计算方法,本部分使用的税费率设定在能够产生 2000 万美元税费收入的水平上。每一矿业特许税费都是以同下面假设的镍矿储藏有关的下列矿石储藏特征为基础的。

矿体:	30000000 吨矿石
选矿能力:	2000000 吨/年
平均矿石品位:	2.85%
选矿回收率:	85.00%
冶炼回收率:	97.00%
矿业企业回报价格:	12500 美元/吨或 5.67 美元/磅
国际市场溢价:	与设定单价相比,假定每磅溢价 2%
投入资本:	30 个月内投资 10 亿美元

适当情形下,所讨论期间内的折旧为 1 亿美元。

运营成本(每吨矿石)

开采	7.60 美元
选矿	11.20 美元
间接成本	17.20 美元
运费	4.00 美元

合计:每吨矿石的运营成本为 40.00 美元

（1）从量型矿业特许税费。

对冶炼回收的镍按磅设征税费（假定税费为 0.19303 美元/磅），生产数量计算如下：

2000000 吨
×2204.62 磅/吨
×0.0285 磅/吨
×0.8500（选矿回收率）
×0.9700（冶炼回收率）
103609424 磅的镍

从量型矿业特许税费是：
103609424 磅×0.19303 美元/磅=20000000 美元

（2）从价型矿业特许税费——矿业企业净回报乘以一定比例。

按照净冶炼或者精炼回报的一定比例计算（在本例中假定比例为 3.4045%）。这一矿业特许税费也可以根据对运费、装卸费或者其他运输费用进行调整之前的矿业企业净回报计算。

2000000 吨
×2204.62 磅/吨
×0.0285 磅/吨
×0.8500（选矿回收率）
×0.9700（冶炼回收率）
103609424 磅×5.67 美元/磅=587465434 美元

以矿业企业净回报为基础的矿业特许税费是：
587465434 美元×3.4045%=20000000 美元

（3）从价型矿业特许税费——对坑口矿石所含金属按照国际参考价格计算其价值，而后乘以一定比例。

按照假定平均品位确定矿石中所含镍的数量，根据国际市场溢价调整之后，按矿石中所含镍价值的一定比例计算（假定比例为 2.7519%）。

2000000 吨

×2204.62 磅/吨

×0.0285 磅/吨

125663340 磅 ×5.67 美元/磅

×1.02（溢价）= 726761361 美元

以坑口价值为基础的矿业特许税费是：

726761361 ×2.7519% = 20000000 美元

（4）从价型矿业特许税费——对选矿场精矿中所含金属按照国际参考价格计算其价值，而后乘以一定比例。

按精矿中所含镍价值的一定比例计算（假定比例为3.2376%）。精矿中所含镍的价值用所含镍的重量乘以选矿回收率再乘以国际市场溢价获得。

2000000 吨

×2204.62 磅/吨

×0.0285 磅/吨

×0.8500（选矿回收率）

106813839 磅 ×5.67 美元/磅 ×1.02（市场溢价）= 617747156 美元

以市场价值比例计算的矿业特许税费是：

617747156 美元 ×3.2376% = 20000000 美元

（5）从价型矿业特许税费——对冶炼产品中所含金属按照国际参考价格计算其价值，而后乘以一定比例。

按照平均选矿回收率和冶炼回收率确定矿石中所含金属的重量并进行调整，假设产品按照市场价格进行交易并根据国际市场溢价调整、确定所含金属的价值，然后按照该价值的一定比例计算矿业特许税费（假定适用的税费率为3.3377%）。

2000000 吨

×2204.62 磅/吨

×0.0285 磅/吨

×0.8500（选矿回收率）

×0.9700（冶炼回收率）

103609424 磅 ×5.67 美元/磅 ×1.02（市场溢价）= 599214742 美元

按溢价后矿业企业净回报市场价值计算的矿业特许税费是：

599214742 美元 ×3.3377% = 20000000 美元

（6）从价型矿业特许税费——总销售收入减运输费、装卸费，而后乘以一定比例。

假定比例为 3.4515%

$$
\begin{array}{r}
2000000 \text{ 吨} \\
\times 2204.62 \text{ 磅/吨} \\
\times 0.0285 \text{ 磅/吨} \\
\times 0.8500 \text{（选矿回收率）} \\
\times 0.9700 \text{（冶炼回收率）} \\
\hline
103609424 \text{ 磅}
\end{array}
$$

×5.67 美元/磅 = 587465434 美元［矿业企业净回报（或总销售收入）］

减 2000000 吨

×4.00 美元/吨（运费）= 8000000 美元（运输成本）

矿业特许税费基础　　　　　　579465434 美元

按总销售收入（减运输费、装卸费）市场价值计算的矿业特许税费是：

579465434 美元 ×3.4515% = 20000000 美元

（7）从利型矿业特许税费——总销售收入减运营成本、运输费和装卸费，而后乘以一定比例。

运营利润中需要扣除开采、选矿、加工程序中的各项扣减和间接成本。扣除还包括诸如已付利息、预扣税、地方税、进口关税以及复垦成本等成本。假定适用的税费率为 3.9412%。

$$
\begin{array}{r}
2000000 \text{ 吨} \\
\times 2204.62 \text{ 磅/吨} \\
\times 0.0285 \text{ 磅/吨} \\
\times 0.8500 \text{（选矿回收率）} \\
\times 0.9700 \text{（冶炼回收率）} \\
\hline
103609424 \text{ 磅}
\end{array}
$$

×5.67 美元/磅 = 587465434 美元［矿业企业净回报（或总销售收入）］

减去 2000000 吨

　　×4.00 美元/吨(运费)＝8000000 美元(运输成本)

减去 2000000 吨

　　×36.00 美元/吨＝72000000 美元(运营成本)

矿业特许税费计征基础　　　507465434 美元

按总销售收入(减运输费、装卸费、运营成本)计算的矿业特许税费是：
507465434 美元×3.9412%＝20000000 美元

(8) 从利型矿业特许税费——总销售收入减资本化成本、运营成本、运输费、装卸费，而后乘以一定比例。

运营利润需要扣除开采、选矿、加工程序中的各项扣减和间接成本。扣除还包括诸如已付利息、预扣税、地方税、进口关税以及复垦成本等成本。该税费基础中扣除了所允许的针对有形资产和无形资产折旧和摊销的非现金扣减。在本例中，假定非现金扣减额为 1 亿美元，适用的税费率为 4.9084%。

2000000 吨

　　×2204.62 磅/吨

　　×0.0285 磅/吨

　　×0.8500(选矿回收率)

　　×0.9700(冶炼回收率)

103609424 磅

　　×5.67 美元/磅＝587465434 美元(总销售收入)

减 2000000 吨

　　×4.00 美元/吨(运费)＝8000000 美元(运输成本)

减 2000000 吨

　　×36.00 美元/吨＝72000000 美元(运营成本)

减可扣除折旧和摊销＝100000000 美元(资本化成本)

矿业特许税费的计征基础　　　407465434 美元

按总销售收入(减运输费、装卸费和运营成本)计算的矿业特许税费是：
407465434 美元×4.9084%＝20000000 美元

(9) 从价型矿业特许税费——矿业企业净回报的规模浮动

比例。

该矿业特许税费建立在与矿业企业净回报价值量有关的一种逐渐增加的或者浮动的比例的基础之上。如果矿业企业净回报少于 1 亿美元,则适用 1.17% 的矿业特许税费率。如果矿业企业净回报大于 1 亿美元但少于 2 亿美元,则额外增加适用 1.5% 的税费率(高于 1 亿美元的部分适用 2.67% 的税费率)。对于矿业企业净回超过 2 亿美元的部分,再额外增加适用 1.5% 的税费率(超过 2 亿美元的部分适用 4.17% 的税费率)。

2000000 吨
×2204.62 磅/吨
×0.0285 磅/吨
×0.8500(选矿回收率)
×0.9700(冶炼回收率)
103609424 磅的镍
计征矿业特许税费的矿业企业净回报基础
103609424 磅 ×5.67 美元/磅 = 587465434 美元
以矿业企业净回报为基础计算的累进矿业特许税费是:
100000000 美元 ×1.17% = 1170458 美元
100000000 美元 ×2.67% = 2670458 美元
387465434 美元 ×4.17% = 16159084 美元
合计:规模浮动的矿业特许税费 = 20000000 美元
说明:使用迭代法时,实际模型会改变初始比例,从而引起每一累进比例的变化。

表 3.2 归纳了上述九种矿业特许税费基础产生等量矿业特许税费时的税费率。从该表中可以看出,矿业特许税费基础的确定对理解税费率至关重要。在比较不同国家或地区的矿业特许税费率时,必须注意不要在矿业特许税费基础不一样的情况下进行比较。这里的计算假设了一年的产品生产和销售。如果要对一个矿场在一段时间内的情况进行同样的计算,从价型与从利型两种矿业特许税费之间的差别会扩大。也就是说,从价型矿业特许税费

会变得相对高一些。这是因为在项目早期并不产生或产生很少的从利型矿业特许税费。

表 3.2 在产生 2000 万美元矿业特许税费的情况下，
九种矿业特许税费基础所对应的税费率

矿业特许税费基础	税费率（百分比，另有说明的除外）
（1）从量型	每磅镍 0.19303 美元
（2）从价型——矿业企业净回报乘以一定比例	3.40
（3）从价型——对坑口矿石所含金属按照国际参考价格计算其价值,而后乘以一定比例	2.75
（4）从价型——对选场精矿中所含金属按照国际参考价格计算其价值,而后乘以一定比例	3.24
（5）从价型——对冶炼产品中所含金属按照国际参考价格计算其价值,而后乘以一定比例	3.34
（6）从价型——总销售收入减运输费、装卸费,而后乘以一定比例	3.45
（7）从利型——总销售收入减运营成本、运输费、装卸费,而后乘以一定比例	3.94
（8）从利型——总销售收入减资本化成本、运营成本、运输费、装卸费,而后乘以一定比例	4.91
（9）从价型——矿业企业净回报的规模浮动比例	1.17/2.67/4.17

资料来源：J. 斯特摩尔。

五、政府和投资者的矿业特许税费偏好

对于最常见的矿业特许税费类型，表 3.3 列出了从政府和投资者角度分别来看所具有的优点和缺点。政府和投资者具有的目标不同。政府偏好稳定、透明、公平的，并且能够产生持续财政收入、易于管理以及适于向政府不同机构和利益相关者进行分配的方法。不同的是，公司却偏好稳定和可预期的，基于支付能力，允许较早收回资本，能够回应市场价格低落，不会扭曲生产决策（如边界品位、矿场寿命），能够扣减一般所得税应税所得额，不会显著增加运营成本，以及适于向受影响的利益相关者进行直接分配的矿业特许税费方法。

表 3.3 用所选政府和投资者标准对矿业特许税费类型的评估

矿业特许税费类型	获取收入	收入流的稳定性	早期收入	管理简便、透明	影响生产决策	适于向多方分配
			政府标准			
从量型	是	是	是	是	是	是
从价型	是	是	是	是(以总收入为基础时); 不确定(以市场价值为基础时)	是	是
从利型	不确定(仅在可盈利时)	否	否	否	否	是
混合型(利润过低时,按最低的从价型保底)	是(稳定的最低基数配以超额利润)	部分的	是(但是很少)	否	是(些许扭曲)	是

矿业特许税费类型	减少收入	回应对盈利能力	快速收回	回应市场价格	影响边际项目	促进生产效率提高
			投资者标准			
从量型	是	否	否	否	是	否
从价型	是	否	否	是	是	否
从利型	不确定(仅在可盈利时)	是	是	是	否	是
混合型(利润过低时,按最低的从价型保底)	是(在一定程度上)	是(大部分地)	是(大部分地)	是	是(很少)	是(大部分地)

资料来源:J. 奥托。

说明:是 = 满足大多数相关目标,否 = 不能满足大多数相关目标;不确定 = 可能满足也可能不满足大多数相关目标。

从政府的角度来说,每种类型的矿业特许税费都具有产生为社会需求提供资金所必不可少的财政收入的潜在可能性。从量型和从价型的矿业特许税费在生产进行的所有年份都必须缴纳,但是从利型或收入型的矿业特许税费则仅在获得利润或收入的年份缴纳。从量型和从价型的矿业特许税费还能够满足在项目早期提供财政收入的目标,然而从利型或收入型矿业特许税费此时却不能产生回报。相对于从利型或收入型矿业特许税费,从量型和从价型的矿业特许税费还更为透明且易于管理。对于在制度体系上较弱的负责行政的机构来说,这可能是一个巨大的优点。政府对于有效率的矿产资源开采活动享有利益,从量型和从价型的矿业特许税费在这一方面是中性的,因为它们对效率的提高或降低既不奖励也不惩罚。对于未开发的边际矿场和正在运营的边际矿场,从量型和从价型的矿业特许税费能够产生影响。一方面,在几乎没有其他就业机会的边远地区,边际矿场能够成为重要的就业场所。但是,另一方面,当现金流方面的挑战导致其在健康、安全和环境方面低于最优运营水平时,它们还能够带来问题。从整体上来说,大多数政府喜欢设征某些类型的矿业特许税费,但是仍存在一些明显的例外。

　　人们通常认为,私人投资者偏好于不征收矿业特许税费,或者,如果征收的话,他们偏好于从利型矿业特许税费。在大多数情况下,这一点是正确的。然而,由于从利型和收入型的税费并不总是会实际发生,而且在项目早期几乎不会发生,所以,在积极的民众感觉到一项权利被骗走而变得怀有敌意的地方,一个矿场可能会面临着巨大的压力。在这种情况下,至少有一些公司愿意接受合理的从价型矿业特许税费,特别是当其中的一部分会直接转移给受影响的当事人的时候。实际上,这种矿业特许税费降低了项目的整体风险。除了易于缴纳以外,几乎没有投资者能够发现从量型矿业特许税费的任何优点。从量型矿业特许税费减少了收入,不以支付能力为基础,延缓了获益,不能反映市场情况而且能够影响是否进行开采或是否继续开采的决策。充其量,在扭曲影响能够通过非常低的遵从成本得到补偿时,对于低价大宗产品采用适度的从量型矿业特许税费才可能是可接受的。从价型矿业特许税费具有与从量型矿业特许税费相同的大多数缺点,而且由于取决于价值基础如何确定,它还可能难于计算。然而,当需要在从量型和从价型两种矿业特许税费之间进行选择时,大多数公司会愿意选择从价型,因为这种方法对价格变化比较敏感。显然,从利型或收入型矿业特许税费能够满足大多数投资者对矿业特许税费的偏好。

一些国家或地区结合使用不同类型的矿业特许税费。这意味着一种从利型矿业特许税费的采用必须以确保一个最低水平的从价型矿业特许税费为条件。这种制度将一些而不是全部的市场和能力(或经营)风险从开发者转移给政府,从而确保一种最合适而稳定的财政收入流向政府,而不管项目的经营情况如何。

接下来的两部分关注矿业特许税费的两项监管事宜,即行政效率和政府部门的责任,并接着给出所选择国家或地区的行政结构的事例。

六、行政效率的考量

(一) 行政效率及与之冲突的各种目标之间的权衡

合理的矿业特许税费政策设计应该考虑到并且平衡一些基本的但是在某些情况下会发生冲突的目标。例如,在实现经济上的分配效率目标与行政效率目标之间就存在很大的冲突。行政上的考量还会受到政府维持其财政收入稳定这一目标的影响。

按照降低行政效率顺序排列,最常见的矿业特许税费类型应该排序如下:

1. 从量型矿业特许税费(以体积或重量为基础)
2. 从价型矿业特许税费(以销售价值为基础)
3. 混合制度
4. 从利型矿业特许税费
5. 资源租金类型的矿业特许税费(除了石油特许税费以外,已不再使用)

相反,从经济上的分配效率角度考虑,排序则应该与之相反。

选择一个适当的矿业特许税费制度不可避免地意味着在这些目标之间进行折中。由于需要考虑行政管理成本的进一步分散,所以选择受到矿业经营的规模大小以及多样性的影响。另外,一个国家矿业监管机制中的机构强弱情况决定了其在不过分延误前提下能够有效处理的行政管理复杂事宜的程度。

对矿业特许税费进行行政管理的成本可以分为下列两类：

（1）固定成本。它与用于计算矿业特许税费的方法、所开采产品的性质和价值以及生产经营的规模基本上都无关；或者

（2）可变成本。它是增加征收方法和行政管理复杂程度的结果以及引起歧义和争议的潜在可能性的反映。它反过来会导致公司和政府都花费更大的努力来遵从和修改相关规定。

政府如果想要在行政效率与经济上的分配效率之间进行平衡，它还必须考虑到下列三项因素：

（1）所开采产品的单位价格。它决定了规模相似的项目之间在财政收入贡献方面所具有的相对重要性，它也因此决定了在计算应缴矿业特许税费时可能出现的错误所产生的财政影响。

（2）所开采产品价格的波动性。它影响政府财政收入的稳定性。

（3）矿业经营的规模。如果经营规模较大，就会降低单位产品的管理成本。

因此，绝大多数的税费制度对低价大宗商品采用从量型矿业特许税费就不是偶然的了，尽管，即使从理性经济决策的角度看，这种方法被认为是最具破坏性的（虽然这种方法具有行政效率）。同样，在产品价值高或者经营规模大的情形下，把从量型转变为从价型存在很强的合理性。这两种方法以及在某种程度上的混合方法，让公司产生了公开摊销成本。因此，它们影响项目开采矿产储量的规模，并且因而影响财务可行性的价值和大小。这些方法也不考虑这一事实，即，由于单位产品成本差异巨大的特征而具有不同现金流量比例特征的不同经营，可能具有差别巨大的缴纳矿业特许税费的能力。因此，从量型和从价型的矿业特许税费都歧视了盈利性低的项目和边际项目，即使在具有较小经济破坏性的矿业特许税费制度下，这些项目本可能成为更大的生产者和雇主。

大多数的低价大宗产品(如砾石和集料)服务于当地市场,因而运输成本成为一项主要因素。价格往往由当地市场确定,因此矿业特许税费的成本能够有效地转嫁给消费者。而且,从行政管理的角度来看,采用从量型矿业特许税费几乎是不需要成本的,因为矿业特许税费的基础与消费者付费的基础是一样的。

结果,主要采用从量型和从价型的矿业特许税费的监管制度往往以这样的规定为特征,即,当现金流由于某种原因(如产品价格周期)而变得困难时,(可以)减免矿业特许税费。正如下面所讨论的,从行政管理的角度来说,减免规定会不可避免地更为复杂,从而导致更高的遵从成本,进而在极端情况下存在被滥用的潜在可能性。幸运的是,这些复杂性并不常常出现,而且并不会过分地减损这些特许税费制度所通常具有的简易性。

有些特许税费制度(如澳大利亚新南威尔士州的特许税费制度)试图减轻从价型矿业特许税费对盈利性较差项目的不利影响。开采普通金属和贵重金属的公司可以在一个固定的矿业特许税费率与一个可变的从价型矿业特许税费率之间作出选择。后者在一定范围内随着商品价格的变化而发生线性变化;如在范围之外,则适用最低或最高的矿业特许税费率。

类似地,加纳[8]和中国[9]的税费制度对于大规模经营项目规定了每一矿种所适用税费率的范围,而适用于每一单独项目的税费率则根据项目的财务可行性并通过与主管机关的协商予以确定。这些程序的自由裁量属性加上所要求的文件,增加了行政的复杂性并且导致了遵从成本的增加。

本项研究所分析的采用于有关国家或地区的矿业特许税费计征方法,总体上侧重于从量型和从价型的矿业特许税费(参见下一节对所选国家或地区矿业特许税费制度的比较)。通常认为从利

---

[8] 加纳《1986年矿产(特许税费)条例》规定了一种规模浮动矿业特许税费,而最终的税费率则通过协商予以确定。
[9] 中国《资源税暂行条例》(1993年第139号国务院令)。

型矿业特许税费具有较小的经济破坏性,对此提出的问题是:在大多数的监管和财政制度中,为什么这种税费制度所占比例不高呢?明显的原因在于,从利型矿业特许税费带来了下列三个问题:

(1)明显的额外行政管理成本。这一问题主要与正确确定作为计征矿业特许税费基础的利润指标的难度和模糊性有关。这里所采用的利润指标通常不同于传统的财务会计利润指标或者设征企业所得税时所采用的会计指标。

(2)在项目水平上而非企业水平上确定利润基础的困难。通常在项目水平上设征矿业特许税费的事实产生了这一问题,即,在计征矿业特许税费意义上,企业的哪些支出项目应该被视为合法扣减。

(3)使规避风险的政府面临:影响财政收入稳定的商品价格变动,不同矿产储藏所固有的项目风险,缺乏效率(成本较高)的项目经营者,以及来自于各种各样的项目支持者或高或低的技术水平和管理能力的风险。

在极端的情况下,周期性的低价加上管理能力的缺乏可能会导致政府在没有征收到任何矿业特许税费或者所得税的情况下,国有的或者公有的矿产资源却耗竭了,而且耗竭状况可能会持续许多年。这种情况应该很难代表一种经济上合理的对矿产资源的使用。

解决这类问题的一个有效方法是采用一个混合型的从利型矿业特许税费,但是它设有一个最低额的明确底线或从价型矿业特许税费。对于最低额来说,不管项目是否盈利、无论盈利(或者损失)数额是多少,通常都应当从现金流中支付。西澳大利亚州针对原钴和五氧化二钒采用的矿业特许税费就是这种混合制度的例子。

关于从利型矿业特许税费,在考虑权责发生制记账方式下很多间接成本和非现金项目的可扣减性时,尤其是在已有所得税制度中包含了巨额加速折旧费用的情况下,会出现一系列问题。例如,企业的间接成本被分为项目成本以及资本回收费用。从理论上讲,在允许大额加速折旧的所得税制度中,适用从利型矿业特许税费的项目在项目没有盈利(采取收付实现制记账方式下)的很多年内,可以避免缴纳所得税或矿业特许税费,即使该项目在此期间可能确实产生着巨大的现金流。

另一方面,用于计算矿业特许税费的某些资本收回规则会使得资本的回收在时间上更为平均,而且也包括了对资本成本或者利息成本的计量。例如,在澳大利亚北部地区[10]以及加拿大的某些省份,这一点表现为偿债基金的形式,但这引起了关于明确计算规则和利率的需要。后者需要根据现行的通货膨胀水平随着时间的改变而改变,而这就再次增加了操作的复杂性、遵从成本和审计成本以及发生争议的潜在可能性。基于两种从利型矿业特许税费,加拿大不列颠哥伦比亚省规定了多个最低税费的一种差别制度。在对项目所投资本进行任何扣除之前,决定对当前净收益额收取2%的年度费用。对于扣除资本成本后的净收入,则另外适用13%的税费率。由于对当前净收益上缴纳的矿业特许税费可以全额抵减按净收入需要缴纳的税费,因此这实际上是一种最低税费。

与根据可接受的会计准则所计算的相应财务会计利润相比,作为征收矿业特许税费基础的利润通常存在很大的不同,公司因而需要建立一套独立的账户或者在其会计体系中设置专门的解释与报告程序,来满足缴纳矿业特许税费的条件和要求。而且很多税费制度要求按月或按更短时间定期提交矿业特许税费申报表。这些短期限要求是不利于提供精确的报告的,从而导致因多缴或少缴而进行反复调整。

此外,监管矿业特许税费的政府部门必须对矿业特许税费申报表进行需要大量人力的、严肃认真的审计,而这又导致常常出现大量难以处理的争议。一般来说,政府并没有充分注意到矿业特

---

[10] (澳大利亚)北部地区《1982年矿产特许税费法》。

许税费审计人员所增加的价值,往往只给矿业特许税费管理和征收以极少的资源。例如,西澳大利亚州仅仅雇用了6位资历较浅的行政人员,但在2003/04年度他们却征收了超过10亿澳元(约7.6亿美元)的州矿业特许税费以及代表联邦政府征收了大约2.4亿澳元(约1.83亿美元)的石油特许税费。极少资源导致的结果是,严格审计的范围仅限于巨大的采矿和石油项目或者那些引起怀疑的项目。

由于矿业特许税费审计而产生的法律费用可能成为企业和政府的重大财务负担。在一个越来越好讼的世界,这就成为一项促使政府优先选择具有较少模糊性的从量型和从价型矿业特许税费制度而非从利型矿业特许税费制度的又一动因。因此,从利型矿业特许税费和纯粹的资源租金税费主要出现于特别巨型项目或石油领域也就不足为奇了。这些项目和领域产生巨大的经济租金,而且矿业特许税费的主管机构往往与征收所得税的机构是同一机构。在这些情形下,要征收所期望比例的经济租金,最为简洁和最少行政复杂性的方法就是征收资源租金税而不再设征其他税费。实际上,几乎没有税费制度采用这一政策。在大多数情况下,例如澳大利亚石油资源租金税,经济租金表现为矿业特许税费和所得税的组合,而且它们通常由不同的、有时候由彼此之间缺乏协调的主管机构征收。

(二)矿业特许税费征管的程序步骤

矿业特许税费的征管过程一般来说包括以下八个管理上的程序步骤:

(1)基于矿业特许税费应该鼓励下游加工产业的考虑,在决定矿业特许税费所适用的最终矿产品(如大宗粉碎以及筛选后的矿石、精矿或金属)时,必须由法律和附属法规予以明确规定。对于常见的矿产(如铁矿石、铜精矿或黄金)来说,这一点通常来说是比较容易的。但是对于其他产品来说,则可能会变得非常复杂。以五氧化二钒为例,它的最终产品既不是精矿也不是金属产品。

适用一种基于精矿或其所含金属的价值的矿业特许税费将会对该产品的资本密集型加工设施建设构成严重歧视。在解决这一类问题时,矿业特许税费法规的作用通常不大。

(2) 通常在生产或矿业特许税费申报周期结束后一个月之内,公司必须提交一份矿业特许税费申报表。申报表应当以前一周期内发生的矿产生产或销售为基础。报告周期通常为半年(如中国的矿产资源税)、一个季度(如澳大利亚和俄罗斯[11])、一个月(如中国的某些矿产资源补偿费、古巴、巴布亚新几内亚)。在某些情况下(如中国的矿产资源税[12])则会适用更短的期间(如1日、3日、5日、10日或15日)。

(3) 申报表必须提供有关所生产矿产品(体积或重量)数量、销售价格以及在允许扣减情况下销售成本、运输费用和保险费的详细情况。在公平交易的情况下,核实这些细节的准确性并不困难,因为这些成本最终会通过发票反映出来。但是另一方面,非公平交易可能会在数量和价值方面都引起重大的问题和争议。在矿产品是关联公司之间的内部矿产交易的标的时,这是一种典型情况。例如,一家开采石灰石用于加工程序中的溶剂的公司,或者一家把原钻转移给与其关联的切割和抛光部门的公司。

当最终产品是一种含有多金属的精矿时,会引起一系列特别难以处理的复杂问题。这些问题的复杂性可能源于在确定应该适用哪一商品价格时对相关回收率的不完全测定和估计,而矿业特许税费却应当以所实现的矿业冶炼净回报为基础。为了解决这些常常是旷日持久的争议,很多税费制度在确定和执行应缴矿业特许税费数额时,(在有关立法中)规定了部长自由裁量权。然而,过大的部长自由裁量权可能为腐败或至少可能为不公平的行为提供

---

[11] 在俄罗斯,尽管第 126-FZ 号联邦法律第 341 条把一个季度作为纳税(特许税费)周期,但是特许税费却是按月提前预缴。月度预缴税费数额是前一季度应缴数额的 1/3。

[12] 中国《资源税暂行条例》(1993 年第 139 号国务院令)。

了途径。在某一特别情况下行使自由裁量权常常被认为是创设了一项先例,并且创造了在其他情形下可能并不适合的行业例外,而这有招致不满的潜在可能性。矿业界通常会寻求关于矿业特许税费法规的替代解释,并将申诉提交给更高级别的法院。

就通常适用从量型矿业特许税费的低价大宗商品而言,政府经常在给定的生产期间内征收矿业特许税费,而不管在此期间是否发生了销售或产品是否被储存了起来。然而,在没有直接的计量方法(如地磅)以及用于验证所宣称生产数量的良好记录方法的情况下,这种征收方法常常比较困难。在很多情况下,产品数量是通过原始的采矿计划以及测量计算出来的,而这仅是一种非常约计的计算方法。对于政府来说,在计算低价大宗商品的矿业特许税费时,可以假定政府因可能出现的错误或疏忽而付出的成本非常小,因而从成本—收益的角度考虑,全面的审计并不必要。

(4) 一定合理数额的矿业特许税费应当在提交申报表时一并缴纳,或在提交审报表后通常很短的一段时间内缴纳。对于公平交易来说,应缴矿业特许税费的数额通常要么以法定的销售收入估计额为基础,要么以相关发票所反映的实际销售收入为基础。

为了审计目的,行政主管机关终究会要求提交销售的文件证明。无论审计的结果如何,特别是对于销售精矿的情形来说,任何的金属价格调整、贷款、罚款以及其他形式的合同变更都可能导致所实现的销售收入不同于最初作为矿业特许税费估算基础的销售收入,这就需要把矿业特许税费由原来的估算值调整为实际值。尽管许多税费制度对于调整和更正规定了专门条款,另一些税费制度却并未对此作出规定。前者的假设是,无论如何应当支付准确数额的矿业特许税费。又一次,为了纠正偏差,必须规定部长自由裁量权。

对于非公平交易或把矿产品转移给子公司或关联公司的交易来说,在确定应缴矿业特许税费的正确金额时必须采用适当的程序方法。这意味着需要确定矿产品的实际矿物含量和品位、可接受的估计回收率以及矿产品或其金属含量在装船时可适用的代理价格。除非相关立法清晰且具体,否则这些程序方法将会充满歧义,而且可能引起重大的争议和拖延。

(5) 由于下面四点原因,对矿业特许税费率进行审查可能是必要的:

第一,一个新的矿业项目可能计划开采的是尚未被设征矿业特许税费的新矿产。

第二,开采活动可能恢复开采的是在该国已经很多年没有开采的矿产品,而且针对该矿产品的矿业特许税费率已经从有关法规的实施方案中予以删除。

第三,政府已经认识到,无论是单独征收还是整体征收矿业特许税费都与原本想要征收的经济租金比例并不一致,或者这一比例由于情况的发展变化或紧急需求的出现而变得不足。

第四,由于通货膨胀趋势的影响,特定产品的矿业特许税费率出现了偏差。

前三个问题基本上属于财政政策问题。其背后的问题是:什么样的设征水平才能够实现所追求的各种经济目标之间的平衡?目前,几乎还没有一个国家制定出能够明确量化即将设征的矿业特许税费合适水平的政策方案。尽管西澳大利亚州有一项政策框架,但是它通常是以井架或者坑口价值的特定比例为基础的。目前还没有任何矿业特许税费制度在不对税费率进行反复调整的情况下,能够在单个项目的水平上轻而易举地实现这一目标。

归根到底,矿业特许税费是在这样一种经验性程序中设定的,即,寻求以最低的经济和政治成本来获取最大的财政收入。从这一角度上讲,产业与政府之间交流和协商的类型以及频繁程度就变得至关重要。协商可以是正式的(如通过咨询委员会或专业和产业游说团体),也可以是不太正式的;既可以在单个公司的层面上进行,也可以在有影响力的个人的层面上进行。政府如果要避免获得具有主权风险的名声的话,需要遵循"毫无意外"的基本原则;因为主权风险会影响在它们国家的投资。

从短期的角度来看,矿场与其所在地密不可分,雇用的劳动力很少,因而对投票选举几乎没什么影响;这样一来,至少从理论上来说,政府可以设征较大比例的经济租金但却不会受到不利影响。然而,从中长期的角度来看,政府可能会受到这样的严重影响,即,用于矿产资源勘探和新矿场建设的投资可能会枯竭。而且,还需要很长时间来改变对其主权风险的评价。

重新调整矿业特许税费率的最后一个原因比较有趣。在从量型矿业特许税费的情况下,显而易见的是,由于每吨矿产品的特许税费额想必是以制定时的价格为基础,因而在通货膨胀期间,除非市场价格以与通货膨胀率相同的比率下降,这一制定时的价格将会很快变得与市场价格不协调。这一问题并不会出现在任何其他的计算矿业特许税费的方法中,因为对这些其他方法来说,应缴矿业特许税费额直接反映着矿产品的现价。

所以,必须对从量型矿业特许税费进行审查。审查既可以是不定期的也可以是定期的,而这取决于法律的规定(如印度)。无论正当与否,对从量型矿业特许税费进行审查往往会影响到大量的矿业特许税费缴纳者,并且不可避免地会引起许多政治压力,以致部长们通常不愿意进行与价格水平挂钩的指数化审查,从而造成从量型矿业特许税费时常得以产生重大偏差。

(6)货币因素和套期保值也可能引发歧义。例外情况是立法对如何处理这些问题有明确的规定,不过实际上通常并非如此。尽管在有些情况下可能要求使用矿产品销售所使用的外币缴纳矿业特许税费,但是基本上讲,大多数税费制度要求使用本国货币缴纳。政府本身不应该从事具有风险的投机性外汇套期保值交易;这通常是一项普遍接受的原则。大多数税费制度不允许在计算应税所得时扣减套期保值交易的损失。普遍认为这一原则是推断而来的,因为矿业特许税费法规往往并没有对此作出明确规定。一般认为,制定和实施公司的外汇套期保值政策、决定公司经营应该在多大程度上承受汇率变动的风险,是公司董事们的责任。

一旦涉及矿产品价格波动以及相关套期保值交易损益,情况就不再总是清晰明确。实际上,由于很多公司至少有部分远期销售计划,政府遭受价格风险的程度取决于是否把实际销售发票的金额作为征收矿业特许税费的基础。

如果矿业特许税费并非以实际销售收入为基础计征,而是假设矿产品在现货交易市场上销售而以此情况下应该获得的收入为基础计征,那么,为了计征矿业特许税费,立法就必须明确规定应当适用什么产品的价格来计算远期销售矿产品的价值。对于经常在期货市场交易的金属产品而言,这会是一个简单的程序。例如,计算西澳大利亚州镍、钴以及金的矿业特许税费,因为该州这些矿产品的大部分都是远期销售。

一般而言,对于那些不常见的而且不经常交易的产品、多金属精矿、非金属混合矿物来说,应缴矿业特许税费额的计算则有很大的不同。这些产品的价格取决于消费者的使用价值,不仅很少会有报价而且有时候报价甚至是保密的。尽管各方都尽了最大努力,但是这一领域仍存在明显歧义和重大争议,从而导致矿业特许税费征收上的严重延误。在部长决定权较小和对延迟缴纳行为惩罚规定较弱的税费制度中,这种情况更为突出。

(7)对于延迟缴纳或者不缴纳矿业特许税费的行为需要给予适当的惩罚。不同税费制度解决惩罚问题的方式存在明显差异。范围从相关条款仅规定对违反租赁条件的予以收回租赁权和处以一般罚款(如西澳大利亚州),到公平合理的一般条款(如巴布亚新几内亚[13]),再到设定极其详细和逐渐加重处罚的条款(例如中国的矿产资源补偿费法规、澳大利亚北部地区[14]),方式不等。除非

---

[13] 巴布亚新几内亚《1992年矿业法》第11章关于矿产资源回报和特许税费的条款,以及第111条(罚则)。

[14] 北部地区《1982年矿产资源特许税费法》第4章"矿业特许税费的征收和返还"第42—44条。

有特别规定，对于长期拖延缴纳或者拒绝缴纳的行为，大多数税费制度把收回相关的矿业权作为最严厉的制裁措施。在巴布亚新几内亚，会对此处以极高的罚款或监禁，或者两者并处。

在实践中，收回矿业权是最后的惩罚手段。因为一个矿场的关闭会导致在经济利益和就业方面的重大损失，这一方法具有政治风险而且往往仅在公司于财务上已经无法挽救的情况下才会使用。在大多数的其他违法情况下，有关监管机关一位高级官员打个电话告诉违法公司"正式的收回通知正在决定之中"就足以促使该公司缴纳矿业特许税费。公司的管理者知道，在正式的收回通知发布之后，消息会像燎原之火一般迅速传播，而且如果公司是上市公司，它（们）就必须通知证券交易所，从而会给公司股价带来灭顶之灾。通常情况下，收回权利并不能免除公司缴纳所拖欠矿业特许税费的义务，也不能阻止国家启动正常的追债程序。

在存在具体惩罚条款的情况下，这些条款往往采取对未缴纳金额设定一种惩罚性利率的形式，往往既包括正常利率也包括按日处以的罚款。在一些国家或地区（如中国的矿产资源补偿费），在规定的期限届满或者在违法情节严重的情形下，特别是在存在欺诈行为的情形下，罚款利率会逐渐增加。在个别严重的情况下，罚款金额可能增加到未缴纳金额的数倍。在某些情况下，扣押矿产品也被视为是一项可能的惩罚，直到扣押被解除。

在绝大多数情况下，在矿业特许税费由矿业部门负责管理和征收的国家或地区，这些惩罚条款是专门针对矿业行业的，而且包含于有关矿业法律和法规之中。不过，在一些国家或地区（如菲律宾[15]），有关矿业特许税费管理和征收的条款包含于国内税收法典之中；在这些国家或地区，有关针对迟缴或不缴矿业特许税费的惩罚条款一般同违反其他形式财政课征（如所得税）义务的惩罚条款是一样的。这并不是一种令人期待的状况，因为这里的矿业特

---

[15] 菲律宾《国内税收法典》（根据第 8424 号共和国法律《1997 年税收改革法》修改）。

许税费征收机关(在菲律宾为税务局)几乎不知道和不理解矿业独特的特征和需求,特别是其资本密集型属性以及巨额现金流所致波动性的特征和相关需求。

(8) 在特定情形下或困难时期,还可以在矿业特许税费方面采取激励措施、缓征和减征的减轻措施或者除征措施,这些措施既可以是暂时,也可以是期限不定的。

商品价格的周期性加上特定的从价型矿业特许税费的摊销影响,能够导致一个项目所产生的年度现金流量水平发生巨大变化。如果现金流量变为负值,该项经营就无力缴纳矿业特许税费,除非其股东注入资本金用来缴纳该矿业特许税费。不幸的是,当公司无力缴纳矿业特许税费的时候,它们也通常不能对其他主要债权人偿付债务,而且时常濒临破产。在这些情况下,股东们一般不愿意注入额外的资本金。大多数税费制度规定了缓缴以及在一些情况下免缴矿业特许税费的条款。

在非洲,大多数国家的通常做法是,在矿场遭受财务困难的时期,它们可以申请缓缴或者少缴矿业特许税费。在一些国家(如加纳)还可以就追加投资部分协商确定一项专门的矿业特许税费制度。纳米比亚过去甚至规定,矿业公司可以向财政部长申请要求返还已经缴纳的矿业特许税费。

免缴矿业特许税费的情况并不常见。在中国[16],投资于不发达的西北省份、新矿业技术或者边际项目的,在最初几年内能够免缴部分矿业特许税费。与之形成对比的是,澳大利亚大多数州通常只允许缓缴而不是免缴矿业特许税费。缓缴通过延长应当缴纳的日期来实现,这样就延后了采取收回权利行动的时间,从而使矿业公司有时间来缴纳所欠税费。为了满足缓缴的相关条件,公司必须证明其现金流量为负值而且没有足够的资金在期满前缴纳矿业特许税费。延缓的期限一般比较短(只是几个月);因为准予缓

---

[16] 来源于2000年中华人民共和国国土资源部和其他部门的一项联合声明。

缴的假设必须是,现金流量困难必须是暂时的,而且是能够克服的。在实践中,许多公司并不是预期性地申请缓缴,而是在确实遇到现金流量问题时才提出申请。

尽管许多企业能够恢复到正常经营状态,但是有些企业却不能,并以被托管或者清算而告终。矿业特许税费债权的优先性并非在所有监管制度中都有明确规定,但是该债权被认为次于所得税而优先于其他所有债权。这主要是因为,如果托管人或者清算人试图实施一项重整方案或者清算公司资产时,监管机关能够防止有欠缴矿业特许税费瑕疵的矿业权被转让给第三人。

股东们往往认为拯救现金流量处于困难时期的公司是政府的责任而不是他们的责任,而且运用政治压力以及大规模裁员作为迫使政府实施拯救的策略。一般情况下,矿业特许税费减免的行政管理是一项复杂而且政治上十分敏感的活动,因为政府不得不在维持运营和就业所带来的利益与情况会变得更糟的可能性之间进行权衡;情况更糟是说矿场最终关闭所带来的债务和政治经济成本可能随着时间的推移而增加。另外,通过矿业特许税费制度所能够提供的帮助并不透明,正因这如此,有些政府并不喜欢这样做。

大部分但绝不是所有的法律制度都包含有处理这些行政管理步骤的法规和准则。当相关法规不够具体时,管理机关为了作出必要的决定就必须依靠法律赋予相关官员的自由裁量权。尽管部长的某些自由裁量权是必要的,但是过度的自由裁量权并不是人们所乐意见到的。因为过度的自由裁量权可能为权力滥用打开方便之门、引起争议,并且在极端的情况下,还会带来腐败。

七、政府部门在矿业特许税费管理、征收和分配之中的地位

无论政府的结构形式是联邦制(如澳大利亚、加拿大、马来西亚、美国)还是非联邦制,国家通常在三个层级上进行治理:中央或者联邦;州、省或者自治区;以及区、县、行政地方(行政区、郡、城市

等),或者社区。然而,对于授予哪一级政府管理矿产资源以及由其就矿业特许税费进行立法和行政管理的权力,不同国家之间并不存在一致性。

最简单的管理制度是立法权和管理权均集中于中央或者联邦的制度。大多数发展中国家就是这种情况,例如大多数非洲国家、巴布亚新几内亚和蒙古。其他情况是,较于矿业特许税费的行政管理和征收,政策制定权和立法权可能留在较高层级的政府(通常是中央政府)。例如,中国和印度[17]的矿业特许税费政策和立法均由中央政府掌控,而相关法律实施的管理和矿业特许税费的征收则大多数分别下放给州、省或者较低级别的政府。

极端的分权情况出现在印度尼西亚。根据其《地方政府行政法》的规定[18],在涉及矿业特许税费管理事项时,公司不再同中央政府打交道。相反,公司将同与其项目区域有关的省政府以及一些二级行政区*的主管机关打交道。证据表明,强化这些行政管理结构下的机构是一种明显而迫切的需要。

在一些联邦制国家(如澳大利亚、加拿大和马来西亚),中央政府或联邦政府在宪法上没有或者几乎没有管理土地或者资源的权力。结果是,有关矿业特许税费的规定包含于各州的由州立法者起草并由州议会通过的矿业法和法规之中。然而,在大多数情况下,中央政府或者联邦政府对近海矿产资源以及联邦管辖下的领土(如加拿大的西北地区)享有无可争议的权力,而且在某些情况下,有权管理战略性矿产资源(如铀)。这并不意味着联邦政府或

---

[17] 印度《矿业和矿产资源(开发和管理)法》(1957年第67号法律)(修正)第9(3)条和第9A(1)条。

[18] 印度尼西亚《地方政府行政法》(第22/1997号法律)第1条、第2条(第2款)以及,尤其是,第10条(第2款)。第10条(第2款)规定:"地方有权管理其管辖范围内的自然资源。"

* 马来西亚一级行政区是省、特别行政区和首都地区,二级行政区是行政区(regency)和市(city)。行政区和市都有自己的地方政府和立法机构,主要不同在于前者一般包括农村地区、面积较大,而后者通常没有农业经济活动。——译者注

者中央政府不能对资源管理事项行使任何权力,只不过其所享有的权力一般是以间接的方式行使的,通常是通过其管理进出口、关税和消费税、外国投资、汇率以及日益增加的环境和土著事务的宪法性权力来行使的。

在阿根廷[19],尽管矿产资源管理是赋予各省的职权(各省因而可以制定矿业特许税费法律以及管理矿业特许税费),但是中央政府有权对最高矿业特许税费率设定上限(目前为3%)。

由于不同州或省矿业特许税费立法存在差异(包括针对不同矿产的不同矿业特许税费率和计算方法)的程度不同,在联邦制国家,通常在国家层面上出现一种程度不同的十分复杂且缺乏一致性的税费制度集合体。

八、国家跨部门行政管理结构的实例

矿业特许税费是被作为一种税还是被作为对集体资源开采权的补偿,这与被授权负责矿业特许税费征管的机构的类型在许多方面有着密切关系。[20]

附录A3(中文版省略)提供了国家跨部门行政管理安排的细节,从中可以发现,如何制定和管理矿业特许税费政策,可能主要是下列机构职责:

(1)财政部以及相关税务主管机关,或者

(2)矿业部会商上述机构,或者

(3)统一的自然资源管理以及经济计划和发展部门。

在玻利维亚、中国(就资源税而不是矿产资源补偿费来说)、古巴、美国内华达州、秘鲁、菲律宾以及南非,矿业特许税费被认为是

---

[19] 阿根廷《矿业投资法》(第24196号法律)(修正)第22条。

[20] 这一区分可能非常重要。例如,在秘鲁的税收稳定协议下,各项税收被稳定下来,但是非税性的费用却并没有涉及。秘鲁引入特许权使用费制度产生了这样的问题:税收稳定协议项下的矿场经营是否受特许权使用费制度的调整。如果特许权使用费是一种税收,想必矿场就没有缴纳的义务;但是,如果它是一种非税性的费用,则矿场就可能需要缴纳。

特许权税或者附加税,并且有关规定包含在财政法典之中;不过,矿业特许税费政策的制定由财政部门负责,征管则由相关的国内财税主管机关负责。

相反,在把矿业特许税费视为对国家资源开采权进行补偿的国家,矿业特许税费制度通常以矿业法及相关法规为基础,授权有关矿业部门或与之相当的部门负责实施这些法律法规并管理矿业特许税费。在大多数情况下,矿业特许税费管理的实施是在同财政部门以及其他有关计划、贸易和经济发展部门的密切协商下进行的。

有些国家或地区(如阿根廷、美国密歇根州、秘鲁、加拿大萨斯喀彻温省以及澳大利亚的一些州),经济计划和发展、贸易以及资源管理由一个混合部门负责,试图带来更大的协调、缩短开发审批和实施所需要的时间。在这种制度下,特别是在矿业经济体之中,有关矿业部门的部长在内阁中往往具有重要的影响、拥有来自矿业界的强大政治支持。不足为奇的是,矿业界认为与处理一般财政问题的部门相比,矿业部门更了解矿业的特征和需求,因而更适合承担相关职责。

从行政管理的角度来说,也需要考虑下面的问题:矿业特许税费是否完全由有权征收的政府进行分配,还是应当部分或全部地转移给一个较高或较低级别的政府而由后者进行分配?

分配的方式也是非常重要的:矿业特许税费可能被作为国家财政的一般收入(收入国库)并用于国家的正常预算支出,或者也可能拨付用作特定的用途。在这种制度下,矿场所在的并且也是矿业特许税费来源地的地区或社区必须通过常规的政治程序争取预算资金分配。这可能会在矿场所在地引起一定程度的不满和政治压力,因为这些地区没有获得特殊的利益而且在某些情况下甚至还可能承受不利影响。在另外一种制度下,矿业特许税费是"被保证的"或者被指定的;也就是说,矿业特许税费被排他性地分配给某一特定的地区或社区,甚至是无论是国家、地区层次还是社区层次上的特定项目。在不存在其他区域性财富再分配机制（如澳大利亚拨款委员会程序）的情况下，这种方法可能导致严重的并且常常是政治上所不希望的一国国内不同地区的财富和生活标准的不平衡。

附录 A4 就不同国家的矿业特许税费收入分配方式给予了一般性介绍。关于不同类型的财政收入分配方式及其社会经济影响，第五章将进行更为详细的讨论。

第三节 所选国家矿业特许税费之比较

一、所选国家的矿业特许税费类型和税费率

本节按照下列区域顺序简单介绍所选国家的矿业特许税费：非洲、亚太地区、澳大利亚、拉丁美洲和北美洲。除了总结性的表格之外（表 3.4—3.8），本节还给出了一个简要的区域性描述。附录 A1 提供了更为详细的内容，它介绍了所选每个国家的矿业特许税费制度以及所能获得的有关法律法规的摘录。对于每个表格以及附录 A1 所提供的信息，请谨慎使用。政府经常修改税法，因而应该注意核实相关信息是否是当前有效的信息（为了在核实方面提供帮助，附录 A1 包含了所能够获得的有关网址）。表格列出了下列内容：(1) 矿业特许税费的法律来源（全国性法律、省（州）级法律或协议）；(2) 对非工业矿产设征的矿业特许税费主要类型，从价型矿业特许税费率范围（如果适用的话）；(3) 以铜、金、石灰石、煤为例，对不同的矿产是否适用不同的税费率；(4) 矿场规模是否影响矿业特许税费的计算；(5) 是否存在缓征或免征矿业特许税费的途径。除了铜、金、石灰石、煤之外，适用于其他矿种的矿业特许税费率可以在附录 A1 中找到。

表 3.4　所选非洲国家矿业特许税费做法总结

	博茨瓦纳	加纳	莫桑比克	纳米比亚	南非	坦桑尼亚	赞比亚	津巴布韦
形式	国家法律	国家法律和确认协议的法律	国家法律	国家法律	指南	国家法律	国家法律	无
矿业特许税费类型（非工业用矿产）	从价型（矿业企业净回报）	从价型（销售收入）	从价型（销售收入）	从价型（销售收入）[a]	多种形式[b]	从价型（矿业企业净回报）	从价型（矿业企业净回报）	不适用
矿业特许税费率	3%—10%	3%—12%	3%—12%	5%—10%	多种税率	0%—5%	2%	0%[c]
是否因矿种而不同	是宝石，10%；贵重金属，5%；其他矿产品，3%	否对所有矿种采用同样的矿业特许税费体制	是钻石，10%—12%；其他矿种，3%—8%；协议税率	是未经琢磨的宝石为10%；规格石材为5%；其他矿种最高为5%（市场价值）	是对所有矿种采用规模浮动方法；其他矿种为市场净价值或利润的不同比例	是钻石，5%；经琢磨抛光的宝石，0%；建材，0%；其他矿种，3%	否对所有矿业采用同样的矿业特许税费体制	不适用

（续表）

	博茨瓦纳	加纳	莫桑比克	纳米比亚	南非	坦桑尼亚	赞比亚	津巴布韦
铜	3% 调整后总市场价值	3%—12%（按盈利比率分级）	在3%—8%的范围内协商（市场价值）	5%（市场价值）	在指南规定的范围内协商	3%（离岸价格或矿业企业回报）	2%（矿业企业净值）	无，但特殊情况下有时会征
金	5% 调整后总市场价值	3%—12%（按盈利比率分级）（最近协议中规定为3%—4%）	在3%—8%的范围内协商（市场价值）	5%（市场价值）	在指南规定的范围内协商	3%（离岸价格或矿业企业回报）	2%（矿业企业净值）	无，但特殊情况下有时会征
石灰石	3% 调整后总市场价值	3%—12%（按盈利比率分级）	在3%—8%的范围内协商（市场价值）	5%（市场价值）	在指南规定的范围内协商	0%	2%（矿业企业净值）	无
煤	5% 调整后总市场价值	3%—12%（按盈利比率分级）	在3%—8%的范围内协商（市场价值）	最高为5%（市场价值）	在指南规定的范围内协商	3%（离岸价格或矿业企业回报）	2%（矿业企业净值）	无

（续表）

	博茨瓦纳	加纳	莫桑比克	纳米比亚	南非	坦桑尼亚	赞比亚	津巴布韦
是否依矿场规模而变化	否	否	是（个体和小规模经营免缴）	否	是[d]	否	是[d]	不适用
缓缴或少缴	是	是	否	是[e]	否	是	是	不适用

资料来源：本书作者，以附录 A1 中的信息为基础。

说明：矿业企业净回报是指矿场大门口的矿的产价值。

a. 该法规定可以在矿产资源租赁协议中协商和规定一种替代的用作计算矿业特许税费基础的定义。

b. 矿业特许税费率取决于矿费基础；可扣除的成本越多，税费率就越高。这一自由裁量体制将随着矿业特许税费法案（目前为草案）的通过而被废除。

c. 在津巴布韦总统穆加贝发表一系列关于旨在实现津巴布韦矿产资源"非洲化"的声明以后，这种情况在未来可能发生变化。

d. 对小规模经营者适用不同的体制；免除小规模经营者的矿业特许税费。

e. 根据部长的自由裁量决定，在计算矿业特许税费数额之前可以扣除其他成本。

表 3.5 所选亚太地区国家矿业特许税费做法总结

形式	中国	印度	印度尼西亚（第7代工作合同）	蒙古	缅甸	巴布亚新几内亚	菲律宾
	国家法律	国家法律	示范协议	国家法律	国家法律	国家法律	国家法律
矿业特许税费（大多数非建筑用矿产）类型	两种类型：①资源税：从量型；②资源补偿费：从价型	从价型或从量型	从量型	从价型	从价型	从价型	从价型
从价型的税费率范围	①税率因矿种而不同，以元/吨矿石表示；②1%—4%（因矿种而不同）	0.4%—20%	不适用	2.5%（但砂金为7.5%）	1.0%—7.5%	2.0%	2.0%

(续表)

	中国	印度	印度尼西亚（第7代工作合同）	蒙古	缅甸	巴布亚新几内亚	菲律宾
是否因矿种而不同	是①每一矿种相应单位税；加②每一矿种从价补偿费率	是对每一矿型或从量型的税费率	是对每一矿种适用从量型的税费率	否（但金矿除外）	是宝石，5%—7.5%；贵重金属，4%—5%；工业用矿产，1%—3%；其他矿种，3%—4%	否	否（但煤矿除外）
铜	价值的2%，另加0.4—30.0元/吨矿石	3.2%（按伦敦金属交易所铜价计算的矿石中所含铜的价值）	小于80000吨的,45.00美元/吨；80000吨及以上的,55.00美元/吨	2.5%（销售收入）	3%—4%（国际参考价格）	2%（矿业企业净回报）	2%（市场价值）
金	价值的4%，另加0.4—30元/吨矿石	价值的1.5%（按伦敦金银交易协会金价计算的矿石中所含金的价值）	小于2000千克的,225美元/千克；大于2000千克的,235美元/千克	源于砂基矿床的,7.5%；其他的,2.5%（销售收入）	4%—5%（国际参考价格）	2%（实现的离岸价格）	2%（市场价值）

（续表）

	中国	印度	印度尼西亚（第7代工作合同）	蒙古	缅甸	巴布亚新几内亚	菲律宾
石灰石	价值的2%，另加0.5—20.0元/立方米（或吨）矿石	55卢比/吨	小于500000吨的，0.14美元/吨；500000吨及以上的，0.16美元/吨	2.5%（销售收入）	1%—3%（国际参考价格）	2%	2%（市场价值）
煤	价值的1%，另加0.3—5.0元/吨	65—250卢比/吨	13.5%（离岸价格或销售收入）	2.5%（销售收入）	—	2%	10比索/吨
是否依矿场规模而变化	是（对不同矿场设征不同的从量型矿业特许税费）	否	是（对有工作合同的矿场与有矿业法上的许可证的矿场设征不同的税费率）	否	否	否	是（对小规模经营特殊对待）
缓缴或免缴	是	否	否（在大多数工作合同下）	否	是	否	否

资料来源：本书作者，以附录A1中的信息为基础。

表 3.6 所选澳大利亚法域矿业特许税费做法总结

形式	新南威尔士州	北部地区	昆士兰州	西澳大利亚州
	州法律	州法律	州法律	州法律或关于协商协议的法律
矿业特许税费类型(非工业用矿产)	从价型;但是布罗肯希尔地区采用从利型	从利型(净回值的百分比)	从价型或从量型	大多为从价型或从量型或混合型,而对钻石和钒采用从利型或混合型
矿业特许税费率(大多数非工业用矿产)	4%—7%	18%	价值的 2.7%;或者,当适用参考价格时,适用可变税费率	价值的 2%—7.5%
是否因矿种而不同	是煤为 5%—7%;工业用矿产为 0.35—0.70 澳元/吨;其他矿种为 4%	否	是ᵇ 大多数金属矿物为价值的 2.7% 或可变税费率;工业用矿产为 0.25—1.00 澳元/吨;煤为 7%	是ᶜ 对于金属矿物,金属为 2%,精矿为 5%,矿石为 7%(取决于加工工程度);对于工业用矿产,通常为 0.30—0.50 澳元/吨
铜	4%(价值减可扣除数)	18%(净回收益减生产成本和其他成本)	价值的 2.7%;或者,当适用参考价格时,适用可变税费率	精矿为价值的 5%;金属为价值的 2.5%

（续表）

	新南威尔士州	北部地区	昆士兰州	西澳大利亚州
金	4%（价值减可扣除数）	18%（净回值收益减生产成本和其他成本）	价值的2.7%；或者，当价格超过参考价格时，适用可变税费率	2.5%（发票金额减诸如运输之类的扣减）
石灰石	0.40澳元/吨	18%（净回值收益减生产成本和其他成本）	0.30澳元/吨	0.30澳元/吨
煤	5%—7%	18%（净回值收益减生产成本和其他成本）	价值的7%	价值的7.5%（若用于出口）
是否依矿场规模而变化	否	是（净回值低于50000澳元的矿场免缴）	是（销售额低于30000澳元的，通常免缴）	否
免缴或缓缴	是（但自由裁量权非常有限）	否	如果基础金属在本州加工，则允许实质上的减少	是

资料来源：本书作者，以附录A1中的信息为基础。

说明：a. 有几个特殊事例背离了这一规则；详细内容请见附录A1。

b. 对铝土、矿砂、油页岩、磷矿、二氧化硅以及其他一些矿种适用特殊税费率；详细内容请见附录A1。

c. 表中所列信息是一般情况；有关任一矿种的详细信息，请见附录A1。

表3.7 所选拉丁美洲国家矿业特许税费做法总结

	阿根廷	玻利维亚	巴西	智利	多米尼加共和国	墨西哥	秘鲁	委内瑞拉
形式	省级立法	国家法律	国家法律	无	国家法律	无	国家法律	国家法律
矿业特许税费类型（非工业用矿产）	大多数省份未设征；其他省设征从价型	从价型（比率规律浮动）	从价型	不适用	从价型（可抵扣所得税）	不适用	从价型（年度累计销售收入为基础的规模浮动）	从价型
矿业特许税费率	0—3%	1%—6%（基于销售价格在参考价格层级中的位置）	0.2%—3.0%	不适用	5%（出口离岸价格）	不适用	0—3%（出口矿产为1%—3%；没有国际价格的为1%，小规模矿场为0%）	3%—4%

（续表）

	阿根廷	玻利维亚	巴西	智利	多米尼加共和国	墨西哥	秘鲁	委内瑞拉
是否因矿种而不同	否	是	是（①铝矿、锰、盐、磷为3%；②铁、煤、肥料及第③项以外的其他矿物为2%；③宝石、钻石及贵重金属为0.2%；④金为1%）	不适用	否（但协议另有规定或非用于出口的矿物除外）	不适用	否	是（金及相关金属为3%；钻石和珠宝为4%；其他矿种为3%）
铜	卡塔马卡省为3%（销售价值可减扣除数）	1%—5%（参考价格层级不详）	2%（销售价值减商业税、运输费和保险费）	无	5%（出口离岸价格）	无	不超过6千万美元的为1%；超过6千万美元但不超过1.2亿美元的，为2%；超过1.2亿美元的为3%（总价值）	3%（商业价值）

（续表）

	阿根廷	玻利维亚	巴西	智利	多米尼加共和国	墨西哥	秘鲁	委内瑞拉
金	卡塔马卡省为3%（销售价值可减扣除数）	超过700美元的，为7%；400—700美元的，为0.1%；低于400美元的，为4%	1%（销售商业价值减商业税、运输费和保险费）	无	5%（出口离岸价格；不出口的，无矿业特许税费）	无	不超过6千万美元的，为1%；超过6千万美元但不超过1.2亿美元的，为2%；超过1.2亿美元的，为3%（总价值）	3%（商业价值）
石灰石	卡塔马卡省为3%（销售价值可减扣除数）	3%—6%（参考价格层级不详）	2%（销售商业价值减商业税、运输费和保险费）	无	25%（出口离岸价格；不出口的，无矿业特许税费）	无	不出口的，为1%	3%（商业价值）

（续表）

	阿根廷	玻利维亚	巴西	智利	多米尼加共和国	墨西哥	秘鲁	委内瑞拉
是否依矿场规模而变化	否(卡塔马卡省)	否	是(对于通过偏远地区小矿矿工的销售,免缴)	不适用	否	不适用	是(税费率依累计收入发生浮动)	否
免缴或缓缴	否(卡塔马卡省)	为国内使用而销售的,为规定矿业的特许税费的60%	否	不适用	否	不适用	否	是(税费率可降低至1%)

资料来源:本书作者,以附录A1中的信息为基础。

表 3.8 所选北美法域矿业特许税费做法总结

形式	[美]亚利桑那州 州法律	[加]不列颠哥伦比亚省 省法律	[美]密歇根州 州法律	[美]内华达州 州法律	[加]西北地区 联邦法律	[加]安大略省 省法律	[加]萨斯喀彻温省 省法律
矿业特许税费类型（非工业用矿产）	从价型	从利型（净收入）和从价型（净收益）	从价型；规模浮动	从利型（净收益）；规模浮动	从利型；规模浮动	从利型	从价型和从利型的混合型
矿业特许税费率	最低为2%，由州土地专员决定税费率	13%（净收入）或2%（净收益）	2%—7%（规模浮动）	2%—5%（规模浮动）	5%—14%	10%	5%（净利润；按矿场寿命界限内产量可增至10%）
是否因矿种而不同	是	否	是	否	否	否	是
铜	最低为2%（市场价值）	高于净收入的13%时，减净收益的2%；或，净收益的2%	2%—7%（调整后销售价值）	5%（年净收益超过400万美元的）	5%—14%（产出价值）	10%（规定利润）	5%（净利润；按矿场寿命界限内产量可增至10%）

（续表）

	[美]亚利桑那州	[加]不列颠哥伦比亚省	[美]密歇根州	[美]内华达州	[加]西北地区	[加]安大略省	[加]萨斯喀彻温省
金	最低为2%（市场价值）	高于净收入的13%时,减净收益的2%;或,净收益的2%	2%—7%（调整后销售价值）	5%（年净收益超过400万美元的）	5%—14%（产出价值）	10%（规定利润）	5%（净利润;按矿场寿命内产量界限值可增至10%）
石灰石	最低为2%（市场价值）	高于净收入的13%时,减净收益的2%;或,净收益的2%	5%（销售价值）	5%（年净收益超过400万美元的）	5%—14%（产出价值）	10%（规定利润）	5%（净利润;按矿场寿命内产量界限值可增至10%）
煤	最低为2%（市场价值）	高于净收入的13%时,减净收益的2%;或,净收益的2%	7%（销售价值）	5%（年净收益超过400万美元的）	5%—14%（产出价值）	10%（规定利润）	15%（通过资源补贴调整后的总销售收入）

（续表）

	[美]亚利桑那州	[加]不列颠哥伦比亚省	[美]密歇根州	[美]内华达州	[加]西北地区	[加]安大略省	[加]萨斯喀彻温省
是否依矿场规模而变化	是（由州专员决定税率）	否	否	是（对年净收益超过400万美元的矿场适用最高税率）	是（收入低于1万加元的经营免税费）	是（收入低于50万加元的经营免税费）	是（铀矿经营可以适用小规模生产者的税收抵扣）
免缴或缓缴	否	否，但亏损可向前结转	否	否	否	是（位于边远地区的矿场有实质性减征；在利润首次达到1千万加元之前，非边远地区最多享受3年免税期，而边远地区则享受10年免税期）	是（以支出的150%为基础确定资本收回）

资料来源：本书作者，以附录A1中的信息为基础。

（一）非洲

下面是对非洲国家矿业特许税费制度的观察结果：

(1) 在大多数非洲国家，把矿业特许税费纳入法律框架是一种普遍做法。大多数非洲国家都设征某种形式的矿业特许税费。不过，南非和津巴布韦是两个引人注目的例外。南非正准备通过一项矿业特许税费法案；它在 2003 年公布了矿业特许税费法案的一份草案[21]，草案的第二版在本书即将出版之时已待公布。据报道，津巴布韦正在考虑设征矿业特许税费。

(2) 在计算矿业特许税费基础时，许多设征从价型矿业特许税费的非洲国家允许从销售收入中扣除某些成本。在确定哪些成本可以扣除时，允许一定程度的自由裁量权是必要的。这些扣除受政策目标的影响。例如，想要激励增加本地矿产品加工价值的国家采用了矿业企业净回报类型的矿业特许税费；这种矿业特许税费除了允许扣除运输成本和其他成本以外，还允许扣除冶炼、加工以及精炼成本。被认为重要的方面还包括：首先确保销售价值符合公平交易原则；其次确保在销售价格不能反映市场上无关联方之间的销售价格时，法律允许部长进行干预。

(3) 所选国家从价型矿业特许税费率从 0 到 12% 不等。在非洲，低税费率或零税费率并不是必要的投资激励因素。津巴布韦就是一个典型的例子。尽管该国采用零税费率，其他因素却使其缺乏投资吸引力：国内生产总值逐渐下降，通货膨胀失控，政治形势动荡，总统对外国人怀有敌意，以及很多领域内的投资均大幅度下降。

(4) 使用过去制定的矿业法的国家，大多数对不同的矿产适用不同的矿业特许税费率。这一差异源自与国家主权相关的问

---

[21] 南非国家财政部 2003 年 3 月 10 日《矿产和油气特许权使用费法案》（比勒陀利亚），未于公报上公布。

题、一些矿产被认为对于东道国来说更为重要。赞比亚和加纳[22]通过对所有矿产采用标准化的矿业特许税费制度而抛弃了这种做法。尽管标准化是值得追求的,但是在市场状况发生变化时不断地改变税费率可能挫伤关注这种不稳定性的潜在投资者的积极性。加纳通过采用规模浮动机制克服了这一缺陷;在这种机制下,与其他企业相比,高盈利的企业按一种较高的从价型矿业特许税费率缴纳,而且这种机制既体现了灵活性又体现了可预见性。

(5)尽管对不同规模的投资设计不同的矿业特许税费制度并不是通行做法,但是,似乎个体和小规模矿业权益的持有者受到了不同的对遇。这很可能与对这一部门进行规范化管理有关的难度有关。赞比亚把个体和小规模生产者纳入到矿业特许税费年租金之列的方法,似乎是对该部门进行适当征税的明智做法。

(6)所选国家的普遍做法是允许在困难时期缓缴或减缴矿业特许税费。在坦桑尼亚和赞比亚,这种决定的作出与营业利润有关。加纳的规模浮动矿业特许税费原则自动地允许矿业特许税费的减征(唯一需要考虑的是,对处于边际水平和亏损的经营来说,3%—12%的税费率是否公平)。

(二)亚太地区

下面是对亚太地区国家矿业特许税费制度的观察结果:

(1)亚太地区拥有众多在文化和政府制度方面存在广泛不同的国家。在一些国家(如中国、马来西亚和巴基斯坦),省级政府在矿产部门行政管理中扮演着重要角色,而在其他国家则以中央政府为主导。

(2)本项研究中探讨的所有亚太国家(或地区)都设征了某种形式的矿业特许税费,其中主要形式是从量型(主要适用于工业用矿产)和从价型的矿业特许税费。从价型的税费率往往比较低,对

---

[22] 对于大多数矿场来说,矿业特许税费率由矿业法典设定。然而,对于特大型项目来说,通过谈判而商定的矿业特许税费可以在一项由议会作为法律而通过的协议中予以确定。

基本金属常常是2%—3%的税费率。不同国家之间的税费基础不同,但是常常更关注市场价值而非发票金额。

(3)该地区拥有大量小规模矿业行业的一些国家针对小规模矿业经营者规定了专门的税费。

(4)尽管部分国家允许企业在困难时期缓缴或减缴矿业特许税费,但是许多国家并不这样做。

(三)澳大利亚

下面是对澳大利亚及其各州矿业特许税费制度的观察结果:

(1)大多数矿业特许税费是在州层次上设征的。

(2)矿业特许税费制度往往十分详细,对不同的矿产适用不同的计算方法或税率。大多数在州层次上设征的矿业特许税费是从量型或从价型的。然而,有一个州(地区),也就是北部地区,已经转而采用从利型矿业特许税费制度。

(3)为了促进在当地加工,西澳大利亚州对原矿(矿石)设征比含有附加值的矿产品(金属)更高的矿业特许税费。

(4)有些州(地区)允许缓缴或减缴矿业特许税费,但是其他州(地区)并不允许。

(四)拉丁美洲

下面是对拉丁美洲国家矿业特许税费制度的观察结果:

(1)该地区最重要的矿业生产国中,有两个(智利和墨西哥)并不设征矿业特许税费。在阿根廷,有些省份也不设征。

(2)设征矿业特许税费的国家主要采用从价型矿业特许税费,且税费率"合理",而且往往把矿业特许税费分配给当地的居民而不是将其归入中央财政。

(五)北美洲

下面是对北美洲国家矿业特许税费制度的观察结果:

(1)加拿大的大多数法域对矿场设征从利型或净收入型税费。与从价型或者从量型制度的程序相比,这种制度的计算程序更加复杂,而且为了鼓励在本省(地区)进行加工,该制度还允许对加工进行专门补贴。在任何一个法域内，大多数产品适用相同的税费率和税费基础。一些法域采用累进税率，另一些则规定了最低利润底线而对高于底线的部分适用统一的税费率。在安大略省，新矿场享有3年的免税期；在免税期内，应税利润在1000万加元以下的部分可以免缴税费。对于边远地区的矿场，安大略省按照其他矿场税费率的一半设征，而且规定对于应税利润在1000万加元以下的部分，其享有10年的免税期。萨斯喀彻温省计算矿业特许税费的方法最为多样，一般对大多数的金属和非金属矿产采用从利型矿业特许税费，而对铀、钾矿和煤则采用以销售收入为基础的收入型矿业特许税费。

（2）在美国，矿业特许税费制度非常复杂，而且常常与矿产所处土地的类型以及矿种类型有关。就土地类型而言，有联邦土地、州土地、美洲原住民土地和私人土地。由于在一些情况下矿产所有权能够与表层土地所有权相分离，所以确定谁是适当的权利人并非总是易事。对于联邦土地上的大多数矿产，联邦政府并不设征矿业特许税费；但有一些重要的例外，例如通过招标取得的煤炭资源。州通常对其所有的土地上的矿产设征矿业特许税费。这些矿业特许税费通常是从价型或者从量型的，尽管也有从利型的。内华达州按净利润设征规模浮动的矿业特许税费，其中对最低利润额适用最高的税费率。密歇根州对煤炭和石灰石适用固定的税费率，但是对金属矿产则适用规模浮动的税费率。

二、所选法律规定的矿业特许税费类型及税费率事例

对于设征矿业特许税费的政府来说，有很多方法可供选择，其中的主要方法是从量型、从价型以及从利型的方法。也有结合使用几种方法的混合制度。每一种方法都有许多的用于计算矿业特许税费基础的方法可供选择（奥托，1995）。下面给出各种矿业特许税费计算方法的特征以及从过去和现行法律、协定中选取的事例。

(一) 从量型矿业特许税费事例

所举事例仅用于阐释所使用的方法。在有些情况下,作为事例来源的法律和协定可能已经被修改、废除或终止。如要了解所选国家的现行矿业特许税费立法,请参见 CD 中的附录 A1。

1. 从量型矿业特许税费事例(根据坑口产量计算的重量)

尼日利亚《矿业附属法规》附录 4[23]:

  6. 褐煤,每吨 1.5 便士

  7. 煤,除褐煤外,每吨 6 先令

2. 规模浮动的从量型矿业特许税费事例(根据矿物含量或实际销售重量计算的重量)

印度尼西亚 1992 年 9 月 12 日《第 7 代工作合同》[24]:

附录 F 矿产品矿业特许税费

序号	矿产种类	日历年度总产量	单位	单位税费标准(美元)	计重基础
5	铜	<1250 ≥<1250	吨	70.00 78.00	出售产品中所含金属
9	金	<2000 ≥2000	千克	225.00 235.00	出售产品中所含金属
19	铬铁	<15000 ≥15000	吨	0.35 0.45	所售精矿重量
27	铝土	<200000 ≥200000	吨	0.40 0.50	所售矿石重量

说明:如果某一矿场产量的重量数值超过了边际重量,对不超过边际重量的部分按照较低税费标准缴纳,对超过边际重量的部分按照较高税费标准缴纳。

---

[23] 尼日利亚《矿业附属法规》附录 4,已经废止。
[24] 印度尼西亚《第 7 代工作合同》(1992 年 9 月 12 日矿业和能源部第 1166.K/M.PE/号法令)。

3. 从量型矿业特许税费事例(根据出口装船重量计算的重量)

塞拉利昂1961年《铝土矿勘探和开采协议》[25]：

> 出口铝土的矿业特许税费为每长吨(2240磅)1先令6便士。

4. 从量型矿业特许税费事例(根据出口装船重量计算的重量,实行规模浮动)

塞拉利昂1972年《塞拉利昂金红石协议》[26]：

> 矿业特许税费：根据钛矿物及伴生矿物的全部装船重量,按年缴纳,标准如下：
> 第一个25000吨,3利昂/吨*,
> 第二个25000吨,4利昂/吨,
> 超过50000吨的部分,5利昂/吨。

(二) 从价型矿业特许税费事例

1. 从价型矿业特许税费事例(根据坑口矿石所含矿产的价值计算)

印度2004年《〈1957年矿业和矿产资源(开发和管理)法〉附录二修正》[27]：

> 12. 铜：按照伦敦金属交易所铜金属价格的3.2%,对所生产矿石中的铜金属进行征收。

---

[25] 塞拉利昂1961年《铝土矿勘探和开采协议》(塞拉利昂政府作为一方与塞拉利昂矿石和金属公司和铝业股份公司作为另一方之间的协议),由1962年第35号法律批准。

[26] 塞拉利昂1972年《塞拉利昂金红石协议》(塞拉利昂政府与塞拉金红石公司之间的协议),由1972年第1号法律批准。

　＊ 利昂为塞拉利昂货币单位。——译者注。

[27] 印度第677(E)号《普通成文规则附录二》：《〈1957年矿业和矿产资源(开发和管理)法〉(1957年第67号法律)附录二修正》(2004年10月14日)。

2. 从价型矿业特许税费事例（根据可回收矿产计算）

中国 1994 年《矿产资源补偿费征收管理规定》[28]：

　　5. 矿产资源补偿费按照下列方式计算：征收矿产资源补偿费金额＝矿产品销售收入×补偿费费率×开采回采率系数

　　开采回采率系数＝核定开采回采率/实际开采回采率，核定开采回采率，以按照国家有关规定经批准的矿山设计为准；按照国家有关规定，只要求有开采方案，不要求有矿山设计的矿山企业，其开采回采率由县级以上地方人民政府负责地质矿产管理工作的部门会同同级有关部门核定。

　　不能按照本条第一款、第二款规定的方式计算矿产资源补偿费的矿种，由国务院地质矿产主管部门会同国务院财政部门另行制定计算方式。

3. 从价型矿业特许税费两例（"对成本进行调整的"）

在许多国家，对于为征收矿业特许税费而计算的矿物价值，可以通过从销售收入中扣除可扣除非生产性成本的方法进行调整。

事例一　巴布亚新几内亚《1977 年矿业法》[29]：

　　第 104 条　第 11 章释义

　　除非有相反意思表示，在本部分中——

　　"离岸价格收入"是指

　　（a）除本定义第（b）项所适用的交易外，当矿产品的运输根据销售合同由采矿者负责时，以采矿者因出售矿产品可获得的全部对价减去从矿产品在我国装运到船（或飞机）上直至其运抵买方并被其接受期间该企业真实发生的或承担的并与该矿产品有关的成本、收费和费用。在不缩小前述概括性内容的前提下，包括下列成本、收费或费用：

---

[28]　中国《矿产资源补偿费征收管理规定》（1994 年 2 月 27 日第 150 号国务院令发布）。

[29]　巴布亚新几内亚《1977 年矿业法》。

i. 我国针对矿产品出口设征的税、应付款、出口关税、消费税、其他关税以及其他负担,和

ii. 平舱费,和

iii. 海运运费,和

iv. 海上保险费,和

v. 卸货港港口费及装卸费,和

vi. 为进一步加工而将货物从卸货港运至任何加工地的运输费,和

vii. 称重、取样、检测、检验、代理及销售代理的成本或费用,和

viii. 船务代理费用,和

ix. 卸货港所在国针对矿产品进口设征的税、应付关税、进口附加税、其他关税以及其他负担。

……

"矿业企业净回报"是指——

(a) 当采矿者同时也是在我国境内的加工者时,其冶炼厂或精炼厂所拥有矿产品的价值,根据具体情况,减去从矿产品运至冶炼厂直至冶炼产品或精炼产品被运至买方并被其接受期间该企业真实发生的或承担的并与该矿产品有关的成本、收费和费用。在不缩小前述概括性内容的前提下,包括下列成本、收费或费用:

i. 冶炼和精炼费用,该费用可以包含一项合理的利润成分,但是该费用不得超过向任何其他人收取的或应该收取的类似矿产品的冶炼或精炼费用(视情况而定)。

ii. 实际成本,和

iii. "离岸价格收入"定义中所列举的各项成本,前提是这些成本应当由采矿者支付而且与将冶炼者或精炼者的产品运至买方交货地点的运输有关;和……

第 105 条　矿业特许税费

尽管有第 202 条的规定,每一采矿者都应当按下列价值的 1.25% 向国家缴纳矿业特许税费:

(a) 离岸价格收入,在矿产品直接或间接地从我国出口的情形下,适用于采矿者根据销售合同或其他处分方式而进行的矿产品交货行为。

(b) 矿业企业净回报,在矿产品在我国进行冶炼或精炼的情形下,适用于矿产品交货行为。

事例二　赞比亚共和国 1995 年第 31 号法律[30]：

第 66 条　(1) 大型矿业许可证的持有者,应当根据许可证、本法以及任何有关开发协定的规定,对其许可证项下所生产的矿产品,按照净回报值的 3% 向国家缴纳矿业特许税费。

(2) 在本条中——

"净回报值"是指在赞比亚出口地点矿产品离岸价格交货条件下的市场价值,或者,当矿产品在赞比亚国内消费时,赞比亚境内交货地点矿产品的市场价值,减去——

(a) 从矿区运至出口地点或交货地点的运输费用,包括保险费和装卸费;和

(b) 冶炼和精炼成本或其他加工成本,但是不包括在赞比亚境内矿区中进行常规加工所发生的其他加工费用;

"市场价值"是指在赞比亚出口地点离岸价格交货条件下或赞比亚境内交货地点条件下所实现的价值。

4. 从价型矿业特许税费事例("对价格进行调整的")

玻利维亚 1997 年《矿业法典》[31]：

第 98 条　对于自然状态下的金、金汞合金、预选金精矿、

---

[30] 1995 年第 31 号法律,《赞比亚共和国法律汇编》(第 13 卷)。

[31] 玻利维亚《矿业法典》(1997 年 3 月 17 日第 1777 号法律,1997 年 7 月 31 日第 24780 号最高法令发布)。

金精矿、金块、金屑、冶炼或精炼后的金矿产品、金锭:

价格高于每金衡制盎司700美元的,税费率为7%;

价格在每金衡制盎司400美元—700美元之间的,税费率为0.01%;

价格在每金衡制盎司400美元以下的,税费率为4%。[*]

5. 从价型矿业特许税费事例(根据累计销售价值实行规模浮动)

秘鲁2004年《矿业特许税费法》[32]

第5条 缴纳矿业特许税费的级别

缴纳矿业特许税费的级别以精矿价值或与之相当的价值为基础:

(a)第一级:年度价值不大于6000万美元的,税费率为1%;

(b)第二级:年度价值大于6000万美元但不大于1.2亿美元的,税费率为2%;

(c)第三级:年度价值大于1.2亿美元的,税费率为3%。

(三)从利型和收入型矿业特许税费事例

设法吸引矿业投资的政府可能仅愿意考虑从利型或收入型的矿业特许税费。大多数投资者更喜欢一种从利型的矿业特许税费,而不是从量型或收入型的。一般来说,如果一个政府计划采用从利型或收入型的矿业特许税费制度,那么,相对于可供选择的严格的收入型矿业特许税费,它可能希望考虑采用一种较高的税费率。这种较高的税费率是合理的。因为在这种制度下,项目开始产生矿业特许税费的时间较晚,而且在产品价格低的时期,可能不会产生税费。在确定利润或收入的基数时,至关重要的是需要认真界定什么构成"收入"以及"收入中的可扣减项"。如果此类扣减

---

[*] 似存在不妥,但原书如此。——译者注

[32] 秘鲁《矿业特许税费法》(2004年6月24日第28258号法律)。

项已经在确定所得税时得到了界定,政府可能会考虑简便地参考合适的所得税规定来计算矿业特许税费。政府可能会考虑把用作计算所得税(一种附加税)的应税所得作为计征矿业特许税费的基础。后一种方法所面临的主要挑战可能是栅栏原则所引起的问题,以及需要认识到矿业是一个特殊的行业,其勘探、开发、折旧等成本可能要求予以特别处理。

下面的事例展示了使用盈利性或收入作为确定矿业特许税费部分指标的三种方法。第一个事例是博茨瓦纳的钻石矿业特许税费,其计征方法是简单明确的利润比例。第二个事例来自于私人当事人之间的协定并且规定了哪些支出项目可以从收入中扣除的详细清单。第三个事例来自不列颠哥伦比亚省,说明了加拿大大多数省份所采用的收入型矿业特许税费的计征方法。在每个事例中,计算中都包括了生产成本。应该指出的是,博茨瓦纳和加拿大各省都拥有颇具规模的吸引外资的矿业产业。

1. 以实现利润为基础的从利型矿业特许税费

博茨瓦纳《1967年矿业和矿产资源法》[33]关于钻石附加矿业特许税费的规定:

> 第54条 (1)除按第53条规定可以征收的矿业特许税费之外,对源自任何含钻石管状矿脉经营所实现利润的1/4,国家应当有权获得,而且有关矿业权持有者应当于其财政年度结束后六个月内予以缴纳。
>
> (2)就本条第(1)款而言,实现利润应当是指钻石销售收入减去支出后的余额。支出包括在经营该管状矿脉以及生产和销售钻石过程中发生的资本性成本支出。如果在任一年度发生了损失,该损失应当向前结转作为下一年度支出的增加额。
>
> (3)就本条第(2)款而言,"支出"应当包括规定可以列支

---

[33] 博茨瓦纳《1967年矿业和矿产资源法》。

的各项费用。

从利型税费所要求的详细会计规则,对于采用产品分成协议的产油国政府来说并不陌生。为了计算政府份额的基础,这类协议通常包含有冗长规定,说明哪些成本可以扣减、哪些成本不可以扣减。方框中的内容取自哈里斯1996年报告中的一份私人当事人之间的矿业特许权使用费协定,它说明如何能够把有关采矿的成本扣除具体化。

"净利润"的定义

(a)"净利润"应当在矿业特许权使用费收取权产生后按年度计算,它是指年度内取得的各种收入的总和(收入包括源于从事下列经营活动的收入或与之有关的收入:任何矿石或精矿的采矿、选矿和/或其他处理,和/或因运营该矿产资源财产所生产任何产品的销售。收入包括但不限于正常经营期间出售资本资产而获得的现金收益,经营活动终止或者预计终止时获得的现金收益,或者源自与经营活动有关的保有资金投资的现金收益)减去:

(i)(如有,)以前各年度运营成本超出各相应年度收入的差额之和的全部或部分;

(ii)当年应分摊的所有运营成本之和;

(iii)在扣减完成前,矿产资源财产产权人所负担的全部试生产支出之和;

(iv)维持运营资本可能需要的数额,金额为经营者认为以适当和有效方式对该矿产资源财产进行经营所需要的合理金额;

(v)为意外事件所提取的、并且为经营者的审计人员确认在相应环境中是合理的准备金;

(vi)在扣减完成前,对采矿、选矿或辅助设施进行任何重大改进、扩大、现代化和/或更换所发生的各项成本(或用于该项成本的准备金)之和(就本项而言,重大改进、扩大、现代化

和/或更换是指其成本之和超过 50 万美元者,低于该数额的成本应视为运营成本的一部分);

(b)"运营成本"是指,就任一年度而言,在从事与任何矿石或精矿的采矿、选矿和/或其他处理和/或因运营该矿产资源财产所生产任何产品的销售有关的经营中,所发生的各种支出或费用的总额(而不是那些预计发生的支出或费用以及那些已经包含在试生产支出中的支出或费用),包括并限于下列费用:

(i)下列事项所引起的或与之有关的各种费用,即,对矿石或精矿的开采、粉碎、装卸、选矿、冶炼、精炼或其他处理,对在上述过程中产生的矿渣和/或尾矿的装卸、处理、储存或处置,对与从事本项经营或使用任何财产、资产、工序或程序有关的任何开采、粉碎、装卸、加工、储存或其辅助设施的操作、维护和/或维修;

(ii)任何产品的营销所引起的或与之有关的各种费用,包括但不限于运输费用、佣金和/或折扣;

(iii)下列事项所引起的或与之有关的各种费用,即,在经营者或矿产资源产权人认为为了从事本项经营而必要或合理的情形下,对该矿产资源财产实施承租和/或使其处于良好状态或不时续租,和/或采取经营者或产权人认为合理的步骤以获取、保护或改善产权人对该财产和/或有关财产或财产权所享有的任何利益;

(iv)提供和/或经营员工设施(包括住房)的或与之有关的各种费用;

(v)任何政府、市政、部门或机构针对本项经营设征的或设征的与本项经营有关的,或针对从事本项经营或任何与之有关的经营的活动设征的各种关税、收费、费用、矿业特许费用、税(不包括以本协议任何当事人的收入为基础而计算的税)以及其他应缴款项;

(vi) 因提供技术、管理和/或监督服务(包括向经营者所提供的服务)而发生的各种合理成本和费用;

(vii) 与经营矿产资源财产和/或商业生产有关的融资安排的各种成本或与之有关的各种成本,包括但不限于支付的利息(包括本协议第 6.07 段所规定的利息)和/或备用费用或其他费用;

(viii) 与从事本项经营有关的咨询、法律、会计、保险以及其他服务或保障的各种费用;

(ix) 工作中发生的各种费用;

(x) 商业生产开始以后建设、设备和矿场发展的各种成本费用,包括维护、修理和更换成本,但是不包括与采矿、选矿或辅助设施的任何重大改进、扩大、现代化和/或更换有关的资本性成本;

(xi) 因政府任何法规或要求而发生的或将发生的用于污染控制、关闭的费用或其他类似费用(包括与这些费用有关的合理准备金);

(xii) 向任何第三人支付的任何特许税费或类似款项(除了本协议项下的矿业特许税费以外);

(xiii) 因终止本项经营而发生的或预计将要发生的任何费用或支出,包括但不限于资产处理、终止雇佣关系、复垦和修复费用。

(c) "试生产支出"指在收取本协议矿业特许权使用费的权利产生之日后发生的、同下列活动有关的各种费用(无论是资本性费用成本还是其他费用)之和,即,矿产资源财产的勘探、开发,和/或使该财产进入商业生产,和/或与之有关的设施建设和/或服务(无论是在该矿产资源财产范围之内还是在之外),包括但不限于:

(i) 在矿产资源财产进入商业生产之前,工作中支出的各种款项;

(ii) 下列建设活动发生的或与之有关的各种费用,即,采矿和选矿建筑物、粉碎、碾磨、冲洗、汰选、矿渣储存和/或处理和/或其他处理设施和/或任何有关辅助设施;

(iii) 露天开采或开采全部或部分位于矿产资源财产上的任一矿体或多个矿体所发生的所有费用或与之有关的费用,但是仅限于该财产进入商业生产日之前的费用;

(iv) 下列活动发生的或与之有关的各种费用,即,建设储存或仓库设施,修建和/或改建道路,以及获取和/或开发矿渣和/或尾矿的区域和/或系统;

(v) 下列设施的或与之有关的各种费用(包括因获取和运输而发生的费用),即,用于运输矿石以及精矿和/或任何由之而来的产品的交通设施,包括电力线路和设备在内的电力设施,输水管道,水泵和井或其他设施;

(vi) 员工设施(包括住房)的或与之有关的各种费用;

(vii) 因管理、营销、监督、工程、会计或其他技术和/或咨询服务或者人员的供给而发生的各种费用或与之有关的费用,无论服务对象是否是经营者;

(viii) 下列事项所引起的或与之有关的各种费用,即,在经营者或矿产资源产权人认为为了从事本项经营而必要或合理的情形下,对该矿产资源财产实施承租和/或使其处于良好状态,和/或采取经营者或产权人认为合理的步骤以获取、保护或改善产权人对该财产和/或有关财产或财产权所享有的任何利益,但是仅限于该财产进入商业生产日之前的费用;

(ix) 可行性、营销、经济、复垦、恢复和/或技术的评估、计划、研究或报告所引起的或与之有关的各种费用;

(x) 与从事本项经营有关的咨询、法律、保险、营销以及其他服务的各种费用,但是仅限于该财产进入商业生产日之前的费用;

(xi) 与使矿产资源财产的全部或部分进入商业生产有关

的融资安排的各种成本或与之有关的各种成本,包括但不限于支付的利息……和/或备用或者其他费用或收费,但是仅限于该财产进入商业生产日之前的费用。

2. 以净收入为基础的收入型矿业特许税费

加拿大大多数省份已经成功地用以净收入为基础的收入型税费替代了传统从价型或其他类型的矿业特许税费。在一些省份,该税费被称作矿业特许权使用费,但是在其他省份则有不同的名称。实际上,它是一种特定化的所得税,只不过它所使用的收入和减扣方案与联邦一般所得税有所不同。收入型矿业特许税费与从利型矿业特许税费相似,但是并不必然与矿产品的销售收入挂钩。例如,某一财产的销售收入也可能包含在收入之中。这里将加拿大不列颠哥伦比亚省制定法《矿业税法》的有关内容节选如下[34]。

"收入"包括:

(a) 资本、劳动力、产业或技能产品所产生的已收或应收款项总额,

(b) 赚取的货币以及接受的赠与和保险金,和

(c) 任何来源的(包括来自联邦、不列颠哥伦比亚省和市政府的)各种收入、费用、租金、利息、股息和红利或利润,

但是,不得认为第(a)、(b)、(c)项的含义对这些规定的通常含义构成了限制。

对矿业经营净收入征税

2(1) 根据本法之规定,为了增加本省财政收入,对于每一矿场的每一所有者,根据其源于矿业经营获取的净收入而计算和征收税款。

(2) 为了确定源于矿业经营的净收入,对于加工生产后能够用于任何产品的矿石或已加工矿石的材料,任何源自其

---

[34] 加拿大不列颠哥伦比亚省《矿业税法》(《1996年不列颠哥伦比亚省法律汇编修订版》)第295章。

获取、储存或运输的收入都必须包括在内。

(3) 如果任一财政年度的净收入超过

(a) 在财政年度为一年的情况下,50000元,或

(b) 在财政年度不足一年的情况下,50000元乘以该财政年度的天数与一年天数的比例。

应当按照全部净收入12.5%的比例计算、征收和缴纳该税。

……

为征税目的而确定净收入

4(1) 为征税目的,应当通过从纳税人所有来源的净收入总额中扣除所有下列收入的方法,确定源自矿业经营的净收入:

(a) 如有,从股票、股份、政府债券、公司债券、贷款或其他类似投资中获得的股息红利、利息或其他类似款项的净收入;

(b) 如有,纳税人源于或依照合理会计准则可归因于从事一项经营的净收入,或者源于或可归因于一项非矿业运营的净收入,但非前述第(a)项所规定的投资回报;

(c) 对于纳税人用于矿石或源于矿石的矿产品的加工生产中的资本的一个数额的资本回报,相当于纳税人可折旧资产(可折旧资产包括纳税人在财政年度内用于加工生产矿石或源于矿石的矿产品的机器、设备、厂房、建筑物、工厂及其改良)原始成本的8%,但是根据本项规定扣除的数额,根据附属法规的规定或计算,占扣除(a)和(b)项所规定数额后净收入总额之余额的比例,既不得低于15%也不得高于70%;

(d) 如有,源于不列颠哥伦比亚省以外的矿业经营的净收益。

……

为征税目的确定净收入总额

5(1) 就第 4 条规定而言,应当通过从纳税人总收入中扣除生产过程中发生的所有费用的方法,确定净收入总额。但是,下列任何项目不得作为费用扣除:

(a) 并非完全地、专门地而且必要地为获得收入目的而安排或支出的款项;

(b) 资本的花费、损失或更换,或者,因资本、折旧、损耗而发生的资本项目支出;

(c) 与经营有关的活动中所使用财产的年值,但是为使用该财产而实际支付的租金除外;

(d) 转移至或计入准备金账户、应急账户或偿债基金的款项,但是依部长决定而允许的呆坏账准备金除外;

(e) 非为本项经营目的而取得的非生产性财产或者资产的维护费用或开支,或者与发生的与经营无关的责任所引起的费用或开支;

(f) 可扣除折旧数额,但是依部长决定而允许的用于获得收入之生产中的运输工具、机器、厂房和建筑物的折旧数额除外,条件是该折旧已经由纳税人实际计入损益科目;

(g) 根据保险协议或赔偿合同,可以追回的损失或费用;

(h) 纳税人及其家人的家庭或个人支出;

(i) 如有,第 4 条第(1)款第(b)项或(d)项项下各经营活动中发生的净损失。

(四) 基于混合制度的矿业特许税费事例

有些国家结合采用从利型和从价型矿业特许税费制度的优点。下面的两个事例来自加纳和牙买加,它们使用盈利指标来确定从价型矿业特许税费的参数。加纳使用成本—收入比来确定应当适用的从价型矿业特许税费率。

1. 使用利润比确定规模浮动从价型矿业特许税费率的事例[35]

矿业特许税费的缴纳

1. 任何矿业租约的持有者就其矿业经营,应当负有按照本条例所附实施方案中确定的比例,向国家缴纳矿业特许税费的义务。

矿业特许税费率的变化

(1) 根据本条例应当缴纳的矿业特许税费率应当以矿业经营的盈利能力为基础。

(2) 这种盈利能力应当通过运用运营比例确定。运营比例是指在一个年度内运营利润与采矿经营中所采矿物价值的比例。

(3) 就确定任何矿业经营的运营利润而言,应当从此项经营中所采矿物的总价值中扣除运营成本。

3. ……任一年度期间内的"运营成本"是指——

a. 矿业租约的持有者在该期间内为了开采、运输、加工或销售所采矿物而发生的完全性的和专门性的现金性支出。但是,这些支出不包括:

　　i. 根据本条例应当缴纳的矿业特许税费;

　　ii. 就利润所缴纳的所得税或其他税,无论其是否在加纳设征;

　　iii. 依国家和任何人之间的协议根据所采矿物的价值或其产生收入而进行的任何支付;

　　iv. 在矿业租约的持有者是公司的情形下,因公司管理或控制所发生的任何费用,如果矿产资源和矿业专员认为其与开采、运输、加工或销售所采矿物经营活动无直接关系的;

(b) 根据《1986年矿产资源和矿业法》(P. N. D. C153)第

---

[35]　加纳《矿业(特许税费)条例》(1987年第 L. I. 1349号)。

26 条规定在可扣减期间内的资本扣减……

（c）

运营比例	矿业特许税费率
(i) 30%及以下	3%
(ii) 大于30%小于70%	3%加上超过30%的百分点数与0.225的积
(iii) 70%及以上	12%

2. 从利型矿业特许税费（其中利润用于确定从价型矿业特许税费的基础和税费率）事例

在牙买加，除了铝土和粘土以外，矿业特许税费按下列税费率缴纳[36]：

(i) 当利润不高于矿物价值的15%时，为利润的5%；

(ii) 当利润高于矿物价值的15%但是低于价值的30%时，为利润的5%且利润占矿物价值的百分比每超过15%一个百分点另增加利润的0.2%；

(iii) 当利润高于矿物价值的30%时，为利润的8%且利润占矿物价值的百分比每超过15%一个百分点另增加利润的0.4%。

但是，在任何年度内按照上述方法计算的应缴矿业特许税费低于矿物价值的0.5%的情形下，应缴矿业特许税费应当为矿物价值的0.5%。

就上述内容而言，

"价值"是指——

(a) 为获取矿场矿物而实际支付给矿业承租人的款项；或者

(b) 在部长基于世界主要市场上的矿产现价而认为前项款项数额并非公平价值的情形下，则价值为下列之一：(i) 部

---

[36] 源自《加勒比地区英联邦国家的法律制度、协议以及税收对矿业的影响研究》（英联邦秘书处，伦敦，1992年）第174—175页的报告内容。

长通过与矿业承租人之间的协议而确定的价值;或,(ii)在未达成协议的情形下,部长基于世界主要市场上的矿物现价而确定的价值。

"利润"是指从价值中扣除允许的支出和摊销备抵之后的款项数额。

"允许的支出"是指矿业专员认为矿业承租人为采矿、加工、运输产品的目的而支出的款项,但是下列项目除外:

(a)为借贷而来的资本所支付的利息;和

(b)企业总部的任何费用(包括员工薪金)、董事报酬、分红费用以及在牙买加国内外发生的租金;

"摊销备抵"是指对已投入资本进行的摊销。摊销采用余额递减法,对上一年度尚未摊销的已投入资本以及(如有)自上一年以来投入的资本按年25%的比例进行摊销。

换句话说,牙买加的矿业特许税费是通过一定期间内的矿物销售价值减去允许扣除的成本(包括该期间内发生的开采成本)之后乘以一定的比例而计算出来的。为了确保在成本较高而价格较低时期能够获得一定的矿业特许税费,最低数额的矿业特税费以矿物的销售价值为基础而不考虑成本。

3. 取从价型或从利型矿业特许税费中较高者的混合制度事例

在另外一种混合制度中,纳税人既要计算从价型矿业特许税费又要计算从利型矿业特许税费并且支付其中较高的一个,或者两个都支付但可以用从价型矿业特许税费抵销从利型矿业特许税费。下面的事例来自加拿大的不列颠哥伦比亚省。[37]

第2条 (1)每一经营者必须就其经营的每一矿场在每一矿业财政年度纳税,税款数额等于该矿场下列项目的总和:

---

[37] 加拿大不列颠哥伦比亚省《矿产资源税法》(《1996年不列颠哥伦比亚省法律汇编修订版》)第291章。该法将"净收入"规定为总收入减去允许扣除的成本,也就是利润;将"净收益"规定为调整后的总收益,也就是矿业特许税费的计收基础。

(a) 如有,经营者源于经营矿场而获净收入中超过下列项目之和部分的 13%,

　　(i) 上一矿业财政年度期末的累计税款扣减科目余额,

　　(ii) 根据第 3 条第(b)项确定的当期矿业财政年度的估算利息数额,和

　　(iii) 根据本条第(b)项确定的款项数额;

　　(b) 经营者源于当期矿业财政年度该矿场经营的当期净收益的 2%。

4. 作为所得税扣除或抵减项目的矿业特许税费事例

在大多数设征矿业特许税费的国家,在计算所得税应税所得时,都允许扣除矿业特许税费。但是,有些国家允许以矿业特许税费直接抵减应纳所得税。下面的例子来自于多米尼加共和国。[38]

　　第 120 条　对出口矿产品设征的 5% 的矿业特许税费可以抵减同一财政年度应纳所得税。某一年度矿业特许税费超过应纳所得税的部分不得抵减以后年度的应纳所得税。

综上所述,有很多矿业特许税费计征方法可供决策者选择。简单的方法(如从量矿业特许税费)易于管理。从价型方法能够区别所售矿物的不同价值,但是确定计征的价值基础可能是一项挑战。公司更加喜欢以盈利能力或以收入为基础的方法;尽管这些方法对于管理者来说最难管理,但它们减少了在价格短期低落时矿场提前关闭和永久关闭的可能性,而关闭会减少长期的税收收入。

三、矿业特许税费的免缴和缓缴

对于因自然灾害、罢工、产品价格下降或其他情况引起的短期现金流量困难而导致矿场关闭的问题,税收决策者们应该予以关

---

[38] 《多米尼加共和国矿业法》(第 146 号法律)。

注。特别是，矿物价格具有周期性，而这反映了需求的增减变化。在价格低迷时期，新发现的矿床可能不会被开发，而且已有的边际矿床经营将会面临着关闭的压力。这一过程就是市场在供求之间寻求平衡的过程。不以收入或盈利能力为基础的矿业特许税费计征方法可能加剧现金流量问题，进而导致矿场的永久关闭。不过，为了使矿场能够维持经营，政府可能以具有重要社会意义这种理由而将某一经营与市场部分地分割开来，或者允许缓缴矿业特许税费或允许边际矿场免缴矿业特许税费；这两种方式都能够暂时减少现金流量。例如，某一边际矿场可能是某一区域的主要雇主或者对该地区的经济不可或缺，而通过放弃矿业特许税费，国家或许能够保住就业机会从而减轻代价巨大的经济影响。应当注意的是，以盈利能力或收入为基础的矿业特许税费制度并不需要规定缓缴或免缴的选项。

尽管在大多数早期矿业立法中授予特许税费减免权是一种普遍做法，但是在新近的矿业法律中并非如此。这可能反映了这样一种认识，即，这种自由裁量权可能被滥用，而且一旦允许暂时的免缴或缓缴，取消它可能会遇到政治上的困难。下面的事例来自于多个国家。

(一) 授予暂时免除矿业权人矿业特许税费义务的权力两例

1. 事例一：缅甸[39]

  20. 矿业部可以——

  ……

  (b) 为了促进矿业生产，可以决定在一定时期内全部或部分地免除许可证持有者就任何矿产所应缴纳的任何矿业特许税费；

  ……

  (d) 在其确定的期间内，决定缓缴应缴的到期矿业特许

---

[39] 《缅甸矿业法》(1994 年 9 月 6 日)。

税费。

2. 事例二:博茨瓦纳[40]

第 55 条 ……

(3)对任何明确规定的矿产(种)或明确规定的矿藏,部长有权在其可以决定的期间内,全部或部分免除应当缴纳的矿业特许税费,只要他认为为了生产有关矿产的利益或者作为对矿业经营启动或维持的一种促进,这样做只是权宜之计。

但是,在国家不是矿产权的持有者的情况下,未经矿产权持有者同意,不得作出这种免除。

(二)暂时缓缴矿业特许税费两例

1. 尼日利亚[41]

第 15 条 ……

(3)在其认为必要的情形下,部长可以通过在《政府公报》上公布的方式,在一个明确的期间内,暂缓任何矿种矿业特许税费的缴纳。

2. 加纳[42]

第 22 条 ……

(3)尽管有本条第(1)款和第(2)款的规定,在其认为缓缴符合国家利益和符合有关矿产生产利益的情形下,主管部门部长可以会商财政和经济计划部长并咨询矿业委员会,在其有权确定的期间内,暂缓任何矿种全部或者部分应缴矿业特许税费的缴纳。

---

[40] 博茨瓦纳《1967 年矿业和矿产资源法》。
[41] 尼日利亚《矿产资源和矿业法令》(1999 年第 34 号法令)。
[42] 加纳《1986 年矿业和矿产资源法》(临时国防委员会第 153 号法令)第 4 章第 22 条。

（三）免除特定经营或者区域矿业特许税费事例

事例来自澳大利亚的西澳大利亚州。[43]

86B 卡那封灌区范围内的矿业权

尽管有第86条第（2）款的规定，根据1914年《水和灌溉权利法》第28条第1款（a）项设立的卡那封灌区范围内的矿业权的持有者，对该矿业权项下获得的砂石，免缴矿业特许税费……

86D 关于某些粘土、砾石、石灰石、岩石或砂石的豁免

尽管有第86条的规定，对于矿业权持有者在矿业经营过程中使用的粘土、砾石、石灰石、岩石或砂石，具有下列情形之一的，免缴矿业特许税费：

（a）没有用于销售；或

（b）没有用于加工或制造的目的。

86E 艾尔高速公路所用岩石的豁免

尽管有第86条的规定，对于中部诺斯曼黄金有限公司销售给主要协助根据1930年《主要道路法》授权而负责该实施管理的部长的相关部门的岩石，在所售岩石将用于艾尔高速公路诺斯曼段升级改造的情形下，无需缴纳矿业特许税费。

（四）应缴矿业特许税费可以减缴事例

事例来自澳大利亚的西澳大利亚州。[44]

86F 矿业特许税费的减征

（1）如果部长认为存在使得减征矿业特许税费成为合理的情形这样一种特殊情况，则其有权决定该情况下应缴矿业特许税费的税费率，仅按其决定中确定的该矿业特许税费基础的一定比例这样一种基础执行——

（a）在其决定明确适用时，第86条项下生产或获取的任

---

[43] 西澳大利亚州《1981年采矿条例》。
[44] 西澳大利亚州《1981年采矿条例》。

何矿物；

（b）在决定明确适用时，第86AA条项下生产的黄金；或

（c）在决定明确适用时，根据《2002年矿业（艾伦达尔钻石矿业特许税费）条例》获取的钻石。

（3）在本条例中——

"使得减征矿业特许税费成为合理的情形"是指符合部长于《政府公报》上公布的予以减征矿业特许税费条件的情形……

"矿业特许税费基础"是指——

（a）就黄金而言，所适用矿业特许税费率的所实现的黄金价值；

（aa）对于从《2002年矿业（艾伦达尔钻石矿业特许税费）条例》所界定的艾伦达尔矿业租产获取的钻石，该条例中对该矿种设定应缴矿业特许税费时参照的任何事物。

（b）对于其他矿种，第86条对相应矿种设定应缴矿业特许税费时参照的任何事物。

（五）免除样本或样品矿物矿业特许税费事例

认识到收集和分析样本或样品是确定是否存在具有经济上的可采性的矿石的必要过程，因此，对于获取样本或样品的矿业特许税费，要么自动豁免，要么通过行政决定予以豁免。下面的事例来自于尼日利亚和加纳。

1. 尼日利亚[45]

第15条 ……

（2）部长可对其认为仅为分析或实验目的而进口的任何矿物，或者对其认为作为科学标本而出口的任何矿物，在其认为不超过为这些目的所必要的数量的情况下，部长有权减征或免征矿业特许税费。

---

[45] 尼日利亚《矿产资源和矿业法令》（1999年第34号法令）。

2. 加纳[46]

第 22 条 ……

（4）对于监测、分析或其他检查所需要的矿物样本，部长有权酌情决定免除缴纳矿业特许税费的义务。

四、矿业特许税费率和类型的确定

（一）矿种、矿场规模、矿床类型的影响

正如本书英文版所附光盘附录 A1 中对世界上矿业特许税费制度的总结所揭示的，不同种类矿业特许税费类型之间的唯一共同点是"多变性"。这种多变性涉及不同的矿种、矿床类型以及矿场规模。而且，在每个州（省）可能具有设征矿业特许税费的宪法性权利的国家，法域之间的多变性也会出现在一个国家内部。在这一意义上说，一国之内的法域之间也存在着为争取矿业投资而进行的竞争。例如，在加拿大，一省矿业特许税费（率）的变化会常常会引起与之在勘探、开发方面存在竞争的另一省的矿业特许税费（率）的变化。澳大利亚是另一个例子；在那里，各州（地区）之间、不同矿产品之间的矿业特许税费率存在着显著差异。例如，金矿产品的矿业特许税费率从新南威尔士州的 4% 到其他一些州的零税率不等。

关于矿业特许税费率方面的多变性，一方面，具有较高单位价值的产品（如钻石和其他宝石）往往也承受着较高的税费率。另一方面，很多国家免除了小规模或个体采矿者的矿业特许税费。一般来说，人们认为对这些经营的矿业特许税费征管成本大于能够获得的经济收益。即使在小规模矿业经营受到严格监管的那些国家，这些经营者也可能会享受到免征的优惠。例如，在加拿大，许多省份对于纳税年度内达不到收入下限的经营并不征收矿业特许

---

[46] 加纳《1986 年采业和矿产资源法》（临时国防委员会第 153 号法令）第 4 章第 22 条。

税费。

(二)矿业特许税费与法域内矿种缺乏多样性之间的相互关系

就本项研究所考察的各法域而言,在矿业特许税费的类型和税费率与法域内矿业经济的多样性之间,并不存在明显的联系。具有高度多样性的矿业生产国中,有些(如墨西哥)并不设征矿业特许税费,而有些(如澳大利亚和加拿大)却有着复杂和高度多样化的矿业特许税费结构。在矿业生产集中于高单位价值产品(如钻石)的法域,矿业特许税费率通常较高,但是并没有证据表明这是其矿业生产缺乏多样性的结果。

(三)世界级矿床国家设征较高或较低矿业特许税费的可能性

世界级矿床是指那些矿产质量非常高、在某种特定矿床类型所有矿床中贴现价值位于前10%的矿床。就此而论,智利的某些斑岩型铜矿矿床、加拿大萨斯喀彻温省的某些铀矿床、澳大利亚的某些喷流—沉积矿床、秘鲁的某些金矿床以及俄罗斯的某些镍矿床被认为是世界级的矿床。尽管并没有明显的系统性的倾向(如智利和墨西哥目前并不征收矿业特许税费,而澳大利亚、加拿大、美国却征收),但是通常根据每个矿床的情况,协商专门的矿业特许税费协议。例如在澳大利亚,针对规模巨大或十分丰富的矿床(如奥林匹克大坝、伊萨山和布罗肯希尔)的开发,矿业权人和有关州都协商签订了单独的矿业特许税费协议。在经济规模总量相对较小但却拥有大矿床的非洲国家(如安哥拉、博茨瓦纳、刚果民主共和国、加纳和纳米比亚),这种做法比较普遍。在加拿大,萨斯喀彻温省对自己在自然禀赋方面拥有重大竞争优势的钾盐和铀两个矿种,设征专门的矿业特许税费。再者,该省矿床的丰富程度和规模使政府可以从中获取更高份额的利润(租金)。

(四)广泛经济指数与矿业特许税费类型和税费率之间的关系

关于特定法域设征的矿业特许税费类型,本项研究在前面已经指出,拥有发达税收管理制度的法域往往要么采用从利型的制度,要么采用针对不同矿种设征不同矿业特许税费并采用不同价值计算方法的复杂制度。相反,许多拥有欠发达税收管理制度的法域则采用对规定种类内所有矿种统一适用的较简单的制度。因此,考虑到经济指标(如人均国内生产总值)是反映特定法域税收制度复杂性的广泛指数,可以假设,一个法域的经济发达程度与矿业特许税费结构之间存在着某种联系。

　　政府对矿业经营所设征的矿业特许税费通常只是针对矿产资源的所有税费中的一部分。此外还设征所得税、预扣税以及一些地方税费。因此,尽管矿业特许税费使矿业经营与同一法域内其他类型的经济活动区别开来,但是矿业特许税费率需要在整体税收水平以及税费率所适用税基的背景下予以考虑。2%的从价型矿业特许税费是否比4%的从利型矿业特许税费更重?这一问题很难回答。这是因为,实际上,每一矿床都与众不同,而且税费制度会对其产生与众不同的影响。对不同法域进行真正比较的唯一方法是,在整体税收水平的基础上或有效税率的基础上,对一系列矿床和产品进行研究。矿业特许税费率是整体税收水平一项决定性因素。

　　作为对矿业国家竞争地位分析的一部分,奥托、科德斯和巴塔尔萨(2000)根据一定范围的贴现率确定了24个法域中金、铜模型的有效税率。在贴现率为零的情况下,有效税率从税前利润的40%到90%不等。这里试图将这些有效税率与不同法域内广泛经济活动指标联系起来。图3.1展示了24个法域的有效税率与人均国内生产总值的对应关系。该人均国内生产总值的数值表明,矿业生产在经济发达程度不同的许多法域内均有发生。然而,该图清楚地表明,有效税率与按人均国内生产总值衡量的发达程度之间并不存在必然联系。这种相关性的缺乏表明并不存在这样的系统化倾向,即,越贫穷的国家越会对其矿业部门征收较高或较低的税费。图3.2反映了一国的有效税率与其矿业行业对国家总体经济贡献之间的对应关系。这样做是为了考察矿业行业的重要性与整体税费负担之间是否存在相关性。又一次,图中各点表明二者之间不存在相关性,无论是正相关还是负相关;这表明,矿业是主要的经济活动贡献者的国家并没有系统化的采用较高或者较低税费率的倾向。

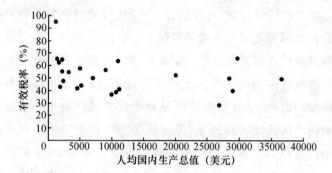

图 3.1　国际上 24 个矿业法域内的有效税率与人均国内生产总值

资料来源:国内生产总值——美国中央情报局《世界概况》(2004);有效税率——奥托、科德斯和巴塔尔萨(2000)。

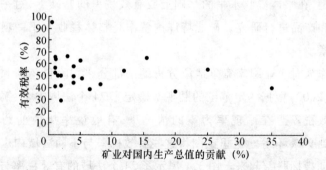

图 3.2　国际上 24 个矿业法域内的有效税率与矿业对国内生产总值的贡献

资料来源:对国内生产总值的贡献——美国地质调查局《矿产资源产品概要》[http://minerals.usgs.gov/minerals/pubs/mcs/ (2005/03/17)];有效税率——奥托、科德斯和巴塔尔萨(2000)。

综上所述,关于税费(包括矿业特许税费)的类型和水平,需要基于个案而予以考察。法律体系的类型、矿业和文化传统以及政府的意识形态都会影响矿业特许税费及其结构。而且,这里所进行的矿业特许税费类型和水平的评估是一种高度活跃的政策环境的一个静态画面。几乎在本项研究所考察的所有法域中,大型矿业经营在生命周期内都发生了重大变化,而且这种变化还有可能在将来发生。

五、为什么每个法域的税费结构都独一无二?

前面所展示的矿业特许税费的极其多样性给人们带来了许多疑问。为什么一些法域设征矿业特许税费而另一些却不设征?在设征矿业特许税费的法域,为什么其税费方法各异?为什么一些法域以产量为基础,一些法域以销售价值为基础,而还有一些法域以某些调整后的利润为基础?为什么有些法域税费率较高而另一些较低?为什么有些法域的税费率因矿产品的不同而不同,而另一些法域则不然?为什么在大多数但并非所有法域的矿业特许税费都可以从公司所得税中扣除?为什么有些法域的矿业特许税费随着产出水平的提高而提高?对于处于困难时期的公司,为什么一些但非所有的法域赋予政府主管人员减免矿业特许税费的权力(利)?

当然,简单的回答是:每一个法域都是独一无二的,有着自己的法律体系、历史、政治制度结构、利益集团、经济发展水平以及对矿业生产的依赖程度。在有些法域,矿业特许税费与对矿业企业设征的其他税费一道设计并且被一揽子地整体设征。而在另一些法域(如秘鲁),对矿业特许税费单独规定,作为对已有矿业税费的附加。因此,根据每个法域的特殊需求而设计矿业特许税费的形式和内容也就不足为奇了。

阐释导致矿业国家矿业特许税费多样性的特殊原因的最佳方法,也许是逐国地进行深入的研究。智利是一个很好的研究案例,它正在考虑(或许)采用矿业特许税费。为了弄清智利目前为什么考虑采用矿业特许税费,理解其正在考虑的方案,需要采用一些历史的视角进行研究。

20世纪早期,外国矿业公司对智利的铜矿进行了开发。第二次世界大战以后,安纳康达公司和肯尼科特公司这两个美国公司控制了占智利铜矿产量大部分的四个重要矿场。在20世纪60年代,智利采取了一系列措施,不断增加对这两家公司的控制和股权,并在1971年达到了顶峰。在这一年,萨尔瓦多·阿连德政府对这两家公司的财产实行了完全国有化。在这一时期,这两家公司的所有权和经营都被并入了智利国家铜矿公司,后者是一家完全由智利政府所有的国家矿业公司。

阿连德政府在1973年被军事政变推翻之后,皮诺切特独裁政权放弃了社会主义,进而实施更加以市场为导向的经济政策。在20世纪70年代后期和80年代早期,智利放宽投资政策,以吸引更多的私人投资进入矿业领域。尽管智利国家铜矿公司保留了对安纳康达和肯尼科特两家公司财产的控制权,私人投资(大部分是外国直接投资)在智利铜矿产业中的地位日益重要。

在这个方向上的第一个重大进展发生在1978年。是年,埃克森公司从智利国家矿业公司(另一个在矿业领域拥有财产的智利国有公司)手中收购了迪斯普塔达公司。埃克森公司为这个经营不利、几近破产的公司付出了约9800万美元。此后,私有矿业公司在20世纪80年代和90年代期间开发了许多新项目(参见表3.9)。结果,在这一时期,智利国家铜矿公司的铜矿产量占全国总产量的份额从大于70%下降到了小于33%。

表3.9 智利铜矿矿场的所有权和产量(2003年)

公司	2003年产量[a]	首次生产	所有权归属
智利国家铜矿公司			
丘基卡马塔	601	1980年之前	智利政府
厄尔特恩尼特	339	1980年之前	智利政府
拉多米罗 托米克	306	1998	智利政府
安迪纳	236	1980年之前	智利政府
萨尔瓦多	80	1980年之前	智利政府
智利国家铜矿公司总产量	1563		

(续表)

公司	2003年产量[a]	首次生产	所有权归属
其他生产者			
埃斯康迪达	995	1990	必和必拓、力拓、三菱、国际金融公司
科里亚乌阿西	395	1998	英美资源集团、诺兰达公司、三井等
洛斯佩拉雷斯	338	1999	安托法加斯塔
迪斯普塔达	278	1980年之前	英美资源集团
厄尔阿布拉	227	1996	菲尔普斯道奇、智利国家铜矿公司
坎德拉利亚	213	1994	菲尔普斯道奇
萨尔迪瓦尔	151	1995	普顿
曼托斯布兰科斯	147	1980年之前	英美资源集团
塞罗科罗拉多	132	1994	必和必拓集团
国家矿业公司	122	1980年之前	智利政府
厄尔特索罗	92	2001	安托法加斯塔、赤道资源公司
戈布兰达布兰卡	80	1994	奥尔资源公司
洛马斯巴亚斯	60	1998	诺兰达公司
米奇利亚	53	1994	安托法加斯塔
其他	61		
其他生产者总产量	3342		
产量合计	4904		

资料来源：智利政府，智利铜业委员会
说明：a. 产量以千吨铜矿石计算。

20世纪70年代后半期和80年代进行的经济改革以及与此同时的智利铜矿产量的迅速增加，刺激了智利经济。近二十年间，智利经济得到了高速增长。这一成功反过来又带来了人们对未来的期望。

然而，过去五六年以来，公众对私人矿业公司日益增长的失望和不满情绪已经呈现，并因为一些开发项目而加剧。首先，由于近几年来全球铜业不景气，铜价下跌以及新投资大量取消，智利的经济增长明显放缓。

其次,除了埃斯康迪达公司以外,新的私人矿场缴纳很少甚至不缴纳税费。这部分是由于低迷的铜价降低了利润,部分是因为政府为吸引新的外资而建立了有利的投资环境。智利对矿业生产并未设征矿业特许税费,而且其企业所得税规定允许公司通过加速资本折旧或其他方式来缓缴税收。埃斯康迪达公司自愿决定放弃适用加速折旧方法,而这反映了其他私人投资者少有的政治敏锐性。尽管如此,该公司将不可避免地与其他公司一道遭受税法变化的影响。智利国家铜矿公司一年又一年地以税收和红利方式向国库贡献大量款项的事实,对于缓解公众对私人矿业公司的日益恶化的看法并无帮助。

再次,也许最具破坏性的是,迪斯普塔达公司事件的后遗症。埃克森公司于1978年购买了该公司并于2002年转卖给了英美资源集团[详见阿奎莱拉(Aguilera),2004]。在埃克森拥有迪斯普塔拉公司的24年间,迪斯普塔达公司两个矿场所生产铜矿的含铜量超过300万吨。而在这一时期,该公司并没有缴纳任何所得税,这部分是因为该公司位于洛斯布隆塞斯矿场的精炼厂在遭一次雪崩掩埋后,不得不停产一年。不过还有其他原因。根据智利法律所享有的亏损向前结转的权利,允许该企业即便在其的确获利的年份也可以不缴税。而且,该公司一直较高的负债—股权比例意味着本来构成利润的收入被作为利息付款而汇往国外,而利息付款又是免税的。实际效果是,由于埃克森在迪斯普塔达公司投资巨大,它像其他智利公司一样享受着加速折旧的惠益。

由于埃克森对该公司投入巨资以及由于英美资源集团对于并购该公司的极大兴趣,使得艾克森公司从出售迪斯普塔达公司中获得了13亿美元的收入。而当时该公司的账面价值仅为5亿美元,这样埃克森就获得了8亿美元的资本收益。智利当时的资本收益税为35%,埃克森需要缴纳约2.8亿美元的税金。但是埃克森公司声称,根据其与智利政府签订的协议,它不需要缴纳资本收益税。经过一场长期的争论,埃克森只向智利政府支付了3900万美元(其中2700万是作为资本收益税),这是一个相当小的数额。

当然,最终而言,埃克森公司的管理层具有为其股东利益服务的法定责任,而智利人民的福祉应当是智利政府的责任。因此,公司充分利用政府提供的有利环境也就不足为奇了。然而,这一结果已经导致很多智利人认为,本国关于涉外矿业部门的现行税制需要修改。现在,因开采该国矿产资源而产生的巨大财富似乎将大量地流向私人公司,而且这些公司的所有者中大部分并非智利人。

最后,2004年全球矿业的戏剧性复苏强化了这一看法。铜价接近翻番极大地增加了铜矿公司的收入。尽管这带来了公司所缴纳税金的大幅增加,但是这些增加只不过是公司整体利润中所增加的巨额利润中的一小部分。此外,作为一家国有公司,智利国家铜业公司将其所有利润以税收或分红的形式上缴给了政府,而它的这一表现加剧了这种形势。

公众对矿业领域内私人公司日益增长的不满——一种民族的被剥夺感——的结果,是2004年里卡多·拉戈斯政府提出的对私人矿业公司设征矿业特许税费的法律提案。智利国家铜矿公司在提案中享受豁免,这很可能是因为该公司已经将其总收入的10%根据宪法直接交给了智利国防部。中小规模的矿业经营也享有豁免,因为许多这类公司——其中大部分为智利人所有——正处于困难时期,而且这些公司已经为获取公众支持进行了成功的游说。提议实行的矿业特许税费制度是一种从利型矿业特许税费制度。在这种税费制度下,公司能够从其总收入中扣除工资和某些其他生产成本。然而,该税费制度明文禁止公司扣除资本成本,包括利息支付、管理费和许多其他间接成本。很明显,该方法是要确保开采该国矿产财富的公司都要缴纳某种税款,无论它们是否获利、获利多少。

智利矿业界经过巨大努力,设法挫败这一法律提案。然而,智利政府认为这一提案是一项双赢的政治事项,因为大多数智利人认为矿业行业应该为国家作出更多贡献。从长远来看,对该国矿业领域设征额外税款的潜在消极影响基本上被忽略了。结果是,政府最近提出了类似的法律提案。这一法案最终能否获得通过,尚不得而知。然而可以明确的是,前面所描述的特殊情形以及这些情形所造就的不公正感是如何促成了智利政府提出的专门矿业特许税费法案的。

第四节 私人当事人间特许权使用费

特许权使用费并不局限于政府对私人部门设征的特许税费,而且,私人当事人间特许权使用费实际上也很普遍。二者的主要区别是:首先,特许税费的设征在大多数情况下是国家单方面行使其固有的征税权的结果,而私人当事人间特许权使用费则是双方协商一致这种过程的结果。其次,对类似的矿业权所有者来说,政府设征的特许税费往往较为统一,但是私人当事人间特许权使用费就比较多样化,而这反映了受影响当事人的谈判力量和目标。

一、私人当事人间矿业特许权使用费

私人当事人间矿业特许权使用费存在于个人、政府机构、私人公司、政府公司、土地所有者协会以及当地或社区群体之间。许多私人当事人间矿业特许权使用费安排产生于这样的情形,即,专门进行勘探的公司发现了矿床,然后将其对该发现矿床的开发权转让给专门进行采矿的公司,以换取特许权使用费权益。另一种常见情形是,一家既勘探又开采的公司拥有一处矿业财产,但是该财产规模太大或太小或者并非它想要的矿种,对它来说不是一处好的战略性矿业财产,于是该公司就将其采矿权予以转让,以获得特许权使用费权益。根据一项经营的规模,很多企业可能发现组成合资经营企业或联合经营公司具有如下优点:通过矿业特许权使

用费分担方案,可以分担成本、风险、专业技能,至少分享一部分收益。尽管在发展中国家的许多地方存在大量的个体矿业企业,但是绝大部分矿产品却来自于由政府或私人集团公司开发的规模较大的经营。法律的、技术的以及财务的法律义务导致矿产品的开发和生产超出了许多矿产资源权所有者的能力。

除了转让采矿权的情形以外,私人当事人间矿业特许权使用费还产生于这样的情形:一家公司可能有采矿权,但是却没有使用矿物出现之处土地的权利,因而为了获取进入权,该公司向土地的所有者或使用者支付特许权使用费。由于这些以及其他情形的结果,形成了一个矿业财产和权利的买卖和期权市场。矿业财产和权利协议具有高度多样性和复杂性,不过很多协议包含了某种类型的私人当事人间矿业特许权使用费条款。

尽管私人当事人间协议中出现的矿业特许权使用费在类型上多种多样,但是通常可以按照对待政府矿业特许税费的同样方法,将其进行分类,也即分为从量型、从价型以及从利型或收入型矿业特许权使用费。私人当事人所同意的矿业特许权使用费类型反映了合同各方的风险偏好。表3.10展示了三种主要矿业特许权使用费类型下当事人相应的风险程度。非常明显的是,产量型矿业特许权使用费对矿产权所有者更有吸引力,而从利型矿业特许权使用费则为投资者更加偏好。

表3.10 暴露于期间性矿业特许权使用费的风险

描述	产量型矿业特许权使用费(从量型)	矿业企业净回报矿业特许权使用费(从价型)	从利型矿业特许权使用费
风险大小			
矿业权所有者	低风险	中等风险	高风险
投资者	高风险	中等风险	低风险

资料来源:卡伍德(1999)。

下面有关私人当事人间矿业特许权使用费的事例来自加拿大和南非,它们说明了私人当事人间矿业特许权使用费和政府矿业特许税费之间关系的两种极端情况。在南非的事例中,两者相互排斥。矿产品生产者有权只向私人土地所有者或公共(政府)土地所有者中的一个缴纳。这种情形在美国很多州的州管辖事项范围内也很普遍。在加拿大的事例中,两者通常并不相互排斥。无论私人当事人之间是否就矿业生产商定了特许权使用费,在加拿大境内的矿产生产者都将缴纳有关省的矿业税和矿业特许税费。不过,在为矿业税目的计算所得时,私人当事人间矿业特许权使用费可能作为扣减项而被承认。不将两者结合的唯一例外情形是,土著居民团体就在其世代相传的土地上征收矿业特许权使用费事宜,与政府进行协商。

二、加拿大私人当事人间特许权使用费

加拿大是主要的矿产品生产国,因此它是矿产资源勘探和开发的理想目的地。历史上,在加拿大发生的勘探支出曾经占据全世界勘探总支出的 15%—25%。[47] 这项支出中相当大的一部分出现于有某种联营协议的土地财产之上,这些协议包含有矿业特许权使用费条款。这些私人当事人间特许权使用费反映了对土地财产的共享所有权利益,而且是在政府矿业特许税费之外,而非替代。一般而言,这种私人当事人间矿业特许权使用费可以分为两大类型。

(一)矿业企业净回报型矿业特许权使用费

这种类型的矿业特许权使用费是通过把矿场上所生产矿产出售后获得的价值乘以一定的百分比而计算出来的。在计算矿业企业净回报矿业特许权使用费的基础之前,需要扣除与进一步下游加工程序有关的成本。对于具有高单位价值的产品(如黄金或钻石)来说,这种下游加工成本相对而言并不占很大比重,这是因为矿场生产出来的产品已经接近纯产品。对于生产可供销售的、高

---

[47] 关于加拿大在全球资源勘探中地位的讨论,请见加拿大自然资源部《加拿大自然资源年鉴(1990—2002)》。

度不纯形式的金属的矿场来说,所获得的矿业特许权使用费是一种真正的净价值。对于基本金属精矿而言,矿业企业净价值应该是冶炼费、精炼费、运输费以及产生于这一链条上的任何利润净值。例如,一家生产含有30%铜的精矿的公司可以获得相当于该精矿中所含铜的价值的65%的收益。这一款项应该代表用于计算矿业特许权使用费的矿业企业净回报的基础或矿业企业净收入。在计算这一矿业特许权使用费基础时,对于矿场上发生的任何直接资本成本或运营成本并不扣除。

迄今为止,矿业企业净回报型矿业特许权使用费是加拿大矿产勘探和开发协议中最为普遍的类型。正如表3.10所表明的,这是由于这样的事实,即,矿产财产的所有者和投资者都倾向于这种具有中等风险的矿业特许权使用费计征方法。此外,对于计算矿业企业净回报型矿业特许权使用费的基础的界定,业界已经广为接受,而且对上市公司而言,它能够很容易地与公司收入报告的季报或年报相互对照。尽管矿业企业净回报型矿业特许权使用费的费率过去曾高达5%,但是近些年来往往在1%到3%之间徘徊(另见哈里斯,1996)。在许多近来的矿业开发中,都能够发现矿业企业净回报型矿业特许权使用费的条款。例如,西北地区的戴维科钻石矿就有两个1%的矿业企业净回报型矿业特许权使用费。纽芬兰和拉布拉多正在开发的沃伊斯湾矿场就有一个3%的矿业企业净回报型矿业特许权使用费。

矿业企业净回报型矿业特许权使用费条款的结构可以通过纳入以产量水平或矿物价格为基础的浮动费率、提前支付、最低支付、最高支付等而变得复杂。然而在几乎所有的事例中,用以确定矿业特许权使用费的基础都是矿业企业净收入。

在矿场开发过程中,将已有的矿业企业净回报型矿业特许权使用费转化成一次性付清型矿业特许权使用费并不是个别现象。矿业特许权使用费可以转让给矿业财产的开发者或第三方,而且通常会以矿场寿命内预计矿业特许权使用费现值的折算价发出要约。沃伊斯湾矿业特许权使用费的持有者(太古资源公司)已经完成了3项交易,以出售其在该矿场所享有的3%的利益。其中两项是分别将0.15%的矿业企业净回报出售给一家初涉矿业的公司阿提尔斯矿业公司[48],然后将太古资源公司享有的所有份额出售给一家上市公司(国际矿业特许权使用费公司)。[49]

(二) 净利润收益型矿业特许权使用费

净利润收益型矿业特许权使用费的支付是以矿场的利润为基础,而不是以矿场的销售收入为基础。在计算矿业特许权使用费的基础时,诸如资本性成本、运营成本、利息支付以及其他与生产、销售、运输矿产品有关的成本等都要从收入中扣除。这种做法产生的直接后果是,在合作伙伴没有收回全部成本以前,现有财产所有者不能分享矿场所带来的利润。因此,净利润收益型矿业特许权使用费的支付往往要在比矿业企业净回报型矿业特许权使用费更高的费率比例上进行,通常是10%到50%不等。与矿业企业净回报型协议相比,净利润收益型协议很不普遍,因为它难于监测而且更缺乏透明度。在某种程度上,现有财产所有者完全受到矿场经营者会计记账做法的支配。其结果是,净利润收益型矿业特许权使用费常常被戏称为"不打算进行的付款"。

最初把现有财产所有者作为股权合作伙伴的合资经营协议,由于合作伙伴预计有大量的勘探或开发矿产资源的成本,将会有稀释现有财产所有者作为合作伙伴的利益的条款。在这些情形下,净利润收益条款常常成为为现有财产所有者所设置的唯一保

---

[48] 有关这一矿业特许税费收益转让的详细信息,请见2003年7月14日阿提尔斯矿业公司提交于 SEDAR 网站上的报告;http://www.sedar.com/Display-CompanyDocuments.do? lang = EN&issuerNo = 00008222(2005年2月15日)。(SEDAR 网站是加拿大证券管理局指定的供上市公司和投资基金发布信息的 SEDAR 文件系统的网站。——译者注)

[49] 关于国际特许权使用费公司与太古资源公司交易的细节,请见 http://www.newswire.ca/en/releases/arc-hive/February2005/23/c7556.html(2005年2月28日)。

留其对财产的利益的条款。在矿业协议中偶然见到的另外一个术语是"净所得款型矿业特许权使用费"(net proceeds royalty)。在大多数情况下,它与净利润收益型矿业特许权使用费之间的区别是否存在以及如何区别并不清楚。

三、南非私人当事人间矿业特许权使用费

关于收取私人当事人间矿业特许权使用费的方法和费率,国际上差别甚大。当就矿业财产授予矿业权时,私人当事人间矿业特许权使用费应当支付给矿产权利的所有者。与前面探讨的在加拿大的协议相比,这里关于南非的讨论集中于私人矿产权利所有者与私人矿业公司之间的协议。除了南美洲以外,很少有国家允许将矿产权利的所有权登记为私有财产。然而直至最近,这种安排仍然是南非的标准做法。而且这里根据《矿产和石油资源开发法》[50] 2004年4月实施之前的南非的实践,对私人当事人间矿业特许权使用费与政府矿业特许税费两者之间的差别进行阐释。加拿大事例中出现的其他类型的私人当事人间矿业特许权使用费在南非并不普遍。这源于其矿业部门的传统结构。在这种传统结构中,几家大型的矿业集团控制了矿业生产的很大部分。由于缺乏诸如加拿大和澳大利亚那样完善的初级采矿和勘探部门,这阻碍了合资经营型和矿场转让型的协议的发展,而这些类型的协议中包含了矿业企业净回报型和净利润收益型两种矿业特许权使用费条款。随着南非矿业部门受国际化影响而进行变革,这些类型的私人当事人间矿业特许权使用费正在变得越来越普遍。

在《矿产和石油资源开发法》生效的时候,私人当事人的矿产权利是威特沃特斯兰德金矿区内的准则。历史上,国家无权向私

---

[50] 《矿产和石油资源开发法》(2002年第28号法律)(载于2002年10月3日《政府公报》第448卷第23922号),于2004年4月1日起实施。该法规定了国家对南非所有矿产资源权利的管理权,从而结束了把矿产权利所有权登记为作为不动产的私人财产的做法。

人所有的矿产权利主张矿业特许税费,而且国家还被排除在登记的所有者与意欲开发矿产资源的矿业公司之间的商业交易之外。私人当事人间矿业特许权使用费的安排可以是国家所使用的任何标准方法之一或者它们的组合,但是并不限于传统的方法。私人所有的南非矿产权利包括一种被称为"信托土地"的矿产权利;这种权利允许集体所有的矿产权利。这一权利要求以部落社区的名义单独进行登记。在废除种族隔离制度的1994年南非大选之前,这些黑人社区被禁止与矿业公司签订合同。南非总统,或者矿产财产出现地的特兰斯凯、博普塔茨瓦纳、文达、西斯凯[51]的首领,作为黑人社区的受托人来协商租约和矿业特许权使用费。其结果是在国家的矿业特许税费同社区的矿业特许权使用费之间具有很大的相似性,二者通常都是以利润为基础支付而且税费率低。

1994年以后废除了信托制度,从而这些黑人社区可以以自己的方式协商新的协议。最广为人知的事例是,帕拉铂金公司向皇家巴佛肯支付的矿业特许权使用费转变为费率为21%的从利型矿业特许权使用费,而且该使用费还以源自铂族金属销售收入的1%作为最低限额的矿业特许权使用费。表3.11展示了南非典型的私人当事人间矿业特许权使用费的事例;这些事例来源于1990—2004年期间的矿产租约。

表3.11　南非私人当事人间矿业特许权使用费(1990—2004)

土地财产权	年份	矿种	矿业特许权使用费
Sea area	1990	钻石	利润的25%
Mooifontein	1992	煤	每售1吨煤0.23兰特,根据PPI上涨幅度的50%上调并加上高于阀值以上部分
Cato Manor	1992	钛合金	收入的2%—7.5%
Bethesda	1995	铁	4%加地租
Haverkip	1996	煤	每开采并移除1吨ROM煤1.00兰特,加上PPI

---

[51] 特兰斯凯、博普塔茨瓦纳、文达、西斯凯曾是被称为"家园"的自治领土。

（续表）

土地财产权	年份	矿种	矿业特许权使用费
Klipfontein	1997	黏土	每吨 4 兰特
Hamburg	1997	钻石	销售收入的 5%
Spitskop	1997	石英岩	每开采并移除 1 吨 0.58 兰特
Blesbokfontein	1998	煤	每开采并销售 1 吨 0.37 兰特，根据 PPI 上涨幅度的 50% 上调
Roodepoort	1998	煤	每销售 1 吨 1.00 兰特
Schoongezeicht	1998	钻石	销售收入的 5%
Marsfontein	1998	钻石	75000000 兰特加上总收入的 5%
Buffelsfontein	1998	黄金	每月 4000 兰特加上每开采 1 立方米 30 兰特
Rietkuil	1999	钻石	销售收入的 5%
Ingonyama Trust	2000	无烟煤	总收入的 2% 加上每销售 1 吨 0.70 兰特（作为地租）
Somkele	2000	无烟煤	50000 加元加上矿址上矿石价值的 3.25%
Wonderheuwer	2004	煤	每开采一吨 ROM 煤 1.20 兰特并按照 5% 的复利上涨

资料来源：卡伍德：《不同来源交易和价值的个人数据库（1990—2005）》。
说明：ROM 是指原矿，PPI 是指生产者物价指数。

四、国家矿业特许税费与私人当事人间矿业特许权使用费之比较

在大多数的情况下，无论是向政府缴纳的还是向私人支付的矿业特许权使用（税）费都是通过相似的方法予以确定的。它们的区别与各自对某种矿业特许权使用（税）费的偏好以及所要求的税费率范围有关。在很大程度上，这些区别源于不同的风险偏好以及私人和公共矿产权利所有者的目标。私人所有者只关注自己的利益，而政府官员却要考虑普遍利益或公共利益。"自己的利益"是指来自于能够产生额外财富的消耗性资产的法律所有权的一种狭隘的私人经济收益。与此不同的是，公共政策界定公共利益；公共利益以广泛的公共收益为目标，是源于国家对自然资源行使主权和管理矿产资源财富的所得。政府矿业特许税费还必须考虑政治意愿、对投资的需求以及国际竞争力,而这些事项与矿产权利的私人所有者几乎无关。

在加拿大的国情中,绝大多数的私人当事人间矿业特许权使用费是以产量或产品价值为基础而协商确定的。除了萨斯喀彻温省的钾盐和铀矿业特许税费以产量为基础外,大部分的政府矿业特许税费是为从利型的。

在南非的情况中,下面六点突出说明了相应时期内私人当事人间矿业特许权使用费与国家矿业特许税费之间的相同和不同之处:

(1) 从利型矿业特许权使用费远高于收入型矿业特许权使用费,这一点也适用于国家拥有矿产资源权利的情形。

(2) 产量型矿业特许权使用费以矿石开采量或销售量为基础,而政府矿业特许税费往往以销售量为基础。

(3) 无论国家矿业特许税费还是私人当事人间矿业特许权使用费,常常都按照南非统计局公布的年度采掘业生产者物价指数进行上调。

(4) 国家矿业特许税费并不按照预先确定的生产率限值增长,而这出现于私人当事人间矿业特许权使用费协议之中。

(5) 私人所有者通常在矿业特许权使用费之外商定一个固定费用,而政府官员则坚持使用每年最低矿业特许税费的做法。

(6) 并非所有的私人当事人间矿业特许权使用费都按照当地货币结算。

与对土地使用采用每公顷收取一定数量南非兰特的年租金的通常做法不同,英格尼亚玛信托(Ingonyama Trust)对使用土地协商确定了一种产量型矿业特许权使用费。这一租赁费用与月最低支付联系在一起。英格尼亚玛信托的做法形成于这样的观念,即,露天矿场和其下浅埋着矿产资源的区域使得土地的所有者具有与矿产权利所有者同样的谈判权力,即使在法律上矿产资源所有权与土地所有权相分离的情形下。虽然从法律上讲土地所有人无权获得矿业特许权使用费,但是露天矿场的性质和范围使得地表土地的所有者在矿场开发开始以后不能再继续以通常的方式使用土地。这样产生的结果是,土地价值获得了溢价,而这种溢价可以被认为是向土地所有者支付的一次性矿业特许权使用费。

在过去许多年内,南非政府一直保留着自己开发某些战略性矿产资源的权利。[52] 对于这一开采权,可能最好是将其描述为一种高于荷兰占领者所带来的民法体系的另一层级的所有权。国家将其对所保留矿产资源的开采权出租给公司,而作为授予权利的回报,政府可以从作为承租人的公司那里获取租约对价,该对价的支付是以利润为基础的。关于支付税费率的计算,对每一矿场所使用单独的租赁公式的税费率都是不同的,而且可能根据年度盈利比率,在预先设定的最高和最低税费率之间浮动[范·布雷克(Van Blerck),1992]。租约的对价是向矿产权利所有者通常所支付的矿业特许权使用费之外的额外费用。

尽管大多数私人矿产权利所有者偏好一次性的买断协议,但是南非政府却偏好签订矿产资源租赁协议。这种租赁协议把有期限的矿业特许税费支付作为其许可的对价。表3.12展示了国家矿业特许税费与私人当事人间矿业特许权使用费之间的区别,有关数据都来源于南非的矿产资源租赁协议。当私人所有者决定签订有期限的矿业特许权使用费协议时,他所要求的费率往往远高于政府矿产资源租赁协议中的税费率。这表明:第一,在南非,与国家相比,私人所有者更不能承受矿产资源开发的风险;第二,只有在存在一种明显重大的溢价时,南非的私人所有者才会准备冒险。

---

[52] 这一做法为《矿产资源法》(1991年第50号法律)所终结。《矿产资源法》(载于《政府公告》1991年第3082号)1991年5月15日制定,1991年1月1日起实施,后被《矿产和石油资源开发法》(2002年第28号)所替代。

表 3.12　南非国家矿业特许税费与私人矿业特许权使用费之间的区别

国家矿业特许税费				私人矿业特许权使用费			
一次性付清	产量型	收入型	利润型	一次性付清	产量型	收入型	利润型
不常见	常以销售量为基础	从不高于5%	很少高于15%	最常见	常以开采量为基础	很少低于5%	很少低于15%

资料来源：F. 卡伍德。

尽管从理论上讲,在选择矿业特许税费的种类以及相应的税费率时,相应矿产资源的质量应该是决定性因素,但是本部分的研究结果表明,所有者的身份地位及其风险偏好却是最为重要的因素。当矿产资源权利属于私人所有,并且存在一个业已建立的矿产资源市场供积极地进行这些权利的交易的情况下,以固定的金额对矿产资源进行一次性买断的方式运转良好。偏好这种方式的所有者通常都是风险厌恶者,而且相对于矿业公司而言,在争取有利于自己的条款和条件方面,他们讨价还价的能力较低。与此不同的是,国家喜好有期限的矿业特许税费。这是因为,第一,对于随着时间流逝而出现的资源损耗,有期限的矿业特许税费会是一种系统性的补偿;第二,当矿床产生超额产出时,它允许用一定程度的风险共担换取更大的回报;第三,政府可以用它来证明,国家的自然资源是为公共利益而开发的。

参考文献

Aguilera, Roberto F. 2004. "Exporting Mineral Wealth? The Case of Chile's Disputada de Las Condes." Unpublished paper. Santiago, Chile: Universidad Católica de Chile, Centro de Minería.

Barberis, Danielle. 1998. *Negotiating Mining Agreements: Past, Present and Future Trends.* Kluwer Law International, Dordrecht, the Netherlands.

Cawood, F. T. 1999. "Determining the Optimal Rent for South African Mineral Resources." PhD diss., University of the Witwatersrand, Johannesburg,

South Africa.

Cawood, F. T. 2004. "Will the New South African Mineral and Petroleum Royalty Bill Attract or Deter Investment?" Research paper, Centre for Energy, Petroleum and Mineral Law and Policy, University of Dundee, Scotland.

Commonwealth Secretariat. 1992. *A Study on the Legislative Framework, Agreements and Financial Impositions Affecting Mining Industries in Commonwealth Caribbean Countries*, 174—75. Commonwealth Secretariat, London.

Green, F. R. H., quoted by Mike Faber. 1977. *The Fiscal Regime, Some Policy and Legal Issues Affecting Mining Legislation and Agreements in African Commonwealth Countries*, 79. Commonwealth Secretariat, London.

Harries, Karl. 1996. *Mining Royalties Between Private Parties*, 109, 117—21. Centre for Resource Studies, Queens University, Kingston, Canada.

Mineral Commodity Summaries. U. S. Geological Survey. http://minerals.usgs.gov/minerals/pubs/mcs/ (accessed March 17, 2005).

Ministry for Land and Resources, State Development Planning Commission, State Economic and Trade Commission, Ministry of Finance, Ministry of Foreign Trade and Economic Co-operation, and State Administration for Industry and Commerce. 2000. "China Encourages Foreign Investment in the Exploration and Development of Non-oil/gas Mineral Resources." Announcement. December 14.

Otto, James. 1995. "Legal Approaches to Assessing Mineral Royalties." In The *Taxation of Mineral Enterprises*, ed. James Otto. London: Graham & Trotman/Martinus Nijhoff.

Otto, James, and John Cordes. 2002. *The Regulation of Mineral Enterprises: A Global Perspective on Economics, Law and Policy*. Rocky Mountain Mineral Law Foundation, Westminster, CO.

Otto, James, John Cordes, and Maria Batarseh. 2000. *Global Mining Taxation Comparative Study*. Institute for Global Resources Policy and Management, Colorado School of Mines.

Van Blerck, M. C. 1992. *Mining Tax in South Africa*, 2nd ed. Taxfax CC, Rivonia, South Africa.

Western Australian Department of Industry and Resources. 2005. *Statistic Digest-*

Mineral and Petroleum Resources-2003/04. http://www.doir.wa.gov.au (accessed March 17, 2005).

World Facts and Figures. http://www.worldfactsandfigures.com/gdp_country_desc.php (accessed March 17, 2005).

第四章

矿业特许税费对矿种的影响
——定量分析

前一章介绍了不同类型的矿业特许税费,并且从范围广泛的法域中提供了具体事例,其重点是讨论可供政府选择的不同监管方式。本章将进一步探讨不同类型的矿业特许税费,不过是从项目经济的视角进行相关讨论。不同的矿业特许税费类型将对项目经济以及政府财政收入产生不同的影响。第一节将利用三个假定矿种模型阐释几种选定的不同矿业特许税费对现金流量、盈利性、有效税率以及政府财政收入的影响。然后将运用一个矿种模型来证明矿业特许税费对各种生产决策(如边界品位、矿场寿命以及矿产资源储量等)产生的影响。最后一节将讨论,在考虑对矿业特许税费的政策设计进行变革以及实施时,利用定量分析作为一种方法所能获得的认识。

第一节 所选矿业特许税费类型对三个矿种的影响

为了说明矿业特许税费的影响,本章设计了三个假定矿种模型:一个地下金矿、一个露天铜矿以及一个露天铝土矿。这里选用这三个矿种模型来提供和说明不同成本及价格结构的横向对比。讨论中所采用的数据并非来源于任一矿种的实际情形,而是反映了作者认为合理的某些假设。三个矿种的现金流量是在一家公司在项目分析的可行性研究阶段可能使用的一种详细水平上而进行模拟的(三个矿种模型的样本试算表可见附录 A2)。使用这些模型的目的在于阐释不同的矿业特许税费类型将对项目现金流量产生的影响。本节应用了四种衡量指标:内部收益率(IRR)、投资净现值(NPV)、有效税率(ETR)、政府矿业特许税费及其他税收的总收入。

净现值是在对资金的时间价值以某种利率进行贴现时,通过计算现金流量的数额而形成的一种价值衡量指标。计算净现值可以为发现的各种不同投资机会提供一种资本预算的分配方式。当某一项目的内部收益率大于投资者所期望的最低收益率或贴现率时,如同净现值所反映的那样,该项目增加了投资者的投资组合的价值。尽管利用计算净现值来衡量潜在可能的财富创造是一种普遍的产业实践,但是对于许多国家的政府来说,忽略资金的时间价值同样也是非常普遍的。在计算净现值时,本节各模型同时使用一个假设贴现率和一个零贴现率来阐释公司或政府的可能偏好。一个项目的净现值可以利用下面的等式进行计算:

$$NPV = \sum_{n=0}^{n} \frac{R_n - OC_n - T_n - K_n}{(1+i^*)^n}$$

在等式中:

NPV = 项目所有年度税后现金流量以投资者所期望的最低收益率进行贴现后的预计现值。

R_n = 通过出售产品所获得的预计年度总收入,用预期产品价格乘以预期吨数、品位、冶金业所使用的适当回收系数。

OC_n = 同所生产及销售产品的销售有关的预计年度运营成本。

T_n = 预计的各种来源税费(在本项研究中,包括矿业特许税费、预扣税和所得税)的年度税费额。计算中包含这一假设:所有可扣除的资本化扣除都包含在应税所得额之中。

K_n = 为勘探、开发、采矿设备、加工设备以及相关基础设施所需要的各项资本性支出。

n = 从基年起算的年份(时间衡量单位)。

i^* = 所投预算资金要求的最低收益率。

内部收益率用于衡量一项投资于投资周期内就其未获支付部分所得到的复合收益[斯特摩尔和斯特摩尔,2006(第11版)]。还可以将其定义为使一个项目的净现值等于零的复合收益率。一个项目的内部收益率可以使用下面的等式进行计算:

$$NPV = 0 = \sum_{n=0}^{n} \frac{Rn - OCn - Tn - Kn}{(1 + i^*)^n}$$

在等式中:

i^* = 使净现值等于零的项目收益率或复合收益率。

从公司的角度来看,净现值在大多数情况下常常用来衡量项目状况,而在探讨政府收入时,可以作为衡量累积性财富的手段。许多私人及公共部门的矿业公司使用内部收益率和净现值来确定一项拟议矿业运营在经济上的可行性。对于优化矿业设计以及设定基本的相互关联的参数(如矿场寿命、矿产资源储量、边界品位、开发数据等)来说,它们都不可或缺。对于三个模型矿种中的每一矿种,这里都将论证内部收益率和净现值对所选不同类型矿业特许税费的敏感性。

可以将有效税率定义为缴纳给政府的所有款项的非贴现值与该项目税前现金流量的非贴现值之间的比率(奥托、科德斯和巴塔尔萨,2000)。利用前述变量,一个项目的有效税率可以用下面的等式进行计算:

$$ETR = \frac{\sum_{n=0}^{n} Tn}{\sum_{n=0}^{n} Rn - OCn - Kn}$$

在本项研究的所有模型中,缴纳给政府的款项包括矿业特许税费、红利及利息的预扣税以及所得税(这些模型并不包括其他可能的税费,如进出口关税、增值税和消费税等)。累计税前现金流量包括总收入减去所有的现金支出。所有的现金支出包括:运输费用,装卸费;开采、选矿以及其他加工成本(包括冶炼费);间接费用和资本成本(包括运营资本支出);以及所有借款的对价(包括支付的利息)。

资本及运营成本以及产品价格在程度和时间上的变化,将影响某些类型的矿业特许税费。因此,这里让几个模型之间的各种成本及价格存在差异,以说明在不同的矿种模型之间,某些矿业特许税费类型对这些参数各种变化的敏感性。实际上,这些成本在不同矿种之间将存在很大差别。

本项研究中所提出的三个模型建立在不同的经济及物质特征之上,而这些特征可能是矿业特许税费计算公式不同方面的指数或指标。这些特征中包括累计资本投资;该投资在铝土矿模型中为18亿美元,需要3年的建设期;在地下金矿模型中是5亿美元,开发期限较短。生产特征则包括金矿模型中的地下开采方式,铜矿和铝土矿模型中的露天开采方式以及同时伴随着的假设的不同剥采比。假设存在冶炼上的差别,因为地下金矿模型中需要考虑到金矿的汰选,而在铝土矿模型中则包括将铝土矿精炼为氧化铝这一程序(假设将氧化铝销售给已有的一家精炼企业)。铜矿模型则基于溶剂萃取电解方法,从而体现铜矿精炼科学技术的最新发展。利用这三个不同模型的目的是为了确定矿业特许税费结构能否会为不同的模型带来任何不同的收益或成本。

我们有意将这些模型建立在简单的预前可行性研究水平的详略程度之上。希望是,在使得每个模型具有其特征的经济特性不丧失的同时,这种简化将能够使焦点更多地集中于矿业特许税费问题。这些模型建立在通用的税收方案之上,而非基于任何一个具体的国家。相反,这些模型试图代表对不同支出的可能处理方式的一种折中,并且运用一些共同的财务方案(如栅栏原则)。

对于每一个模型,将首先总结归纳其具体细节,然后将讨论在每一个模型中前后一致的各种假设。

一、金矿模型

该大型地下金矿的原始数据参数来源于卡伍德在1999年所

作的一项研究;该研究使用了一家具体的矿业公司的实际数据,数据来源于该公司的原始可行性研究以及随后的年度报告。对于这些数据信息,本项研究利用南非统计局、南非矿产和能源部以及南非矿业协会所公布的统计数据进行了更新。尽管我们尽力来准确地反映真实情况,某些假设对于简化现金流量参数仍然是必要的。这些假设并不会影响矿场寿命周期内现金流量状况的有效性。尽管某些参数用现在的美元价值进行计量,但是本模型假设所有的成本都以每年2%的速度增加。因此,所有的现金流量都是以美元的名义价值进行计量的。本模型中假设的各项参数如下所示,并且基于这样的情况,即,勘探已经进行了一段时间,储量基本确定,开发马上就要开始。

金矿矿场参数	
年度计划生产能力	4500000 吨矿石
平均品位	6.0 克/每吨
平均选矿回收率	85%
平均冶炼回收率	98%

在过去的11年中,黄金的平均价格一直是大约每一金衡制盎司335美元[劳恩(Lown),2004]。然而,由于美国纽约商品交易所2009年12月黄金期货价格的当前溢价,致使在本项研究进行时黄金的平均价格高达每一金衡制盎司455美元。[1] 本模型建立在统一的每一金衡制盎司400美元这一预计价格之上。这一价格不会在项目周期内上涨,不过会在基础模型中持平。接下来,将对黄金价格在每盎司440美元和380美元情形下的敏感性进行分析。

资本支出包括勘探、开发、设备以及营运成本,而且所有这些成本都以当前美元价值进行计量。所有资本成本(包括维护资本和在矿场寿命周期中期的重置成本)均按假设的2%的年通货膨胀

---

[1] New York Mercantile Exchange, Inc., One North End Avenue, World Financial Center, New York, NY 10282. Data obtained March 23, 2005, http://www.nymex.com.

率而上涨。尽管通货膨胀常常是这种上涨的基础,但是人们能够很容易地提出这样的不同意见,即,从钢铁和能源价格的最近上涨来看,当前的成本上涨比通货膨胀要大得多。然而为了简化起见,本项研究中仍然保留了 2% 的通货膨胀率。下面参数均按当前美元价值进行计算归纳。

金矿资本成本	
勘探	60000000 美元
开发	120000000 美元
开采及厂房设备	330000000 美元

说明:维护资本约为开采及厂房设备成本的 2%,并且以 2% 的年通货膨胀率上涨。营运资本为第一个整年全年运营成本的 30%,该成本将在该项目的最后一年得到回收。

金矿模型运营成本(每开采一吨矿石)	
开采	12.00 美元
选矿	10.00 美元
间接成本	7.20 美元
运费	0.80 美元

说明:假设这些成本以每年 2% 的比例上涨,并进一步假设其在发生当年可以在当年收入中全部扣除。从产品的销售成本角度来看,对于有关金矿运营成本要求的年度变化,这里并没有提供明确的详细情况。

上面涉及的各个参数都被输入基础金矿模型的一份微软 Excel 电子表格计算程序中。这一基础案例金矿模型被用作应用所选矿业特许税费方法的平台模型。附录 A2.1 包含有该金矿模型电子表格计算程序中的阐释部分。

二、铜矿模型

同任何已知矿床相比,本模型中的矿床并不针对任何一个已知矿床。该模型可能与智利的铜矿矿床相类似,但是与阿塔玛卡沙漠北部地区大多数的富集斑岩型铜矿矿床不同。这里假设模型矿床在砾石之下不规则地埋藏着,因而在开采早期需要较高的剥离率来曝露矿体。同时假设,对该铜矿资源的开发涉及利用卡车和铲车进行常规的生产前剥离以及随后进行的开采。选矿将采用溶剂萃取电解技术,生产出阴极纯铜,然后通过已有轨道的短距离运输,将纯铜运送到某个已有港口设施。尽管某些参数以当前美元价值计算,本模型假设所有成本均以假设的2%的年通货膨胀率上涨。因此,所有现金流量均按美元名义价值表示。本模型中各项假设参数如下所示,并且基于这样的情况,即,勘探已经进行了一段时间,储量基本确定,开发马上就要开始。

铜矿矿场参数	
年度计划生产能力	18235294 吨
初始品位(铜)	1.5%(随时间下降)
平均品位(铜)	1.32%
平均过滤回收率	80%
平均溶剂萃取电解冶炼回收率	90%

说明:本基础案例模型假设铜的平均价格为1.10美元/磅。

尽管按现在的美元价值来说,约10亿的成本使得该项目在某种程度上属于资本密集型项目,但是在两年的时间里,该项目可以利用某些已有基础设施的惠益,加快铜矿资源的开发。所有资本成本(包括维护资本和在矿场寿命周期中期的重置成本)均按假设的2%的年通货膨胀率而上涨。尽管通货膨胀常常是这种上涨的基础,但是人们能够很容易地提出这样的不同意见,即,从钢铁和能源价格的最近上涨来看,当前的成本上涨比通货膨胀要大得多。然而为了简化起见,本项研究中仍然保留了2%的通货膨胀率。下面参数均按当前美元价值进行计算归纳。

铜矿资本成本	
勘探	75000000 美元
开发	90000000 美元
开采及厂房设备	900000000 美元

说明:维护资本约为开采及厂房设备成本的2%,并且以2%的年通货膨胀率上涨。营运资本为第一个整年全年运营成本的30%,该成本将在该项目的最后一年得到回收。

铜矿运营成本（每开采一吨矿石）	
开采	2.80 美元
选矿	3.80 美元
间接成本	1.50 美元
运费	0.50 美元

说明：假设这些运营成本以每年 2% 的比例上涨，并假设其在发生当年可以在当年收入中全部扣除。从产品的销售成本角度来看，对于有关铜矿运营成本要求的年度变化，这里并没有提供明确的详细情况。

上面涉及的各个参数都被输入基础铜矿模型的一份微软 Excel 电子表格计算程序中。这一基础案例铜矿模型被用作应用所选矿业特许税费方法的平台模型。附录 A2.2 包含有该铜矿模型电子表格计算程序中的阐释部分。

三、铝土矿模型

大量的铝土矿矿床出现在世界热带以及亚热带地区。同任何已知铝土矿矿床相比，本模型矿床并不针对任何一个已知矿床。一般情况下，铝土矿位于接近地表的部分，而且可以利用露天采矿技术进行开采。在大多数情况下，剥采比并不高并且复垦可能在该矿床持续进行着，而这取决于矿床所在的位置。无论是剥离上覆物还是开采铝土矿石，都将使用卡车和铲车。将通过与矿场关联的已有精炼厂精炼出氧化铝，而后将氧化铝销售给一家已有的冶炼厂。

铝土矿矿场参数	
年度精炼能力	2297188 吨
含水率	7%
回收率	每湿吨的 95%
精炼厂氧化铝萃取比例	45%
萃取效率比例	90%

下面的计算显示了这些参数的应用以及按照年度计划生产能力运营所生产的氧化铝数量。

年度铝土矿开采量（吨）	6000000
含水率	7%
输入选矿厂的年度净湿吨数	6420000
选矿厂回收率	95%
年度净精炼吨数	6099000
精炼含水量调整	7%
净加工吨数	5672070
氧化铝萃取率	45%
年度净氧化铝吨数	2552432
萃取效率比例	90%
年度净精炼输出吨数	2297188

说明：每吨氧化铝的市场价格大约等于每吨铝的市场价格的20%。根据项目基本情况，假设氧化铝的价格为每吨340美元。在本书写作时，对铝2006年平均期货价格根据20%的系数进行调整后，其仍高于这一假设价格。

本模型项目为资本密集型项目，投资规模按美元现值计算约为17亿美元，需要3年的建设期来完成精炼厂的建设及相关工作。所有资本成本（包括维护资本以及矿场寿命周期内每九年发生一次的重置成本）均按假设的2%的年通货膨胀率而上涨。尽管通货膨胀常常是这种上涨的基础，但是人们能够很容易地提出这样的不同意见，即，从钢铁和能源价格的最近上涨来看，当前的成本上涨比通货膨胀要大得多。然而为了简化起见，本项研究中仍然保留了2%的通货膨胀率。下面参数均按当前美元价值进行计算归纳。

铝土矿资本成本	
勘探	50000000 美元
开发	90000000 美元
开采及厂房设备	360000000 美元
精炼厂	1200000000 美元

说明：维护资本约为开采及厂房设备成本的2%，并且以2%的年通货膨胀率上涨。营运资本为第一个整年全年运营成本的30%，该成本将在该项目的最后一年得到回收。

铝土矿运营成本（每开采一吨矿石）	
开采	5.00 美元
选矿	0.80 美元
选矿后每吨精炼成本	98.00 美元
间接成本	1.00 美元
运输	0.50 美元

说明：假设这些运营成本以每年2%的比例上涨，并假设其在发生当年可以在当年收入中全部扣除。从产品的销售成本角度来看，对于有关铜矿运营成本要求的年度变化，这里并没有提供明确的详细情况。

上面涉及的各个参数都被输入基础铝土矿模型的一份微软Excel电子表格计算程序中。这一基础案例铝土矿模型被用作应用所选矿业特许税费方法的平台模型。附录A2.3包含有该铜矿模型电子表格计算程序中的阐释部分。

四、所有模型的共同假设

（一）所得税方面的假设

所得税制度体系因国家不同而有所差异。什么是应税所得呢？通常是用项目获得的收入减去各项成本的方法来计算。这些成本往往包括在其发生年度内所支出的成本（如薪金、更新部件或其他每年都重复发生的成本，也就是营运成本）以及那些通过摊销和折旧方法而资本化的成本（如勘探成本、开发成本、可行性研究成本和设备成本）。这里三个矿种模型中所使用的所得税方面的各种假设包括一系列的一般性抵扣，这些抵扣并不针对任何国家，但是在总体上与《全球矿业税比较研究》（奥托、科德斯和巴塔尔萨，2000）中发现的参数相一致。这些参数包括以下六个方面。

（1）探矿：这些成本被认为是过去已经发生的成本，并且从经济学的角度来看它属于沉淀成本，尽管所有的税收抵扣继续存在并且将于矿场开始生产的年度开始进行抵扣。假设对探矿成本利用直线摊销法在5年期间内摊销完毕。

（2）矿产开发：这些成本作为资本计入该项目，并且利用直线折旧法自矿场开始生产年度开始的10年期间内进行抵扣。整年抵扣在第一年开始进行。

（3）开采、选矿设备和维护资本：所有的这些成本都利用直线折旧法在7年期间内予以抵扣，并且于矿场开始生产第一年开始进行整年抵扣。剩余账面价值在最后一年注销，并且可以抵扣当年收益或者通过收益调整抵扣较早年份的收益。本项研究模型中包括重置成本，并且同维护资本一起，采用类似于原始资本费用的折旧方式进行折旧。

（4）矿业投资者的财务状况：假设没有其他收入，而在这种情形下抵扣的使用会导致当年的应税所得额为负数。因此，所有损失向前结转，进而抵扣未来的项目收益。这条规则的唯一例外是在项目的最后一年；如果这一年出现发生损失而进行注销的情形（这里假设：该损失可以通过填写一份修正申报表的方式，冲抵之前的应税所得额，从而减少早些年份的实际已缴税款，这样在最后一年税收节省就得以实现）。损失向前结转抵扣不受这样的时间限制，即，该抵扣必须在该时间段内使用。

（5）复垦成本：在项目的最后一年，还包括需要分配用于项目场地复垦的成本，但是它并不足以回填整个露天矿场。假设这一成本将在项目的最后一年可以作为营运成本进行抵扣。应该注意的是，在早些年份，并没有分配用来履行这一未来责任的代管资金。通常应当纳税的这一复垦成本及其年度应计利息收入，由于向项目早些年份转移更多的资本成本和税收，会降低项目的经济作用。这一事项可能在经济上具有重要意义，但是为了简化起见，本研究模型中将这一事项忽略不计。

（6）所得税：所得税税率为30%，并且假设该税率是这样一种有效税率，即囊括了联邦（中央）政府以及州（省）政府的除矿业特许税费和预扣税之外的相关税种的有效税率（实际上，这一有效税率在不同国家之间存在很大差异，而且可能涉及不同的应税所得的基数，但是这些问题在本项研究的每一个模型中均假设为相同）。

（二）其他税种方面的假设

这些模型包括了一项以产生于前一年度的正税后现金流为计征基础的 10% 的红利预扣税，而且还包括一项税率为 15% 的借款利息预扣税，该利息预扣税以当年所付借款利息为计征基础。实践上，预扣税率或高于或低于 10%—15%，而且可能因国家不同而有所差异，而这取决于税收条约的规定。本项研究中不包括其他的预扣税或消费税。增值税在本项研究中也予以忽略，因为这种税即使可以适用也仅是"路过"的中间税而已；而且，尽管它可能导致项目的运营资本有些许增加，但是在大多数项目里，其所产生的累积性影响可以忽略不计。因此，在本项研究中不考虑增值税。本项研究也不考虑进口关税或出口关税，以反映许多矿业国家的目前趋势。

（三）借款方面的假设

这些模型都假设，在矿场开发第一年不断增加的资本性支出中，包括有 60% 的借贷资金。尽管对于任何借款来说，累计年度利息应该在借款发生后的第一年开始支付，但是，贷记总额（借款数量）是在自最初生产开始的年份起 8 年内予以付清，方法是以每年清偿相等的本金并且同时支付相应的累计利息。名义贷款利率为每年 6%，而且为年复利。

为了避免在分析中出现由于借贷而造成的价值扭曲，通常情况下以现金为基础对项目进行评估。本项研究中包括借款是基于这样的假设，即，从现金的角度来讲，该项目已经被认为是可行的。接下来，在设征额外税种（如预扣税）的情形下，为了充分理解其对现金流所产生的影响，解决其对财务参数的影响问题。此外，假设维护资本以及重置资本成本出自正现金流或现金。

（四）经济参数方面的假设

对项目的经济状况以 12%、15% 和 18% 的资本收益的名义税后最低收益率为基础，来分析贴现率的变化对项目经济状况所造成的影响。在假设有借款资本项目的税后借款资本成本率低于无借贷资本项目的收益率的情况下,一般来说,以借贷资金为基础的使用债权资本的项目经济,其收益率高于以等量现金投资(为100%的股本)为基础的项目经济。因此,在本项研究中,对于借贷经营的项目进行分析,采用一种较高的贴现率是合理的。在借贷资本占60%的情况下,很多公司应该认为一个15%—20%最低贴现率的假设是合适的。对于借贷经营的金矿和铜矿模型都采用18%的贴现率,对于借贷经营的铝土矿模型则采用15%的贴现率。对于现金投资的金矿模型,其敏感性分析中则采用12%的贴现率。

(五)最低收益率(贴现率)方面的假设

最低收益率或贴现率在不同公司之间会有天壤之别,而这取决于很多因素。这些因素可能包括:(1)被评估矿床所处的世界地理位置以及与之相关的政治上或环境上的风险;(2)资本投资规模的大小;(3)企业增长目标;(4)对通货膨胀的处理以及它是以名义价值还是以实际价值表示;以及(5)在某些情形下,借款成本。

(六)经济决策指标方面的假设

经济指标包括以税后现金流以及相应回报率或内部收益率为基础的净现值。这里假设,税后现金流是离散的期末值,内部收益率则是使得税后净现值为零的离散的复合收益率。对于项目现金流形成成本—收益—成本的情形下,模型使用一个修正过的内部收益率。该内部收益率:(1)考虑到在最低收益率情形下所有负现金流的现值,而且(2)考虑到在最低收益率下正现金流的再投资以及相应的未来价值。修正后的内部收益率是这样一种复合收益率:它使得代管的原始投资从再投资的现金流增长为单一的未来值。对每一项标准来说,税后现金流都被视为每年年底离散地实现的上涨后的或名义上的价值。

第二节 模型结果和讨论

利用这三种模型,本项研究应用了九种矿业特许税费方法,并计算了各项经济指标。为了阐释因为使用的税费基础不同而产生的差异,本项研究在八种方法中使用了3%的矿业特许税费率或与之同等的美元/单位的矿业特许税费率,并将它们应用于不同的税费基础。其结果清楚地表明,在税费基础不同的情况下,对矿业特许税费率进行比较存在着其固有的危险。这里所应用的矿业特许税费方法已经在第三章"矿业特许税费的类型和计征方法"一节中进行过介绍,并且还给出了计算事例。之所以选择模型中应用的矿业特许税费方法,是因为它们展现了目前正在使用的方法,而且时常也是公司与政府决策者之间争论主题的方法。

公司时常在有借贷资本以及无借贷资本两种项目融资的基础上同时计算项目的经济状况。正如前面所说,下面的汇总表格以及分析建立在有借贷资本假设的模型的基础之上,但是金矿模型例外。对于金矿模型,同时使用有借贷资本和无借贷资本两种分析进行说明。

表4.1展示了有借贷资本金矿模型的各个方面,表4.2则说明了无借贷资本影响时经济指标的不同(表4.1中的借贷资本数据基于前期所需资本中的60%来自于借贷、其名义年利率为6%的假设,表4.2中的现金资本数据则假设投资者不使用任何借款、100%的资本由其投资)。内部收益率和净现值以本节此前给出的定义为基础(内部收益率是一项关于项目状况的复合利率指标,净现值是一项同投资于其他领域相比而增加的价值的指标)。关于金矿模型净现值的计算,对于无借贷资本的,按12%的最低收益率进行计算,对于有借贷资本的,则按18%的最低收益率进行计算。

表4.1 （有借贷资本）金矿模型矿业特许税费和税收计算汇总[a]

矿业特许税费类型及计征基础	内部收益率(%)	贴现率18%时的净现值（百万美元）	有效税率(%)	累计矿业特许税费（百万美元）	累计矿业特许税费和税收（百万美元）
中等价格情形（400美元/盎司）					
(0) 无矿业特许税费	22.79	41.2	33.50	0	350
(1) 从量（12美元/盎司）	20.38	19.7	42.05	135	439
(2) 矿业企业净回报	20.33	19.7	42.05	135	439
(3) 坑口价值加溢价	19.76	14.8	43.96	165	459
(4) 选矿价值加溢价	20.23	18.8	42.40	140	443
(5) 矿业企业净回报加溢价	20.28	19.2	42.22	138	441
(6) 矿业企业净回报减运费	20.37	20.0	41.92	133	438
(7) 矿业企业净回报减所有现金成本	21.85	32.9	36.58	48	382
(8) 矿业企业净回报减现金成本和资本抵扣	22.50	38.3	35.18	27	368
(9) 矿业企业净回报规模浮动（1%加Δ1.5%）	21.06	25.7	40.16	105	420
高价格情形（440美元/盎司）					
(0) 无矿业特许税费	30.23	112.0	33.63	0	503
(1) 从量（13.20美元/盎司）	27.89	88.8	40.19	148	601
(2) 矿业企业净回报	27.89	88.8	40.19	148	601
(3) 坑口价值加溢价	27.35	83.6	41.67	182	623
(4) 选矿价值加溢价	27.79	87.9	40.46	155	605
(5) 矿业企业净回报加溢价	27.84	88.3	40.33	151	603
(6) 矿业企业净回报减运费	27.92	89.1	40.10	146	600
(7) 矿业企业净回报减所有现金成本	29.19	101.8	36.30	61	543

(续表)

矿业特许税费类型及计征基础	内部收益率(%)	贴现率18%时的净现值(百万美元)	有效税率(%)	累计矿业特许税费(百万美元)	累计矿业特许税费和税收(百万美元)
(8)矿业企业净回报减现金成本和资本抵扣	29.85	107.2	35.18	39	528
(9)矿业企业净回报规模浮动(1%加Δ1.5%)	28.51	94.1	39.06	123	584
低价格情形(380美元/盎司)					
(0)无矿业特许税费	18.62	5.1	33.4	0	274
(1)从量(11.40美元/盎司)	16.03	(16.0)	43.74	182	359
(2)矿业企业净回报	16.03	(16.0)	43.74	182	359
(3)坑口价值加溢价	15.42	(20.9)	46.05	157	378
(4)选矿价值加溢价	15.92	(16.9)	44.16	133	362
(5)矿业企业净回报加溢价	15.98	(16.5)	43.95	131	360
(6)矿业企业净回报减运费	16.07	(15.7)	43.57	126	357
(7)矿业企业净回报减所有现金成本	17.70	(2.5)	36.83	43	302
(8)矿业企业净回报减现金成本和资本抵扣	18.37	3.1	35.18	21	287
(9)矿业企业净回报规模浮动(1%加Δ1.5%)	16.82	(9.6)	41.17	97	338

资料来源:约翰·斯特摩尔和弗兰克·斯特摩尔。

说明:a. 除从量型与规模浮动型外,计算结果基于3%的矿业特许税费率。

表 4.2 （无借贷资本）金矿模型矿业特许税费和税收计算汇总[a]

矿业特许税费类型及计征基础	内部收益率（%）	贴现率12%时的净现值（百万美元）	有效税率（%）	累计矿业特许税费（百万美元）	累计矿业特许税费和税收（百万美元）
中等价格情形（400美元/盎司）					
（0）无矿业特许税费	14.59	59.3	34.19	0	393
（1）从量（12美元/盎司）	13.26	28.0	41.95	135	483
（2）矿业企业净回报	13.26	28.0	41.95	135	483
（3）坑口价值加溢价	12.95	21.0	43.69	165	503
（4）选矿价值加溢价	13.20	26.7	42.26	140	486
（5）矿业企业净回报加溢价	13.23	27.4	42.10	138	484
（6）矿业企业净回报减运费	13.28	28.4	41.83	133	481
（7）矿业企业净回报减所有现金成本	14.03	46.2	37.13	51	427
（8）矿业企业净回报减现金成本和资本抵扣	14.35	53.3	35.86	29	413
（9）矿业企业净回报规模浮动（1%加Δ1.5%）	13.61	35.9	40.23	105	463
高价格情形（440美元/盎司）					
（0）无矿业特许税费	18.59	163.1	34.11	0	546
（1）从量（13.20美元/盎司）	17.33	128.8	40.24	148	644
（2）矿业企业净回报	17.33	128.8	40.24	148	644
（3）坑口价值加溢价	17.04	121.2	41.62	182	666
（4）选矿价值加溢价	17.28	127.4	40.49	155	648
（5）矿业企业净回报加溢价	17.31	128.2	40.37	151	646
（6）矿业企业净回报减运费	17.35	129.3	40.16	146	643
（7）矿业企业净回报减所有现金成本	18.00	147.2	36.72	63	588

（续表）

矿业特许税费类型及计征基础	内部收益率(%)	贴现率12%时的净现值(百万美元)	有效税率(%)	累计矿业特许税费(百万美元)	累计矿业特许税费和税收(百万美元)
(8) 矿业企业净回报减现金成本和资本抵扣	18.29	154.3	35.81	41	573
(9) 矿业企业净回报规模浮动(1%加 Δ1.5%)	17.62	135.8	39.18	123	627
低价格情形(380美元/盎司)					
(0) 无矿业特许税费	12.33	7.1	34.26	0	317
(1) 从量(11.40美元/盎司)	10.92	(22.9)	43.42	182	402
(2) 矿业企业净回报	10.92	(22.9)	43.42	182	402
(3) 坑口价值加溢价	10.59	(29.6)	45.47	157	421
(4) 选矿价值加溢价	10.86	(24.1)	43.79	133	405
(5) 矿业企业净回报加溢价	10.89	(23.5)	43.60	131	404
(6) 矿业企业净回报减运费	10.94	(22.4)	43.27	126	400
(7) 矿业企业净回报减所有现金成本	11.79	(4.6)	37.48	45	347
(8) 矿业企业净回报减现金成本和资本抵扣	12.12	2.6	35.91	23	332
(9) 矿业企业净回报规模浮动(1%加 Δ1.5%)	11.32	(14.4)	41.14	97	3810

资料来源：约翰·斯特摩尔和弗兰克·斯特摩尔。

说明：a. 除从量型与规模浮动型外，计算结果基于3%的矿业特许税费率。

如前所述，有效税率为累计的矿业特许税费、预扣税与所得税之和占矿业企业净回报与所有现金成本之差的比例。这样，有效税率就可以分为两部分进行计算，即，东道国政府获得的以现金价值计算的矿业特许税费额以及累积税收收入。在中、高、低三种价格情形下对模型结果进行归纳，相应的黄金价格（用美元表示）分别为每盎司 400 美元、440 美元、380 美元。在每一种情形下,从量型矿业特许税费都是产品售价的 3%。因此,在每个模型中,从量型以及矿业企业净回报型的矿业特许税费都是相等的。对于规模浮动型矿业特许税费,假设其初始费率为 1%。这一费率随着矿业企业净回报每上升 1 亿美元而上升 1.5%,直至 4%。在规模浮动型矿业特许税费的计算中,不存在总体上的年度比例限制。

作为对有借贷资本和无借贷资本两种假设影响大小的比较,对于政府利用 9 种不同类型的矿业特许税费方法所能够获得的累计矿业特许税费以及全部政府财政收入,表 4.3 总结了一个简单的算术平均数。在矿场寿命周期内,有借贷资本和无借贷资本两种金矿模型缴纳了几乎相等的平均矿业特许税费数额。从利型矿业特许税费的平均数之间有所差异,这是因为运营利润的计算中包括了利息成本和利息预扣税。在有借贷资本和无借贷资本两种模型之间,累计缴纳的税额不同,这是因为在有借贷资本模型中为借款而支付的利息包括在预扣税之中。借款利息的可扣除性影响着总体的应税所得额,进而影响到所得税,特别是在项目早期的几年中。在模型中,当对借款利息数额征收 15% 的预扣税而且该预扣税可以扣除时,所得可以享受不超过高于 30% 的所得税征收比例。

表 4.3 有借贷资本和无借贷资本金矿模型平均累计矿业特许税费与平均累计总税费收入比较

平均金矿价格	无借贷资本模型(百万美元)		有借贷资本模型(百万美元)	
	总矿业特许税费	总税收	总矿业特许税费	总税收
400 美元/盎司	103	623	103	579
440 美元/盎司	108	462	107	418
380 美元/盎司	116	381	115	338

资料来源:约翰·斯特摩尔和弗兰克·斯特摩尔。

可以明显看出,平均而言,无借贷资本模型产生了更多的累计税费收入。这主要是由于以下两个原因。首先,由于不存在针对支付利息及其相应预扣税的可抵扣科目,所得税缴纳得更早一些。

这就使得更多的项目收入需要在项目早期年份以更高的比例税率（30%）缴纳所得税。根据所使用的矿业特许税费方法以及产品价格，无借贷资本模型通常于项目的第2年到第4年开始缴纳所得税，而有借贷资本模型却常常从第4年到第8年才开始缴纳所得税。其次，由于不需要偿付本金，尽管需要缴纳较高的所得税，无借贷资本模型在早期年份的现金流相对较大，而较大现金流的结果是预扣税增加较多，从而产生了更多的税。

根据这一系列假设，尽管项目在400美元/盎司的价格时可以盈利，但是累计税费数额远远大于产生的净现值。然而，这两个模型并不具有直接的可比性，而且在低价情形下的一个误导性方面是它包括了在矿场寿命周期内累计缴纳的所有类型的矿业特许税费和其他税费。这些数据表明，面对一个征收这些税费的政府，即使在认识到并不令人满意的项目总体经济情况指标的情形下，矿业运营者也仍然将不得不愿意进行开发和继续运营；但是，这似乎并不可能。在等待出现更高的商品价格的情况下，这将会导致总体价值的丧失，至少是导致其延期实现。

表4.4总结了在铜矿模型上的发现，这些发现仅仅是基于有借贷资本的情形。内部收益率和净现值两栏基于本节前面所讨论的定义。为了计算铜矿模型中的净现值，这里使用了18%的借贷资本的最低收益率。同金矿模型一样，如前所述，有效税率仍然是累计的矿业特许税费、预扣税与所得税之和占矿业企业净回报与所有现金成本之差的比例。这一有效税率的百分数接下来就被分为两个部分计算，即，东道国政府获得的以现金价值计算的矿业特许税费额以及累计税收收入。在中、高、低三种价格情形下对模型结果进行归纳，相应的铜价分别为每磅1.10美元、1.45美元、0.85美元。在每一种情形下，从量型矿业特许税费都是产品售价的3%。因此，在每个模型中，从量型以及矿业企业净回报型的矿业特许税费都是相等的。对于规模浮动型矿业特许税费，假设其初始费率为1%。这一费率随着矿业企业净回报每上升1亿美元而

上升1.5%,直至4%。在规模浮动型矿业特许税费的计算中,不存在总体上的年度比例限制。当铜价低于1美元/磅时,处于边际水平的项目经济状况造成只产生很少的从利型矿业特许税费,并导致其他税费数据没有意义。这是因为几乎没有公司愿意接受对所投资本如此低的回报以及相应的负净现值。

表4.4 铜矿模型矿业特许税费和税收计算汇总[a]

矿业特许税费类型及计征基础	内部收益率(%)	贴现率为12%时的净现值(百万美元)	有效税率(%)	累计矿业特许税费(百万美元)	累计矿业特许税费和税收(百万美元)
中等价格情形(1.10美元/磅)					
(0) 无矿业特许税费	24.26	98	36.97	0	846
(1) 从量(0.033美元/磅)	21.93	61	44.23	252	1012
(2) 矿业企业净回报	21.93	61	44.23	252	1012
(3) 坑口价值加溢价	20.94	46	47.26	358	1082
(4) 选矿价值加溢价	21.61	56	45.20	286	1035
(5) 矿业企业净回报加溢价	21.88	60	44.38	257	1016
(6) 矿业企业净回报减运费	21.98	62	44.03	245	1008
(7) 矿业企业净回报减所有现金成本	23.08	80	40.35	117	924
(8) 矿业企业净回报减现金成本和资本抵扣	23.87	92	38.88	67	890
(9) 矿业企业净回报规模浮动(1%加Δ1.5%)	23.38	85	39.31	81	900
高价格情形(1.45美元/磅)					
(0) 无矿业特许税费	46.38	487	35.53	0	1765
(1) 从量(0.0435美元/磅)	43.81	439	39.93	333	1983
(2) 矿业企业净回报	43.81	439	39.93	333	1983
(3) 坑口价值加溢价	42.72	419	41.76	471	2074

(续表)

矿业特许税费类型及计征基础	内部收益率(%)	贴现率为12%时的净现值(百万美元)	有效税率(%)	累计矿业特许税费(百万美元)	累计矿业特许税费和税收(百万美元)
(4) 选矿价值加溢价	43.46	433	40.52	377	2012
(5) 矿业企业净回报加溢价	43.75	438	40.02	339	1987
(6) 矿业企业净回报减运费	43.58	440	39.84	326	1978
(7) 矿业企业净回报减所有现金成本	44.77	459	38.06	192	1890
(8) 矿业企业净回报减现金成本和资本抵扣	45.53	469	37.39	141	1857
(9) 矿业企业净回报规模浮动(1%加 Δ1.5%)	45.38	472	36.65	84	1820
低价格情形(0.85美元/磅)					
(0) 无矿业特许税费	4.63	(205)	51.38	0	94
(1) 从量(0.025美元/磅)	2.34	(240)	85.50	195	323
(2) 矿业企业净回报	2.34	(240)	85.50	195	323
(3) 坑口价值加溢价	1.37	(256)	99.75	276	376
(4) 选矿价值加溢价	2.03	(245)	90.05	221	340
(5) 矿业企业净回报加溢价	2.30	(241)	86.18	199	325
(6) 矿业企业净回报减运费	2.42	(239)	84.28	188	318
(7) 矿业企业净回报减所有现金成本	3.85	(218)	62.64	64	236
(8) 矿业企业净回报减现金成本和资本抵扣	4.52	(205)	53.73	14	203
(9) 矿业企业净回报规模浮动(1%加 Δ1.5%)	3.71	(220)	65.09	78	246

资料来源:约翰·斯特摩尔和弗兰克·斯特摩尔。

说明:a. 除从量型与规模浮动型外,计算结果基于3%的矿业特许税费率。

表 4.5 铝土矿模型矿业特许税费和税收计算汇总[a]

矿业特许税费类型及计征基础	内部收益率(%)	贴现率为12%时的净现值(百万美元)	有效税率(%)	累计矿业特许税费(百万美元)	累计矿业特许税费和税收(百万美元)
中等价格情形(340美元/吨氧化铝)					
(0) 无矿业特许税费	21.45	360	35.76	0	3437
(1) 从量(10.40美元/吨)	20.19	287	41.67	867	4006
(2) 矿业企业净回报	20.19	287	41.67	867	4006
(3) 坑口价值加溢价	19.94	272	42.85	1039	4119
(4) 选矿价值加溢价	20.03	277	42.46	982	4082
(5) 矿业企业净回报加溢价	20.17	285	41.76	884	4017
(6) 矿业企业净回报减运费	20.20	287	41.63	861	4002
(7) 矿业企业净回报减所有现金成本	20.82	324	38.20	328	3672
(8) 矿业企业净回报减现金成本和资本抵扣	21.14	340	37.70	285	3624
(9) 矿业企业净回报规模浮动(1%加Δ1.5%)	20.03	277	42.47	985	4083
高价格情形(390美元/吨氧化铝)					
(0) 无矿业特许税费	27.26	722	35.38	0	4904
(1) 从量(11.70美元/吨)	25.94	638	40.08	994	5556
(2) 矿业企业净回报	25.94	638	40.08	994	5556
(3) 坑口价值加溢价	25.68	621	41.01	1192	5685
(4) 选矿价值加溢价	25.76	626	40.70	1127	5643
(5) 矿业企业净回报加溢价	25.92	636	40.17	1014	5569
(6) 矿业企业净回报减运费	25.95	638	40.05	988	5552
(7) 矿业企业净回报减所有现金成本	26.52	675	37.63	476	5217

(续表)

矿业特许税费类型及计征基础	内部收益率(%)	贴现率为12%时的净现值(百万美元)	有效税率(%)	累计矿业特许税费(百万美元)	累计矿业特许税费和税收(百万美元)
(8)矿业企业净回报减现金成本和资本抵扣	26.85	692	37.28	402	5168
(9)矿业企业净回报规模浮动(1%加 Δ1.5%)	25.74	624	40.83	1155	5661
低价格情形(290美元/吨氧化铝)					
(0)无矿业特许税费	14.91	(5)	36.81	0	1974
(1)从量(8.20美元/吨)	13.60	(72)	45.85	7	2459
(2)矿业企业净回报	13.60	(72)	45.85	7	2459
(3)坑口价值加溢价	13.32	(86)	47.66	887	2556
(4)选矿价值加溢价	13.41	(81)	47.06	838	2524
(5)矿业企业净回报加溢价	13.57	(73)	46.04	754	2469
(6)矿业企业净回报减运费	13.61	(72)	45.78	733	2455
(7)矿业企业净回报减所有现金成本	14.37	(33)	39.74	240	2131
(8)矿业企业净回报减现金成本和资本抵扣	14.68	(16)	38.87	168	2085
(9)矿业企业净回报规模浮动(1%加 Δ1.5%)	13.47	(78)	46.78	815	2509

资料来源:约翰·斯特摩尔和弗兰克·斯特摩尔。

说明:a. 除从量型与规模浮动型外,计算结果基于3%的矿业特许税费率。

表4.5总结了在铝土矿模型上的发现,讨论的重点是有借贷资本情形下的结果。内部收益率以及净现值两栏基于本节前面所讨论的定义。为了计算铝土矿模型中的净现值,这里使用了15%的借贷资本的最低收益率。选用这一个与其他模型不同的贴现率,有很多原因。其中一个原因或许在于,对于一项较大投资项

目,接受一个较低收益率的意愿;因为在这种情况下,巨大的现金流基础可能被认为具有经济吸引力。此外,这一项目可能位于一个具有政治和税收历史比较稳定的国家,而这能够降低该项目的经济风险。同金矿模型和铝土矿模型一样,如前所述,有效税率仍然是累计的矿业特许税费、预扣税与所得税之和占矿业企业净回报与所有现金成本之差的比例。这一有效税率的百分数接下来就被分为两个部分计算,即,东道国政府获得的以现金价值计算的矿业特许税费额以及累计税收收入。在中、高、低三种价格情形下对模型结果进行归纳,相应的铝土价分别为每吨340美元、390美元、290美元。在每一种情形下,从量型矿业特许税费都是产品售价的3%。因此,在每个模型中,从量型以及矿业企业净回报型的矿业特许税费都是相等的。对于规模浮动型矿业特许税费,假设其初始费率为1%。这一费率随着矿业企业净回报每上升1亿美元而上升1.5%,直至4%。在规模浮动型矿业特许税费的计算中,不存在总体上的年度比例限制。

最后,表4.6和4.7从一个不同的视角总结了在这些模型上的发现。这里讨论的重点是能够用于确定矿业特许税费的比例或单位价值,并且还为投资者提供在每个矿种模型中能够获得的最低收益率。从无借贷资本投资的角度,又一次运用金矿模型探讨了额外的财务敏感性。寻求盈亏平衡的矿业特许税费率的目的在于,在所愿意接受的最低收益率下,改变矿业特许税费率,使项目的总体净现值等于零。在中等价格情形的电子试算表模型中,这一目标是运用迭代法来完成的。

任何计算都基于构成模型的各项参数的独特属性。这里所提出的发现无疑是正确的。上述盈亏平衡结果既是所有成本和收入在数量和时间之间相互作用的结果,也是用于抵扣各种各样支出的方法论与当出现抵扣时抵扣能力大小之间,或没有能力进行抵扣之间相互作用的结果。表4.7展示了铜矿和铝土矿模型所具有的那些相同特征,不过都只是基于有借贷资本的情形。

表4.6 金矿模型实现最低内部收益率时的盈亏平衡矿业特许税费率

矿业特许税费类型及计征基础	实现最低内部收益率时的矿业特许税费率(%)[a]		累计矿业特许税费(百万美元)[b]	
	无借贷资本	有借贷资本	无借贷资本	有借贷资本
金矿,中等价格情形(400美元/盎司)				
(0) 无矿业特许税费	n.a.	n.a.	n.a.	n.a.
(1) 从量(美元/盎司)	22.71美元	22.77美元	255	256
(2) 矿业企业净回报	5.68	5.69	255	256
(3) 坑口价值加溢价	4.64	4.65	255	256
(4) 选矿价值加溢价	5.46	5.47	255	256
(5) 矿业企业净回报加溢价	5.57	5.58	255	256
(6) 矿业企业净回报减运费	5.76	5.78	255	256
(7) 矿业企业净回报减所有现金成本	13.51	14.53	232	238
(8) 矿业企业净回报减现金成本和资本抵扣	29.47	41.67	292	377
(9) 矿业企业净回报规模浮动(初始税率加Δ1.5%)	4.44	4.53	260	264

资料来源:约翰·斯特摩尔和弗兰克·斯特摩尔。

说明:n.a.表示不适用。

a. 除另有说明外,无借贷资本项目的最低内部收益率为12%,有借贷资本项目的为18%。

b. 累计矿业特许税费分别反映了12%(无借贷资本项目内部收益率)和18%(有借贷资本项目的内部收益率)的情形。

表4.7 铜矿模型和铝土矿模型实现最低内部收益率时的盈亏平衡矿业特许税费率

矿业特许税费类型及计征基础	实现最低内部收益率时的矿业特许税费率	累计矿业特许税费(百万美元)
铜矿,中等价格情形(1.10美元/磅;最低内部收益率18.00%)		
(0) 无矿业特许税费	n.a.	n.a.
(1) 从量(美元/磅)	0.0871美元	666
(2) 矿业企业净回报	7.79	666
(3) 坑口价值加溢价	5.59	666

(续表)

矿业特许税费类型及计征基础	实现最低内部收益率时的矿业特许税费率	累计矿业特许税费（百万美元）
（4）选矿价值加溢价	6.99	666
（5）矿业企业净回报加溢价	7.77	666
（6）矿业企业净回报减运费	8.12	664
（7）矿业企业净回报减所有现金成本	15.69	619
（8）矿业企业净回报减现金成本和资本抵扣	42.10	957
（9）矿业企业净回报规模浮动（初始税率加 $\Delta 1.5\%$）	8.42	650
铝土矿，中等价格情形（340 美元/吨；最低内部收益率为 15%）		
（0）无矿业特许税费	n.a.	n.a.
（1）从量（美元/磅）	49.35 美元	4194
（2）矿业企业净回报	14.51	4194
（3）坑口价值加溢价	12.11	4194
（4）选矿价值加溢价	12.81	4194
（5）矿业企业净回报加溢价	14.23	4194
（6）矿业企业净回报减运费	14.59	4188
（7）矿业企业净回报减所有现金成本	28.68	3480
（8）矿业企业净回报减现金成本和资本抵扣	51.14	5001
（9）矿业企业净回报规模浮动（初始税率加 $\Delta 1.5\%$）	12.13	4200

资料来源：约翰·斯特摩尔和弗兰克·斯特摩尔。

说明：n.a.表示不适用。

需要注意的是，对于从利型方法 7 和方法 8（基数是矿业企业净回报减去现金成本和资本抵扣）来说，有借贷资本项目的盈亏平衡的矿业特许税费率高于相同情形下的无借贷资本项目的盈亏平衡的矿业特许税费率。这是因为，与无借贷资本项目相比，有借贷资本项目的利息和利息预扣税所带来的抵扣减少了矿业特许税费的计征基础。因此，为了达到盈亏平衡的经济状况，与无借贷资本项目相比，对有借贷资本项目的较小的矿业特许税费计征基础必须适用较高的税费率。

许多政府使用这类模型来调研应该设征何种类型的矿业特许税费、税费率应该多少。代表一国矿种平均水平的一个模型矿种的盈亏平衡的矿业特许税费率（如表4.6和4.7中所计算和报告的税费率），政府通常并不用来作为所有矿种的税费率。政府所选择的矿业特许税费率几乎总是低于模型矿种的盈亏平衡的税费率。这是因为政府认识到，与平均的矿种水平相比，很多矿种可能在经济上并不太可靠。

本节中的这些表格清楚地表明，税费计征基础的确定对于所收取的矿业特许税费的数量具有重大影响。在比较从价型矿业特许税费（方法2到方法6以及方法9）与从利型矿业特许税费（方法7和方法8）时，这种区分尤其明显。因为这一原因，使用从利型方法的法域在矿业特许税费率上明显高于那些使用从价型方法的法域。

关于实施每种矿业特许税费方法的观点存在着差异。一般来说，矿业公司可能更喜欢控制矿场财务和经济风险的从利型矿业特许税费。这可以通过允许或部分允许这样计算矿业特许税费的计征基础来实现，即，使用对所有资本和运营成本进行回收的方法。运营成本包括发生于萃取、加工、运输和最终产品销售的各种成本。项目财务和经济风险的减少以及与东道主政府的分享利润还会增加核实相关数目的复杂性。鉴于在审计以及替代性投资方案经济模型方面所增加的复杂性，有些投资者可能愿意接受一种更低比例的且更容易计算的从价型或矿业企业净回报型的矿业特许税费。这还会减少在未来年份中与从利型矿业特许税费中的利润计算或其他方面有关的诉讼的可能性。这种形势将取决于，至少部分地取决于,在可行性研究阶段所预测的矿床在总体上的经济可行性。一项从价型矿业特许税费在经济上的可接受性还可能依赖于对东道主政府所建立的一项税收制度体系稳定性的预计。这在任何工业领域都是正确的,而不仅仅是矿业。社会的发展需要在稳定的就业环境中进行,稳定的就业环境在一定程度上与稳定的税收制度体系紧密相关,而企业可以在其经济模型中根据稳定的税收制度体系进行评估。

十分明显的是,如果一个矿种在经济上越强势,这类项目就越可能具有在几乎任何水平上贡献矿业特许税费的能力。在产品价格较高时期上马的经济上的边际水平项目,将明显地对于设征新的或附加的税费更加敏感,而这些新的或附加的税费可能以矿业特许税费的形式出现,而这些矿业特许税费将会减少寻求资本回报的投资者所需要的现有税后现金流。

正如本节前面所提到的,一个政府可能试图模拟其管辖范围内可能存在的矿床类型,研究何种制度体系能够产生出其所期望的矿业特许税费收入水平。然而,找到这样一种矿业特许税费制度体系或税收措施是很困难的,即,它既能够对所有可能项目的经济方面产生相同的与税收有关的影响,也不会使某些项目与其他项目相比承受更大的负担。

第三节 矿业特许税费和税收对矿种边界品位的影响

公司决策者与政府决策者之间关于矿业特许税费类型和方法的争论通常包括这一问题,即,矿业特许税费对具有相互联系的生产参数(边界品位、矿产资源储量和矿场寿命)的影响。运营矿场是为了产生利润,而对它们的设计进行最优化是为了在假设的成本和价格情形下产生最大的利润。设征任何形式的矿业特许税费都是一种成本,并因而将会影响为优化矿场盈利能力而设定的各项生产参数。本节首先就如何使用经济工具确定各项生产参数进行一般性讨论,然后利用本项研究前一节中所描述的一种铜矿模型阐释矿业特许税费对边界品位的影响。

一、影响生产参数的经济因素

(一)评估各种替代方案以确定经济上的最优设计方案

评估各种替代的矿场方案以确定经济上的最优设计方案涉及对一系列相互排斥的替代方案进行分析。通常情况下,这可以通过对净现值进行最大化的方法而完成。增量分析法在任何产业情形中都是正确评估相互排斥的各种替代方案的关键,并且是除净现值方法之外,任何衡量盈利能力的经济方法所必需的。除了经济方面的因素外,其他因素也会影响最优化的决策;这些因素包括监管机关(如美国的证券交易委员会或在其他市场中的同等主管机关)作出的决定,以及利用相同财务数据来衡量企业价值的分析师所作出的结论。另外一项因素涉及公司的各项内部参数,这些内部参数是公司管理上认为的为确保公司专心于为股东创造最大总体财富的那些项目所适当的参数。因此,一项能够产生正净现值的项目可能并不足以影响企业的整体价值,并因而可能被忽略。其他因素可能还包括投资给投资所在地人民带来的环境影响以及社会或宗教方面的影响。

(二)使用净现值评估各种替代方案

净现值是一个项目在其周期内的税后现金流的现值,它对税后现金流以某一复合利率进行贴现,该复合利率反映了假定存在的能够使用现有资金的其他机会。从经济上讲,所有成本和收入都会影响税后现金流,而税后现金流则是使用某一标准(如净现值)分析最优矿场计划的基础。矿业特许税费、利息及红利(现金流量)预扣税、所得税、消费税、增值税以及地方税都是政府所施加的成本,在矿场计划的现金流量中必须考虑这些成本;而且,实际上,它们与运营成本和资本成本在经济上的效果是一样的。同预期的未来收入相比,如果总成本太高,就会导致在一个具体的贴现率下净现值成为负数,那么,该项目将不会实施。对一项原本经济上可行的项目施加较高的成本,可能会导致投资者和政府都承担机会成本。这一机会成本等于投资者损失的潜在利润和政府以矿业特许税费、所得税等形式获得的收入。投资者和政府都必须明白这一点,并共同努力来找到能够产生对投资者和政府来说都在经济上可行的一项项目的一系列矿场计划参数。

矿场计划分析中一个十分重要的部分是,在一系列假设的矿场计划参数的前提下,确定经济上的最优边界品位。影响边界品位分析的重要因素包括政府的矿业特许税费和其他税费,以及运营成本,资本成本和预期的品位、回收率及产品销售价格。

边界品位分析将会影响能够进行经济性生产的矿石储量的数量,而后者又将影响年度生产率的优化。年度生产率的变化能够影响多种指标,例如大部分的开采成本、开采方法以及废弃物和矿石的运输。其他成本包括与采矿设备有关的资本支出、开发成本、选矿规模及其总成本、营运资本成本和运营支出。具体来说,改变某一露天矿的边界品位可以影响剥采比,而剥采比将会影响每天、每周、每月或每年开采一定吨数任务所需采矿设备的成本。边界品位可能还会影响冶炼回收率,选矿设施预期的设计和成本,以及尾矿和矿渣的处理成本。某一地下矿的边界品位的改变将影响矿块模型,进而影响生产的时间周期及持续性。

本项关于矿业特许税费的研究,这里意在证明各种类型矿业特许税费和其他税费对作为边界品位分析基础的现金流的影响。决策可能基于将给投资者带来预期的所投资本的回报率的边际收入和边际成本而作出,这就使得所有成本都关系到边界品位的确定。较低的边界品位意味着需要更大的矿产资源储量以及要么更长的矿场寿命要么更高的年度生产率,而它们对于投资者与政府来说都是积极的项目指标。在完美的理论世界中,投资者和政府应该共同努力,制定这样一种矿业特许税费和其他税费的结构,即,能够带来某一矿床的最优开发以及能够使生产者和政府从各种收入来源获取的价值最大化。

至此,本节的讨论一直是基于最优边界品位的生产前矿场计划分析。一旦一个矿场投产,各种参数(如产品价格、运营成本、矿业特许税费或者其他税费)的变化可能会导致必须重新考虑经济上的边界品位。同矿业特许税费或其他税费的设征一样,能源成本的增长也会产生整体上的影响。这些成本会在任何产品的萃取、加工和运输方面缩减盈利能力。一旦矿业生产在某一给定的平均边界品位下处于边际状态,那么,投资者和政府都应当意识到,边界品位的变化影响着矿产资源储量和矿场寿命,而后者接着就会影响项目的经济状况以及缴纳给政府的矿业特许税费和其他税费。非直接的经济因素(如采矿及与其相关的就业)则受到由于边界品位降低、矿产资源储量增加所导致的矿业生产扩张的影响,或受到由于边界品位变得不经济性而导致的矿场关闭的影响。

在金融财务方面,边界品位的变化对公司增加储量的能力具有一种直接的影响,而该能力是衡量任何一家资源性公司财务和经济可行性的一项关键因素。如今在很多公司中,财务状况与现金流所反映的经济状况至少具有同等的重要性。华尔街和世界各地金融市场的分析师们非常重视储量和净收入以及税前利润;税前利润有时被称为"利息、税费、折旧、摊销之前的收益"(earnings before interest, taxes, depreciation, and amortization, EBITDA)。对于通过股票市场筹集资金的一家上市公司的融资能力以及实施有关项目来说,这些数据的任何消极性变化都是毁灭性的。

(三) 项目可行性的确定

对一个已有矿场现金流模型增加一项新的成本(如矿业特许税费)可以对这样的决定产生影响,即,何时是停止营运的适当时间。在一个项目的经营周期内,管理应该如何考虑该项目在何时已经达到了其经济极限这一时间点?许多公司和财务分析师建议,当产品价格降至使净收益低于零这种水平的时候,这一时间点就是适当的。然而,净收益是合适的标准吗?有些分析师可能偏

第四章 矿业特许税费对矿种的影响

好使用这样一种运营收益或税前现金流,即基于一段时间内获得的收入减去当期发生的现金成本的运营收益或税前现金流量。而其他分析师可能更喜欢使用税后现金流量。税后现金流量将会进一步考虑项目所面对的各种税费方面,而这些税费同样也是直接影响经济指标(如净现值)的真实的成本或收益。

在经济评估现金流模型中,可变成本可能常常被认为是一种运营费用。"运营费用"是与产品生产和销售有关的各种现金成本的总称。然而,会计师使用多种方法来计算存货,因此,至少从净损益表的角度来看,这些能够掩盖在一定时期内的真正现金支出。换句话说,如果产品源于存货,那么这些产品的成本可能已经在早前的时间段内发生,因此这一成本并不能代表产品最终售出时的真正现金成本。

争议的问题是,一项真正的经济盈亏平衡是否应该反映与折旧、折耗、摊销和冲销有关的非现金支出。或者说,是否应该使用税后现金流量来确定停止营业的时间点?其他问题可能包括关于一个项目的远期展望与短期周期性之间的关系问题,以及分析是针对一个正在运营中的项目还是针对一个尚待确定的项目的问题。一旦一家公司为一个项目投入了数百万美元或数十亿美元,这些成本就成为沉淀成本。但是,由于商品价格具有周期性,在它们确信该项目将永远不能为其股东增加经济价值之前,公司并不愿意撤出。大多数情况下,在设计矿业模型和开发方案时,在评估项目的经济潜力时已经做到了勤勉尽责。因此,只有非同寻常的事项(如没有预见到的税费的设征,或更高的能源成本)才可能会迫使矿场提前关闭。

这些概念和理论适用于哪一产业其实并不重要。所有的投资者都必须决定:继续生产和销售某种产品在何时不再具有经济上的可行性。经济理论通常建议,这一时间点出现于所获得的增收刚好能够抵销增加的成本之时,或者边际收入等于边际成本之时。然而,认识到低成本的生产者仍然可能是不经济的生产者这一点也是非常重要的。

很多黄金公司宣称它们生产一盎司黄金的低现金成本,但是这意味着在长期经营中运营是盈利的吗?低现金成本确实具有一定的作用。但是,基于运营资本结构的情况,长期经济状况可能存在从非常盈利到不那么具有盈利的差别。因此,很多人会认为,与生产前开发、资本改良、研发以及日常和管理的成本(根据一家公司界定,这可能会被纳入或不被纳入某种现金成本)有关的折旧,必须一直包括在任何的盈亏平衡分析计算之中。

另一方面,折旧和摊销抵扣都是非现金项目,因此它们总是被加回到净所得中以确定税后现金流。在很多时候公司可以发现,尽管运营或项目现金流仍然为正数时,盈利能力却下降到了净所得为零(或负数)的水平。难道正现金流不能为公司或股东增加价值吗?如果是这样,那么多大的价值数量才是股东实现其股份价格增值所必不可少的呢?换句话说,每年100万美元的正现金流可能能够增加一个项目的价值,但是,对于一家大型矿业公司来说,考虑实现这一数字所要求的间接成本,这一数字对公司总体价值的贡献可能是微乎其微。

所有这些讨论仅仅在于指出,为一个矿场建立盈亏平衡计算基础或者建立经济上的停业点基础的复杂性。无论投资者是在评估更换运输卡车或一个水泵、扩大一座化工厂、建设一条新生产线,还是开发一座矿场,投资机会经济上的最优周期这一事宜都应该成为经济分析中需要评估的首要事项之一。这是因为,对于任何投资而言,现金都是产生价值的真正源泉。在理想情况下,这些计算应该以运营过程中产生的税后现金流为基础。然而在现实中,通常是美国证券交易委员会以及世界上的同等财务报告主管机构,要求这些计算以净收益以及相应的某种经济产品的有关定义为基础。在这里所讨论的盈亏平衡边界品位分析中,经济性的矿场寿命是具有基于税后现金流的最大净现值的矿场寿命。当由于成本、矿业特许税费和其他税费的增加,或者由于因矿石品位或产品价格下降所致的收入减少,从而导致税后现金流成为负数时,可以推断投资者将停止生产。当然,在实际中,很多缓解性因素能够导致停业点推迟到一个较晚的时间。

为了阐释这些复杂因素中的一些因素,表 4.8 中的简单事例是基于一项单一的金额为 480000 美元的资本投资,并且假设该项投资将在 6 年内直线折旧完毕。另外,假设一般所得税税率为 40%。

表 4.8 以净收益衡量项目价值　　　　　　　　单位:美元

年份	1	2	3	4	5	6
产量单位(000)	1000	1000	1000	1000	1000	1000
售价(美元/单位)	270	270	270	270	270	270
运营成本(美元/单位)	140	140	140	140	140	140
收入	270000	270000	270000	270000	270000	270000
减运营成本	(140000)	(140000)	(140000)	(140000)	(140000)	(140000)
减折旧	(80000)	(80000)	(80000)	(80000)	(80000)	(80000)
应税所得	50000	50000	50000	50000	50000	50000
减应缴所得税	(20000)	(20000)	(20000)	(20000)	(20000)	(20000)
净收益	30000	30000	30000	30000	30000	30000

资料来源:约翰·斯特摩尔和弗兰克·斯特摩尔。

表中所举项目每年都有正净收益,因此这意味着,由于边际收益大于边际成本(边际成本以现金运营成本加折旧为基础)时,该项目会在 6 年内持续运营。为了阐释税后现金流的重要性,在净收益与早期的 480000 美元投资有关的情形下,那么源于所投资本的现金流就如表 4.9 所示。

尽管该项目的营业利润(收入减运营成本)达到总收入的 48%,净收益达到总收入的 11%,但是,从净现值或其他贴现过的现金流量指标所反映的长远和总体价值来看,它在经济上仍然并不合理。在表 4.9 中,净现值是贴现率为 12% 下的净现值,内部收益率为9.93%（低于12%），而这两个指标在经济上都是不可接受的。在一个12%的最低收益率下，整个项目是不可接受的。这样，事例表明了这样一种结论，即，管理者和投资者不能仅仅依赖任一年度的净收益（或现金流，就此问题而言）并将之作为衡量整个项目盈利能力的标准。相反，应该运用一系列的计算指标来衡量项目的总体盈利能力和其他变量（如金融风险）。

表4.9　以税后现金流衡量项目价值　　　　　　单位：美元

年份	0	1	2	3	4	5	6
净利润		30000	30000	30000	30000	30000	30000
加折旧		80000	80000	80000	80000	80000	80000
资本	(480000)						
税后现金流	(480000)	110000	110000	110000	110000	110000	110000

资料来源：约翰·斯特摩尔和弗兰克·斯特摩尔。
说明：贴现率为12%下的净现值(27745)，内部收益率＝9.93%。

抛开资本投资不谈，假设将营运成本改变为表4.10所描述的一种不断上涨的情形，那么，管理者应该建议在哪一时间点停止运营呢？

表4.10　以净收益确定停业点　　　　　　单位：美元

年份	1	2	3	4	5	6
产量单位（000s）	1000	1000	1000	1000	1000	1000
售价（美元/单位）	270	270	270	270	270	270
运营成本（美元/单位）	90	85	95	130	190	215
收入	270000	270000	270000	270000	270000	270000
减运营成本	(80000)	(85000)	(95000)	(130000)	(190000)	(215000)
减折旧	(80000)	(80000)	(80000)	(80000)	(80000)	(80000)
应税所得	110000	105000	95000	60000	0	(25000)
减应缴所得税	(44000)	(42000)	(38000)	(24000)	0	10000
净收益	66000	63000	57000	36000	0	(15000)

资料来源：约翰·斯特摩尔和弗兰克·斯特摩尔。

从净收益的角度来看,盈亏平衡的停业点可能是在第 4 年或第 5 年的年末,而这取决于是否认为一个数额为零的净收益在财务上是可以接受的。然而,如果考虑到项目的税后现金流以及所计算的各项经济指标,长期运营的经济状况似乎能够为股东增加价值(如表 4.11 所示)。

表 4.11　以税后现金流确定停业点　　　　　　　　　单位:美元

年份	0	1	2	3	4	5	6
净利润		66000	63000	57000	36000	0	(15000)
加折旧		80000	80000	80000	80000	80000	80000
减资本	(480000)						
税后现金流	(480000)	146000	143000	137000	116000	80000	65000
贴现率为 12% 时的净现值	13915						

资料来源:约翰·斯特摩尔和弗兰克·斯特摩尔。

每年的税后现金流仍然为正数,并且第 4 年的 116000 美元和第 5 年的 80000 美元的税后现金流会有助于整个项目净现值的增加。实际上,扣除这两年后,项目在 0 到第 4 年期间的净现值为负数(如表 4.12 所示)。

表 4.12　停业点对净现值的影响　　　　　　　　　　单位:美元

年份	0	1	2	3	4
净利润		66000	63000	57000	36000
加折旧		80000	80000	80000	80000
减资本	(480000)				
税后现金流	(480000)	146000	143000	137000	116000
贴现率为 12% 时的净现值	(64410)				

资料来源:约翰·斯特摩尔和弗兰克·斯特摩尔。

当存在与仍需冲销的 160000 美元有关的一项额外抵扣(发生于第 4 年,且假设投资者能够使用该项抵扣)时,该项目的净现值将会增加至 23.74 美元,而这仍然表明该项目是一个不能令人满意的投资机会。假设所有的参数保持不变,能够使得该项目获得批准的唯一方法是,将第 5 年和第 6 年的税后现金流列入商业计划之中。此外,假如同样的商业计划关注于净收益的话,其结果将会是建议在第 4 年末停止项目运营,以求价值最大化。

如果一个项目正在产生正现金流,则最终它仍然能够增加价值;然而,建立在净收益基础上的标准将可能会否决这种项目。这里再次指出一下,对一个项目的周期或其使用的任何资产进行优化,是或者很可能应该是建立经济模型的首要步骤之一,而经济模型可能是决定批准还是否决一个项目的基础。这一决定将受到东道主政府设征的税费(包括矿业特许税费)的影响,而税费又取决于所分析项目的可行性。

矿业领域并不总是存在诸如最优化矿场寿命这样的如此简单的方法。在南非,许多法域的目标是使矿场寿命最大化,并不是在经济上的矿业生产最优化。无论是在发展中国家还是在发达国家,矿业公司经常面临这一问题。在其他地区,当地社区和原居民并不希望他们的"领土"被最优化。相反,他们可能希望对环境的影响最小化以及对矿场寿命最大化,这样,矿业才将在尽可能长的时期内支撑本地区的就业。

二、铜矿模型和边界品位

为了阐释边界品位的经济状况,对本章第一节所引入的铜矿模型进行调整,以反映一个不断下降的年度平均铜矿品位(另参见附录 A2.4)。最初品位增至平均 1.8% 的铜含量,而之前描述的回收参数保持不变。价格恒定在 1.05 美元/磅。边界品位至少能够成为 3 个不同指标的关注对象,包括边际收入与边际成本、财务净收入以及税后现金流(它们是首次分析和表 4.13、表 4.14、图 4.1 的基础)。

表 4.13　净现值与铜矿矿业特许税费和政府收入之间的关系[a]

矿业企业净回报矿业特许税费率(%)	贴现率为 18% 时的净现值(美元)	累计矿业特许税费(美元)	累计政府收入(美元)
0.000	140265487	0	343869421
1.000	55068448	65648085	258461918
2.000	42725646	131296170	302224251
3.000	30376178	196944255	346032585
4.000	18013580	262592340	389987012
5.000	5557749	328240425	433955824
5.445	0	357448811	453584932
6.000	(6933718)	393888510	478073748

资料来源:约翰·斯特摩尔和弗兰克·斯特摩尔。

说明:a. 计算的基础是铜价为 1.05 美元/磅,并且假设在全部 22 年矿场寿命内持续经营。

表 4.14　不同矿业企业净回报型矿业特许税费率下的经济数据和预计经济性矿产资源储量数据[a]

矿业企业净回报矿业特许税费(%)	内部收益率(%)	贴现率为18%时的净现值(美元)	有效税率(%)	预计经济周期(年)	产量(吨)	损失量(吨)
0.000	20.03	140265487	42.05	22	364705882	0
1.000	18.90	55068448	56.78	17	266234882	98471000
2.000	18.70	42725646	66.40	16	247999882	116706000
3.000	18.51	30376178	76.02	16	247999882	116706000
4.000	18.30	18013580	85.68	15	229761882	134944000
5.000	18.10	5557749	95.34	14	211529882	153176000
6.000	17.88	(6933718)	105.03	14	211529882	153176000
5.445	18.00	0	99.65	14	211529882	153176000

资料来源:约翰·斯特摩尔和弗兰克·斯特摩尔。

说明:a. 计算的基础是统一铜价 1.05 美元/磅。

归根到底,在一个项目的开发中,对投资者来说,经济目标是将净现值最大化。一种矿业企业净回报型矿业特许税费已经为一系列矿业特许税费率所适用,从 0% 的税费率到盈亏平衡的税费率(5.445%)不等。而盈亏平衡的税费率是在有借贷资本模型中

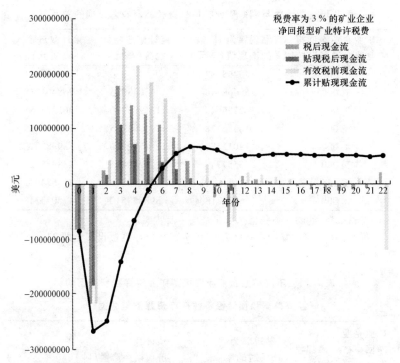

图 4.1　以 1.05 美元/镑铜价计算的累计矿业企业净现值
资料来源:约翰·斯特摩尔。
说明:假设矿业特许税费率为矿业企业净回报的 3%。

18% 的最低内部回报率的情形下,致使项目净现值等于零的税费率。此外,还使用了 6.0% 的矿业企业净回报型矿业特许税费率,用以证明在该水平及以上水平时,税费率对净现值产生的消极性经济影响。表 4.13 表明,随着矿业特许税费率的提高以及相应的政府收入的增加,生产者所获价值是如何减少的(通过净现值反映)。

表 4.13 中所反映的财富转移仅仅说明了情况的一部分内容。对数项指标(如年度运营利润、净收益以及税后现金流)进行审查将会发现,根据对该项目所设征的矿业企业净回报型矿业特许税费的程度,该矿极不可能在预期的 22 年矿场寿命内保持经济上的可行性。这一点可以在表 4.14 中得到证明。该表揭示了在不同

的矿业企业净回报型矿业特许税费率直至 5.445% 的盈亏平衡税费率下,该项目的各项经济数据。它同时也反映了由于矿场经济寿命缩短所造成的产量损失。

图 4.1 展示了这样一种情况:第 11 年的巨大负现金流,是由于开采和加工设备的预期重置成本所导致的。正如在该项支出之后所发生现金流的边际程度所反映的那样,关于第 8 年到第 11 年中负现金流和成本的一项前向分析,可能导致该项目早在第 8 年就终止,而这将会进一步增加损失的生产量但却能够在第 8 年末实现净现值的最大化。如果在第 8 年关闭,该项目的净现值达到最大化的 6700 万美元。8 年的矿场寿命和 3% 的矿业企业净回报型矿业特许税费率将会使超过 2.44 亿吨的潜在矿石留于地下。观察表 4.15 可以发现,政府获得的矿业特许税费将会减少 1 亿美元,而且政府的总体财政收入也将随之减少。

表 4.15　假设生产在 22 年周期内持续进行时净现值与累计矿业特许税费以及政府收入的关系[a]

矿业企业净回报型矿业特许税费率(%),周期	贴现率为 18% 时的净现值(美元)	累计矿业特许税费(美元)	累计政府收入(美元)
0.000, 22 年	140265487	0	343869421
3.000, 22 年	30376178	196944255	346032585
3.000, 8 年	67077209	93730877	333043288

资料来源:约翰·斯特摩尔和弗兰克·斯特摩尔。

说明:a. 计算的基础是铜价 1.05 美元/磅。

在项目的最后一年,由于假设在该年随着矿场的关闭成本而出现大额冲销和免税,政府的总体收入将因而减少。最后一年的免税使政府的总体收入减少大约 1.4 亿美元。也就是说,如果在第 22 年没有冲销的话,政府的累计收入将会达到近 4.86 亿美元。在对短期损失向前结转有所限制的任何国家,对项目的这种免税在实际中予以适用是有难度的,因为这些限制将会降低生产者实现这些免税的能力。

如果生产在第 8 年之后继续进行,在这种矿业特许税费水平和所述经济参数下,股东在第 15 年后将不会从该矿的继续运营中获得任何实质性的经济价值。第 15 年后的平直净现值曲线明显地说明了这一点。实际上,前已提及,项目净现值确实在第 8 年实现了最大化,并且在此之后下降。有意思的是,尽管税前运营利润在大多数年份都是正值,但是其中很多年份的净收益却是负值;这是由于最终被结转到项目最后一年的累计亏损向前结转而导致的。然而,即使假设模型在最后一年存在经济收益,项目并不能够产生足够的收入来进行此种抵扣。尽管图 4.1 中所描述的 3% 的矿业企业净回报型矿业特许税费率下的铜矿模型并不能反映真实的财务净收益,但是它却表明,从银行或股票市场的角度来看,该项目并不具有金融财务上的吸引力。而且,在最后几年中,税后现金流接近于零但仍保持着些许正值。然而,为了使对总体净收入的影响最小化,此时可能存在为了关闭矿场而出现的巨大财务压力。

上面的事例是为了对有关某一项目经济上的最优周期的复杂事项,作出尽可能简单的说明。从政府的角度而言,在考察矿业特许税费对现金流的可能影响时,要考虑综合经济指标。如果考虑未来年份的产品价格变动情况,可以使情况更为复杂。这与改变矿石品位或者回收率具有相似的效果,但是可能在影响程度上略有不同。

针对在最高 1.30 美元/磅和最低 0.90 美元/磅之间铜价周期性波动的一项预测,图 4.2 以及表 4.16 和表 4.17 概括了这些发现中的一部分。从历史的视角来看,这一波动在统计上并不严密,但是它却类似于过去 12 年中出现的波动。正如图 4.2 所反映的,贴现后现金流曲线所表示的净现值一直增长直至该项目的最后一年。因此,在最后几年中所实现的价值是在 0% 的矿业企业净回报型矿业特许税费率的情形下实现的。在最后一年价值并没有明显下降的部分原因在于资金的时间价值以及最后一年所认可的巨额损失向前结转进行抵扣而出现的核销。

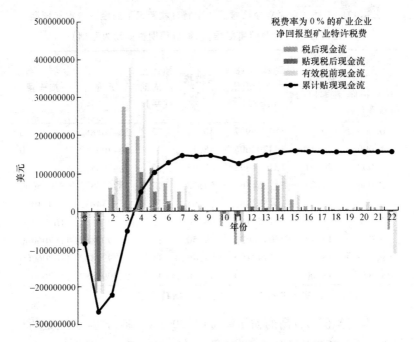

图 4.2 以周期性铜价计算的累计矿业企业净现值

资料来源:约翰·斯特摩尔。

说明:假设矿业特许税费率为矿业企业净回报的 0%。

表 4.16 净现值与铜矿累计矿业特许税费和政府收入的关系[a]

矿业企业净回报型矿业特许税费率(%)	贴现率为 18% 时的净现值(美元)	累计矿业特许税费(美元)	累计政府收入(美元)
0.000	157085997	0	379753606
1.000	144202695	69274939	425085777
2.000	131051898	138549878	470425476
3.000	117854567	207824817	516098845
4.000	104583953	277099756	562033672
6.000	50404627	554199513	749016126
9.000	36743159	623474452	795752452
11.670	0	808423759	920510096

资料来源:约翰·斯特摩尔和弗兰克·斯特摩尔。

说明:a. 以周期性铜价为计算基础,并且假设在全部 22 年矿场寿命内持续经营。

表 4.17　不同矿业企业净回报型矿业特许税费率下的经济数据和预期
经济性矿产资源储量数据(以铜价周期性变动为基础)

矿业企业净回报型矿业特许税费率(%)	内部收益率(%)	贴现率为18%时的净现值(美元)	有效税率(%)	预计经济周期(年)	产量	损失量
0.000	20.35	157085997	40.31	22	364705882	0
1.000	20.18	144202695	45.12	22	364705882	0
2.000	20.01	131051898	49.93	22	364705882	0
3.000	19.83	117854567	54.78	17	282670882	82035000
4.000	19.64	104583953	59.65	16	266234882	98471000
5.000	19.44	91051168	64.60	15	247999882	116706000
6.000	17.78	50404627	79.50	15	247999882	116706000
9.000	18.60	36743159	84.46	15	247999882	116706000
11.670	18.00	0	97.70	15	247999882	116706000

资料来源:约翰·斯特摩尔和弗兰克·斯特摩尔。

早期年份如较高的初始铜价(1.30美元/磅)产生了充足的现金流,使得项目的总体净现值增加,从而提高了盈亏平衡的矿业企业净回报型矿业特许税费率,该税费率能够达到11.67%。再一次,较高的矿业特许税费率导致了政府总体收入的明显增加,并且导致了税费收入由所得向矿业企业净回报的某种转移。较高的矿业特许税费率还增加了在预期的22年矿场寿命结束前矿场关闭的可能性。因此,尽管有很多财务金融和经济因素影响着早于预期而提前关闭某一矿场的管理决策,但是本项研究假设,当税后现金流变为负值并且预计将维持于负值时,该矿场才会关闭。

铜矿模型表明,即使有着较高的初始价格,但是较高的矿业特许税费率仍然会减少项目的净现值,因为高税费率提高了生产者承担的有效税率。而且,因较早关闭所引起的产量损失将意味着政府总体收入的减少。在3%的矿业企业净回报型矿业特许税费下,如果该项目在第15年年末关闭,那么累计的矿业企业净回报型矿业特许税费预计可以达到174201833美元,而不是207824817美元。如果该矿场持续22年,政府的累计收入将会大于表4.16中所反映的收入（在3%的矿业企业净回报型矿业特许税费率下，将多出近8000万美元）。

经济理论认为，投资者真实的最低回报率反映了可用盈余资本资金所能获得的其他投资机会。因此，资本的机会成本代表着放弃的机会，或者代表着选取另一方案所放弃的内部收益率。许多上市公司根据使用资本所可能获得的最低收益来确定其最低回报率，该资本并不代表对项目所进行的投资。不过，最低回报率反映了两个部分的加权平均数，这两个部分包括：（1）借贷成本；（2）与向股东支付回报有关的成本（这种回报是股东就其向一家公司的普通股份所投资金而寻求的回报），即通常所说的股权成本。

股权收益来源于可能用于分红的红利或者股票的溢价，它们都是公司所获得的税后现金流的直接结果。公司可能通过从股票市场上回购现有股票来实现这一股权收益。在提前清偿借款的情况下，相应借款的服务成本将不复存在，而所节省下来的本来需要支付的利息就成为公司的收益，可用其资金偿还债务。能够得到清偿或偿还的现有借款的平均成本与股权成本两者的结合，提供了通常称之为加权平均资本成本的一项指标。这通常被看做是可用盈余资本资金的最低回报率。使用加权平均资本成本作为其最低回报率的公司经常设定这样的经济"门槛"或者基准，即，项目的经济状况必须超过这一最低回报率，以使项目较之其他被认为存在的回报率更具有经济上的竞争力。因此，如果一个公司以8%（假设举例）的贴现率对项目现金流进行贴现，那么，它可能会要求在一个项目被认为具有经济上的吸引力之前，该项目需要具有超过2.5亿美元净现值的这一门槛的能力。这样一个净现值指标可以转化为一项同等的20%的内部收益率。这里的要点是，对于每个公司来说，基于其建立经济模型的方法，净现值为零的一项项目可能并不代表所认为的盈亏平衡点。

无需使用更加详细的计算，表4.17就展示了这样一种情形，即，对于寻求在某一项目中的净现值指标超过1亿美元的一家公司来说,任何超过4%的矿业特许税费率都将使得该项目变得在经济上不可接受。而且,所认为的矿业特许税费可能上升的风险能够成为停止投资的充分理由。这是因为,相对于可用盈余资本资金的其他回报,该项目将会被认为在经济上处于边际状态。

上面所举的事例表明,一项矿业特许税费的设征能够影响涉及相互关联的生产参数(如边界品位、矿场寿命以及矿产资源储量)的决策。政府的税费决策者需要意识到,矿业特许税费对公司关于优化矿场的决策能够产生影响。特别是,如果某一种矿业特许税费方法和税费率给公司施加了太高的成本,随着边界品位的提高或者矿场寿命的缩短,总体税费收入可能会减少,认识到这一点是非常重要的。

第四节 定量分析结果之讨论

在考虑矿业特许税费政策的设计和实施时,定量分析是一项有用的工具。可以使用模型(如本章第一节中所设计的模型)作为工具,评估利用不同的计算方法所能产生的矿业特许税费数额,理解这些计算方法对某一矿业公司盈利能力水平的影响。然而,在使用这些一般模型时必须小心谨慎。每一矿场都有反映许多因素的其独特经济状况;这些因素包括矿场相对于基础设施和市场的位置,矿床的物理位置,矿场计划,矿石的冶金质量,劳动力的性质,等等。用于在政府与公司之间构建某种公平的平衡的一个矿种模型,在实践中可能并不太公平,对一些矿场来说有利于政府,而对其他矿场来说有利于公司。

为了提高某种制度在大多数情况下将会是公平的可能性,正在进行税费制度改革的许多政府将会选择能够代表当前正在运营的或者将来可能运营的一系列矿种类型,来建立矿种模型。然后对这些模型进行修正,以研究多种不同的情形,包括不同的产品价格、成本和税收水平。最后,使用定量分析模型并不能产生一个对所有矿种都最佳的公平矿业特许税费，但是却可以帮助决策者更好地理解可供选择的矿业特许税费类型和水平将会如何影响公司的盈利能力以及其他税费收入水平。正如第三章中所讨论的，除了项目经济指标以外的其他许多因素（如社会目标）也将会影响矿业特许税费政策和方法的选择。在这些因素当中，可能有这样一个目标，即，规定一种不仅是公平的，而且（对于出口矿产品而言）是具有全球竞争力的税费制度。诸如有效税率和内部收益率这类计量指标对于这一目标尤其有用。

矿业公司使用各种模型（如本章中所涵盖的那些模型）既用于就某一项目的经济可行性作出决策，也用于优化矿场设计，以求将其盈利能力最大化。这些模型中应当没有例外地涵盖包括矿业特许税费在内的各种税费，因为税费同项目承担的所有其他种类的成本一样，能够影响基本的运营参数，如边界品位（针对非均质矿体），矿场寿命以及矿产资源储量。正如本项研究中的报告数据所反映的，大多数国家目前对大多数矿种设征一种低水平的矿业特许税费。因此，对很多矿种来说，运用模型作出的生产决策对矿场寿命的影响是相当小的。

一项适度的矿业特许税费很可能不会影响决策的实施，例外情形是经济上处于边际水平的矿种。例如，对于本章中的模型矿种来说，可抵扣所得税的税费率为3%的矿业企业净回报型矿业特许税费，将会使金矿模型的内部收益率从23%降至20%（使用中等价格情形），铜矿模型的内部收益率从24%降至20%，铝土矿模型的内部收益率从22%降至20%。尽管这些影响并非无足轻重，但是大多数投资者仍然会发现这些税后内部收益率仍然好得能够满足盈利标准。当然，矿业特许税费对于处于更为边际水平的矿种的影响是致命的，从而导致作出一项不予投资的决定。

除了诸如内部收益率和净现值这样的决策因素之外，有些公司可能还会关注成本的竞争性。例如，一家公司可能决定，根据年度运营成本的指标，如果一个潜在的金矿不能位于最低的50%的金矿之列,将不会对其进行运营。矿业特许税费是一种成本,并且可能改变一个矿场相较于其他矿场的成本地位。矿种模型(诸如本章中的那些模型)能够用于获得进行这种比较的有用的运营成本信息。

这三种矿种模型(铜矿、金矿、铝土矿)比较了使用9种不同的矿业特许税费方法所产生的矿业特许税费数量。这里选择这9种方法作为世界上众多不同法域所使用的矿业特许税费方法中的普遍性代表方法,但是它们并非直接选自任何一个具体的法域。这些敏感性分析强调,基于矿业特许税费方法的不同盈亏平衡税费率可能会有巨大差异;但是,这些分析还证明了政府收入来源的戏剧性变化以及项目风险的转移。这些模型还同时说明,通过允许矿业公司从矿场利润中收回资本成本,采用利润分成型矿业特许税费的政府愿意承担伴随着任何矿业项目的某些风险。本章还从审计程序的角度证明了这些模型可能具有的复杂性。进行审计的目的在于,当在事实上鼓励公司在项目上花费更多资金以至于有可能推迟矿业特许税费的缴纳或者避免矿业特许税费率的上涨的情形下,核实是否对抵扣进行了适当的认真考虑,监管是否产生了可能的缺乏效率的情况。

本章第二节在铜矿模型中使用了一个变量,用以证明新设征的矿业企业净回报型矿业特许税费对经济上的停业点的影响。讨论并阐述了通过最大化净现值以实现价值最优化的这一理论。对可能影响关闭矿场决策的其他参数也进行了讨论;这些参数包括财务上的标准,如净收益、运营利润和税后现金流。这一模型首先讨论铜矿品位更大幅度下降对维持某一统一价格的影响,然后随着铜矿品位的下降而改变价格以证明其所产生的影响。这些简单矿业特许税费模型矿场的经济寿命从最初预计的超过22年的矿石储量,减少到只有8年。超过一半的矿场寿命的变化无疑将严重影响任何公司实施某一项目的意愿,特别是在存在税费以及其他不确定性的情况下。反过来,这将会明显地影响任何拥有这一资源财产的政府的财政税收收入。

下一章不再讨论矿业特许税费对个别矿种的影响,而是转而再次探讨为公司、政府和社会所关注的更为宽泛的事项。有见地的税费决策者必须既在微观经济层面上也在宏观经济层面上处理矿业特许税费事宜。

参考文献

Cawood, Fred. 1999. "Determining the Optimal Rent for South African Mineral Resources." PhD diss., University of the Witwatersrand, Johannesburg.

Lown, Christopher J., ed. 2004. *The CRB Commodity Yearbook*. Commodity Research Bureau, Chicago, 112.

Otto, James, John Cordes, Maria L. Batarseh. 2000. *Global Mining Taxation Comparative Study*, 2nd ed., 92. Golden, CO: Colorado School of Mines.

Stermole, Frank, and John Stermole. 2006. *Economic Evaluation and Investment Decision Methods*, 11th ed. Investment Evaluations Corporation, Lakewood, CO.

第五章

矿业特许税费对投资者、市民社会、市场和政府的影响

本章探讨矿业特许税费可能对投资者、市民社会、矿产品市场以及政府产生的影响。

第一节 投资环境

对于一个依赖私营企业来勘探和开发其矿产资源的矿业国家而言,它必须在吸引投资上与其他国家进行竞争。一国的投资环境反映了该国对其国内外投资者所具有的吸引力。投资环境最终取决于两项因素:一是该国在其国内项目投资上能够提供给投资者的预期回报率;二是与这些项目有关的风险水平。这两项关键的决定因素又转而随着一系列因素的变化而变化,这些因素包括该国的地质潜力、政治稳定性、贪腐状况、税收体制以及政府监管等等。

一、国家意识形态和国情

在塑造投资环境的过程中,国家意识形态也发挥着一种重要作用。在 20 世纪 60—80 年代,苏联、中国以及其他中央计划经济体明确提出,它们对私人投资不感兴趣。相反,在这些国家,政府承担着勘探和开发本国矿产资源的责任。同样的情况也出现在许

多发展中国家（如玻利维亚、智利、秘鲁、委内瑞拉、玻利瓦尔共和国和赞比亚），它们对私人矿业公司进行了国有化，建立了国有企业。采取这些行动的动因，一方面是基于这样的看法，即，东道国没有获得矿业生产所创造财富的公平份额；另一方面则是基于社会主义意识形态，即，生产资料应该归人民集体所有。

在近几十年，澳大利亚、加拿大、南非和美国这四个国家吸引了大量私人投资进入其矿业部门。这些国家所拥有的良好投资环境，部分地反映了其地质潜力，但是同样重要或者说更为重要的是这一事实，即，很多拥有优秀地质潜力的国家仅仅由于政治原因而在竞争中败下阵来。

在20世纪80年代末90年代初，全球投资环境发生了巨大变化。欠佳的经济表现最终导致了苏联解体以及对中央计划经济的放弃。其所引起的向更加依赖市场和私营企业的转变，推动了投资法律以及其他旨在优化投资环境的政策的变革。同样的情况也出现在许多发展中国家，国营矿业企业的失败引发了政策的逆转。新的政策有利于私人投资，尤其是外国私人投资。这种变化的结果是，到了20世纪90年代初，矿业国家之间在吸引私人投资方面的全球竞争日益激烈。澳大利亚、加拿大、南非和美国再也不能指望在缺乏竞争对手的情况下吸引大部分世界投资。例如，在20世纪90年代，智利以及稍微逊色的印度尼西亚在新增铜矿开采能力领域吸引了很大份额的私人投资。

在21世纪初期的今天，至少在一些发展中国家已有迹象表明，一些国家对争夺私人投资的广泛竞争有了新的认识。秘鲁最近已经设征了矿业特许税费，而为了希望从本国矿业部门中获取更大的社会利益，智利、南非和津巴布韦也正在积极考虑设征矿业特许税费。与此同时，在美国的很多地方和其他发达国家，由于环境和其他方面的原因，对新的矿业项目似乎愈来愈持保留态度，甚至在一些情况下公开表示反对。这些发展最终能否扭转矿业国家之间在争夺私人投资资金上日益加剧的竞争局面，以及如果能够，扭转的程度会有多大,有待观察。

由于国与国之间相互进行争夺私人投资的竞争,一个国家在这项竞争中的最终胜利更多地取决于该国所具有的相对于其他国家的吸引力,而非其投资环境绝对吸引力。不过一个很容易被忽略的事实是,一个国家能够从其矿业部门中实现的财政收入和其他利益,不仅取决于其自身的地质潜力、政治稳定性和税收体制,还取决于世界上其他地方发生的事件。例如,当印度尼西亚的政治不稳定导致该国投资环境恶化时,投资者往往会将他们的兴趣转向其他矿业国家。

在20世纪90年代早期,国家之间吸引矿业投资的竞争加剧,这增加了私人投资者的选择机会,并因此提高了私人投资者同政府讨价还价的能力,从而公司能够保留更多的来自矿业经营的利益。矿业企业相互之间在一定程度上也相互竞争,它们很可能在其竞争的范围内,以低价的形式将这些利益中的大部分传递给矿产品的消费者。

因为矿产品的生产者通常是(但显然并非总是)发展中国家,而消费者大多是(尽管不总是)发达国家[1],所以,有人可能会质疑这种利益再分配的合理性。但是,如果生产国想改变这种状况,它们就需要联合起来限制竞争,人为地提高它们的利润。历史证明,这种努力只能成功数年,不能持续奏效。此外,当这些做法奏效时,它们往往会鼓励增加新的供应但却减少需求,这最终会给价格和整个产业带来令人沮丧的结果。[2]

---

[1] 近些年来,中国已经成为许多矿产品的最大消费国之一,甚至是最大的矿产品消费国。然而,这一消费中的相当一部分(尽管比例尚不明确)用于生产最终出口给美国和其他发达国家消费者的商品。

[2] 关于锡生产国通过《国际锡协定》提高锡价格的努力以及该努力最终失败的有趣描述,请参见罗杰(Roger)(1992)。Roger, Christopher D. 1992. "Tin". In *Competitiveness in Metals: The Impact of Public Policy*, eds. Merton J. Peck, Hans H. Landsberg, and John E. Tilton, 242—65. London: Mining Journal Books.

二、案例分析：智利和澳大利亚——拥有有利投资环境的两个国家

这一部分主要探讨智利和澳大利亚。这是两个人们普遍认为已经成功地塑造了对于矿产资源生产者有利的投资环境的国家。接下来的一部分将研究牙买加、巴布亚新几内亚和南非这三个国家。很多人认为这三个国家在投资环境这一点上不太成功。这两部分的目的在于评估这些国家的矿业特许税费在塑造投资环境以及最终增进其公民福祉上所发挥的作用。事实证明，这项远没有那么容易。部分原因在于，矿业特许税费仅仅只是组成一国税收制度的若干税种中的一种。另外，尽管税收制度是影响一国投资环境的一项重要因素，但是其他因素（如地质潜力、政治稳定性和国家意识形态）也同样重要。于是，矿业特许税费在影响一国投资环境方面的作用非常容易遭到扭曲。无论是否征收矿业特许税费，一些国家都拥有有利的投资环境，而另一些国家则无论是否征收矿业特许税费，都缺乏有利的投资环境。总的来看，尽管是否存在矿业特许税费并非意义不大，但这通常不是确定一个国家投资吸引力的决定性因素。政治稳定性、地质潜力和其他税收制度通常更为重要。

再者，公共政策的目标是最终实现一个国家从其矿业部门所获取的社会利益的最大化，而这与改善投资环境只在一定程度上具有一致性。正如第二章所指出的，对于国家从其矿业生产者处所获得的税费，存在一种可以实现该税费收入的净现值最大化的税费率。而且同时还存在一种税费率，可能与此不同，但是可以实现所有社会利益净现值的最大化。这种最优的税费率不是零税费率，尽管从私人投资者的角度来看，零税率可能会使投资环境最优化。

鉴于上述结论，我们能对矿业特许税费在智利和澳大利亚的适用得出什么样的结论呢？这些国家的政府是否已经实施了平衡性的矿业特许税费政策，从而既能改善投资环境又能服务于它们

的国家利益?

（一）智利

在过去的二十多年中,智利为私人投资者提供了一个非常良好的投资环境。菲莎研究所(Fraser Institute)每年都会组织一项针对矿业企业高级职员(负责开发的副董事长)的抽样调查,请求他们根据投资吸引力对州、省和国家进行排序。智利几乎一直位居或者非常接近首位。[3] 跨国比较也表明,智利拥有一个非常良好的矿业税收制度(奥托、科德斯和巴塔尔萨,2000)。也许最能说明一切的事实是,在过去的二十年中,世界上开发的大部分铜矿场都在智利。

由于智利对矿业生产不征收矿业特许税费(至少在写作此书之时),有人可能会得出这一结论:智力案例表明,最好的矿业特许税费是没有矿业特许税费。但是在智利国内,针对这个问题可以看到两种完全不同的观点。一种观点认为,矿业特许税费对国家的投资环境几乎不会产生负面影响,而且相较于其他利益,它将会显著增加国家源于矿业部门的财政收入。这种观点可以从现任拉各斯政府及其引入矿业特许税费的努力中得到反映。而与之相反的另一种观点则认为,矿业特许税费将会严重损害投资环境,从而显著减少国家从其矿业部门所获取的利益,特别是从长期的观点来看。毫无疑问,这种观点代表了许多在这个国家运营的跨国矿业公司的意见。

真理可能位于这两种观点之间的某个地方,但是,哪一种观点更为符合实际,我们不得而知。这尤其是因为,假如征收一项矿业特许税费,但所设征矿业特许税费的规模和性质仍然具有相当大的不确定性。然而,一种矿业特许税费所产生的最终影响将会取决于两项重要的因素。第一项因素是,增加的税负以及由此而减少的预期内部收益率或净现值对潜在项目的影响。对预期税收收

---

[3] 关于菲莎研究所抽样调查的结果,可见于该所网页 http://www.fraserinstitute.ca/shared/readmore.asp? sNav = nr&id = 648(2005-03-25)。

入影响微乎其微的一种很不起眼的矿业特许税费,对项目的预期内部收益率也大概影响不大;但是,如果一种矿业特许税费是预期需缴税额的两倍,那么就会产生较大的影响。同样,能够抵扣或冲抵企业所得税的一种矿业特许税费,相对于不改变公司其他纳税义务的一种矿业特许税费而言,将会对项目的税后收入和内部收益率产生较小的负面影响。

正如潜在投资者所认为的那样,第二项重要因素是,一项矿业特许税费可能对与国内项目有关的风险的影响。这里,一些可能的关切或许会产生作用。

(1)当矿产品价格低迷或者矿业公司因未获利润而不用缴纳企业所得税时,矿业特许税费能够通过减轻变革税制的政治压力,增强现有税制的稳定性。增强税制持久性或者稳定性的可能性,可能会降低许多投资者的政治风险。

(2)矿业特许税费通常以产品的价值、重量或者体积作为计征基础,因此这不管生产企业是否盈利都必须缴纳(参见第三章)。其结果是,即便预期税负因所得税抵扣而被大部分抵销,这些类型矿业特许税费的设征将会迫使矿业公司接受更多的与新投资相关的经济风险或市场风险,而这同时却减少了政府先前所承担的风险。

(3)矿业特许税费的设征可能会以另外一种方式增加感知风险。智利政府过去曾经允诺,一旦新的矿业项目到位,适用于矿业公司的税制将不会有针对性的修改。因此,在这一点上,一种矿业特许税费的设征可能会降低私营部门对政府信誉的信心,从而增强其对政治风险的感知。

另一个与之相关而重要的,但却很少受到关注的问题是投资流对投资环境变化的敏感性。例如,如果智利设征了一种对国内项目的预期内部收益率以及对与那些项目相关的感知风险影响不大的矿业特许税费,难道就能确定地得出矿业特许税费将对未来的投资流几乎没有影响或者根本没有影响的结论了吗?遗憾的是,答案是具有影响。如果对智利投资环境的认知度略有下滑,很难预测私人投资将会如何发生严重的变化,因此,投资界将智利的投资环境排名定位于前五位,而不是第一、第二位。让人感兴趣的是,在不久的将来,关于智利案例的这个问题将会有更多的信息。位于加拿大的菲莎研究所进行了一项针对矿业企业高级职员的年度调查,请求他们从私人投资者的角度,对大量矿业国家或州的矿产潜力以及政治环境进行评估。然后用这些调查结果计算投资吸引力指数。在2003/04年度的调查中,智利居于名单上的国家或州之首。这表明,在被调查的企业看来,智利是最具投资吸引力的国家。在2004年5月的调查中,被调查公司的高层大大降低了他们对智利政策环境的评价,而这很可能是因为关注智利政府设征矿业特许税费计划的结果,评价的结果是智利在该指数上从第一位跌至第五位。前四位的国家(或州)依次是内华达州、西澳大利亚州、魁北克省和安大略州。[4] 在这四个法域之中,内华达州、魁北克省和安大略州设征了从利型矿业特许税费。目前尚不清楚的是,至少是,私人投资流对一个国家投资环境轻微恶化的敏感程度如何。例如,就智利这一案例而言,该国从第一位下降到了第五位的情形。

总而言之,矿业特许税费的设征对一个国家的投资环境可能几乎没有影响或者根本没有影响,也可能影响重大,而这取决于环境以及所(拟)设征的矿业特许税费的性质。同样地,它既可能服务于公众利益也可能不服务于公众利益,而这取决于它如何改变国家从其矿业资源中所获得的利益。这种不确定性虽然令人不安,但却不可避免。

(二) 澳大利亚

澳大利亚是另外一个被普遍认为具有非常良好投资环境的国家。而且与智利不同的是,澳大利亚有着相当丰富的征收矿业特

---

[4] 关于菲莎研究所的这些调查,可见于该所网站 www.fraserinstitute.ca(2005-03-25)。

许税费的经验。根据澳大利亚宪法,各州有权征收矿业特许税费。多年来,澳大利亚的六个州和北部地区的政府对大多数矿产征收着矿业特许税费。这些矿业特许税费以多种形式征收着,有从量型、从价型和利润型。

这里的讨论重点是西澳大利亚州最近对黄金设征的矿业特许税费。从19世纪90年代初开始,西澳大利亚州的黄金产量一直占全国黄金产量的大部分。这里要研究的问题是:矿业特许税费在多大程度上破坏了西澳大利亚州黄金采矿业的投资环境?以及,矿业特许税费最终是促进了还是减少了该州的福祉?

要想找出这些问题的明确答案需要对下列两种情形进行比较:现行矿业特许税费的实施效果,以及如果没有设征现行矿业特许税费的话,情况又会如何。因为后者是一种假设的情况,所以这些问题的答案具有相当大的不确定性。下面的因素也加重了这种不确定性,即,设征矿业特许税费的立法在1997年才刚刚通过,所以现行矿业特许税费的长期运行情况还不得而知。

但是,如果该矿业特许税费严重地破坏了投资环境的话,这种破坏的表现已经应该能够从黄金采矿业的行为中看到。例如,人们可以观察矿业特许税费设征前后西澳大利亚州黄金产量的走势,或者,更为理想的,西澳大利亚州占全澳大利亚或者世界黄金产量份额的走势。[5] 不过,这种方法由于黄金产量对投资环境变化在短期内缺乏灵敏性而存在缺陷。用于运营矿场的勘探和开发成本已经沉淀了,因此,即使矿场的盈利能力显著减少甚至丧失,它们很可能在一段时间内继续生产。

一个更有效的衡量方法可能是,注重考察西澳大利亚州占全澳大利亚或全世界新金矿开发和已有矿场扩大的费用的份额。不

---

[5] 澳大利亚和其他地方的黄金产量走势受到各种因素的影响,包括市场价格的变动以及降低成本的新生产技术。因此,西澳大利亚州占全澳大利亚或全世界黄金产量的份额,似乎更加密切地反映了该州投资环境的变化而不是该州矿场黄金产量的变化。

过,由于与新矿项目相关的勘探成本已经支出,所以反映该州投资环境变化的一个更为灵敏的早期指标,就是西澳大利亚州占全澳大利亚或全世界勘探新黄金储量的费用的份额。表 5.1 以百万澳元现值为单位报告了 1996 年至 2004 年期间,西澳大利亚州和全澳大利亚两者的年度黄金勘探费用。这张表格还显示,在这段期间内,西澳大利亚州的黄金勘探费用占全国全部黄金勘探费用的大约 70%。这一份额在最低 67.3%(1999 年)和最高 74.5%(2001 年)之间变动,在 1997 年西澳大利亚州引入针对黄金生产的一种"合理的"矿业特许税费后,并没有出现明显的下降趋势。这表明,西澳大利亚州设征的黄金矿业特许税费并未严重破坏该州黄金采矿业的投资环境。

表 5.1 澳大利亚和西澳大利亚州年度黄金勘探费用(1996 年—2004 年)

年份	澳大利亚勘探费用(百万澳元)	西澳大利亚州勘探费用(百万澳元)	西澳大利亚州占全澳大利亚勘探费用的份额(%)
1996	623	430	69.1
1997	737	512	69.5
1998	562	410	72.9
1999	405	273	67.3
2000	372	260	69.9
2001	351	261	74.5
2002	355	253	71.2
2003	374	260	69.6
2004	414	284	68.5

资料来源:澳大利亚统计局

需要再一次着重强调的是上述发现的不确定性,因为表 5.1 展现的仅仅是在矿业特许税费设征前后勘探费用的实际走势。这些趋势反映了两个时段之间影响西澳大利亚州占全国黄金勘探成本份额的所有因素的变化,矿业特许税费设征只是其中的因素之一。例如,在 2000/01 财政年度左右,澳大利亚的所得税税率从 36% 下降到了 30%,而这可能减小了矿业特许税费的影响。1993

年《澳大利亚土著土地所有权法》的通过也可能影响了勘探趋势。因而,如果矿业特许税费是对西澳大利亚州投资的重大障碍,那么在设征矿业特许税费后,对该州占全国黄金勘探费用份额更为负面的影响早就应该明显地显现出来了。

这一结论仍然存在两个问题:第一,为什么西澳大利亚州的黄金特许税费没有对该州的投资环境产生一种更大的影响呢?第二,该矿业特许税费有没有通过增进西澳大利亚州人民的福祉而服务于公共利益?

借鉴前面的智利案例研究结果,可以认为,矿业特许税费对西澳大利亚州投资环境影响甚微反映了这样一个事实,即,该矿业特许税费没有大幅度改变该州黄金项目的预期回报(内部收益率或者净现值)或与黄金项目相关的感知风险。造成这一事实的原因之一可能是矿业特许税费的适用方式。在引入矿业特许税费的立法于 1997 年通过之时,规定矿业特许税费将采用 2.5% 的从价型税费率并于 1998 年生效。但是由于市场低迷和黄金价格偏低,从 1998 年 7 月起适用的是 1.25% 的矿业特许税费率,直到 2000 年 7 月才提高到 2.5% 的全额税费率。但是,自 2000 年 7 月至 2005 年 7 月期间,1.25% 的税费率适用于黄金现货平均价格低于 450 澳元/盎司的每个季度。此外,需缴纳黄金特许税费的每个项目的首批 2500 盎司的黄金产量都免缴矿业特许税费。

关于这些变化,当时在西澳大利亚大学任职的一位经济学家罗布·弗雷泽(Rob Fraser)在 1999 年这样写道:

> 通过这些措施,西澳大利亚州政府回应了黄金采矿业表达的这样一种关切,即与矿业特许税费对利润所造成的不利影响有关的关切,尤其在黄金价格较低时期。同时,这创造了资源税费的一种新形式,即,考虑罕见低利润时期的情况而对税费基础进行修改,以及将黄金价格视为利润水平的一种简单表现形式。

简而言之,尽管原本是要对黄金征收从价型矿业特许税费,但却只是在黄金价格使大多数企业能够有利可图时,所实施的矿业特许税费才根据产量的价值进行了征收。这就大大减少了企业预期的矿业特许税费成本以及降低了因黄金价格的周期性而产生的私人生产者所承担的风险。

接下来,最后的问题是该矿业特许税费有没有服务于西澳大利亚州的公民利益?如果前面研究所表明的该矿业特许税费对该州投资环境几乎没有影响这一情况是真实的话,那么它就是在没有明显减少黄金采矿业收益规模的前提下,给该州以及进而给其公民带来由黄金采矿业所创造的(租金或利润形式的)收益规模的更大份额。不过,正如前文所强调的,关于矿业特许税费对投资环境影响的证据虽然具有启发性,但是并不具有决定性。

三、案例分析:牙买加、巴布亚新几内亚和南非——税费可能已对投资环境产生负面影响的三个国家

本部分研究投资环境有时欠佳的三个国家,它们是牙买加、巴布亚新几内亚和南非。研究的目的还是评估矿业特许税费在这些国家所发挥的作用。首先是对投资环境的影响方面,其次是在促进本国人民福祉方面。同时,在于增进社会福祉的公共政策的最终目标也值得强调。在某种程度上,依赖私人投资者勘探和开发其矿产资源的国家,需要通过提升有利于私人投资的积极氛围来实现这一目标。但是,这两个目标最终会分离。这是因为,增进社会福祉需要设计某些税费和其他措施来增加国家获得的矿产租金和利润,即使这意味着私人投资者所获份额的减少以及投资环境吸引力某种程度的下降。

(一)牙买加

促进良好的投资环境和增进社会福祉这两个目标之间的潜在矛盾常常使断定下列情形变得困难,即,公共政策何时服务于公共利益,何时不或没有服务于公共利益。对此,一个有趣的阐释是,在石油输出国组织大幅度提高石油价格后不久,牙买加便与其他大多数加勒比生产国一道在 20 世纪 70 年代对出口铝土提高了

征税。

在20世纪60年代,牙买加对出口铝土征收0.26美元/吨的矿业特许税费,而且还从铝土产量中获得了平均大约2.25美元/吨的所得税。1974年,牙买加政府将出口铝土的矿业特许税费提高到0.55美元/吨,而且对生产征收一种相当于国际市场上金属铝平均现价的7.5%的附加税。这些变化使得牙买加政府源于铝土矿部门的财政收入增长了数倍[卡迈恩·纳皮(Carmine Nappi),1979]。

当时,很多观察家认为牙买加正在犯错。他们指出,同石油消费者有所不同,美国铝业公司、加拿大铝业公司以及其他的铝生产商在较长时期内都拥有替代的铝土矿来源。时间证明批评者是正确的,因为随着时间的流逝,牙买加占世界铝土矿产量的份额下降了。因此,现在人们普遍认为,牙买加的税收政策建立在对铝土矿市场的误解之上,因而,非常遗憾的是,这一政策没能为牙买加人民的利益服务。

任职于蒙特利尔大学的一位加拿大经济学家,最近担任加拿大铝业公司首席经济学家的卡迈恩·纳皮(1992)对此提出了另外一种解释。他提出,牙买加政府官员可能十分了解铝土产业,而且他们知道由于多种原因本国占世界铝土市场的份额将会不可避免地下降。鉴于这种情况,在牙买加仍然占据一定市场份额之时,增税并开拓国内市场是合理的。如果对该事件的这一解释是正确的,那么提高税费尽管破坏了该国的投资环境,但可能已经通过增进国家的福祉而为公众利益服务了。

虽然我们将可能永远无从知晓是传统的观点还是纳皮提出的观点更接近于事实,但是牙买加的经历表明,促进良好的投资环境和实现社会福祉最大化能够成为两个相互冲突的目标。显而易见的是,牙买加1974年设征的新税费严重地破坏了其投资环境。但是,并不很明晰的是,该税费是否为该国的社会福利和公共利益服务了。

（二）巴布亚新几内亚

在菲莎研究所的最新矿业企业调查中，巴布亚新几内亚在调查的投资吸引力指数方面位于64个法域中的第19位，而西澳大利亚州和智利分别位居第二位和第五位。尽管多种原因导致了巴布亚新几内亚和上述两个国家在投资吸引力排位上的差距，但是我们可以合理地推测，至少目前来看，三个国家在矿业特许税费方面的差异是造成这种差距的部分原因。

在1996年至2000年期间，巴布亚新几内亚政府将矿业特许税费从1.25%提高到了2%，同时对应税矿业收入征收4%的采矿费（这实际上是一种附加的矿业特许税费）。这些加重的变化是在这一基础之上进行的，即，存在企业所得税、股息红利预扣税以及超额利润税，并且严格限制对矿区外勘探成本的抵扣。除此之外，在授予采矿权时，该国对于所有项目，根据项目的勘探成本而不是其全部市场价值作为基础，保留了获取最高可达30%的股权份额的权利。而这一税收监管制度存在于金属价格低迷、对主权风险广为关注的国际大环境之下，以及该国的总体政治环境之下。

到了2000年，非常明显的是，巴布亚新几内亚在吸引新投资进入其矿业部门上已经缺乏竞争力。由于金属市场低迷，1996年到2000年期间的勘探投入在世界范围内下降，但是巴布亚新几内亚境内的勘探量缩减得更为迅速，而且该国占全球勘探总投入的份额也显著下跌。在亚洲开发银行的帮助下，巴布亚新几内亚对其矿业和烃类产业的财政制度进行了一项研究。该项研究又称"博根审查"（Bogan review）*，提出了很多改革措施方面的建议。

为了响应博根审查的建议，巴布亚新几内亚政府在2000年取消了所有新项目的采矿费，并提出在一段时间内对现有项目逐步取消该费种。该国政府还降低了超额利润税的税率；不过，该国政

---

* 巴布亚新几内亚政府委任前国家税局总长纳格拉·博根（Nagora Bogan）先生对该国的财政收入体系进行审查。审查工作于2000年10月完成，审查建议的实施带来了该国税制的一些重大改善。——译者注

府同时把征收超额利润税起点的内部收益率从20%调低为15%。矿产业和投资界对采矿费的废除表示欢迎,但是对该国政府降低作为超额利润税起征基点的收益率表示不满,而且超额利润税在刚开始设征时就曾经引起了关切。结果是,尽管进行了改革,但是巴布亚新几内亚仍然处于缺乏竞争力的状态,其占世界勘探投入的份额也未能恢复。

由于希望改变这种状况,巴布亚新几内亚政府在2002年进行了另一项关于其矿业税费制度的研究。根据这项研究所进行的审查,导致在2003年初彻底取消了超额利润税,同时将公司所得税降至30%,股息红利预扣税降至10%。矿业特许税费率则确定为矿业企业净回报的2%,同时放宽了对矿区外勘探成本进行抵扣的限制。对于它所享有的可以获得新矿业项目高达30%的股权份额的选择权政策,政府还同意进行重新评估。

尽管现在对这些变革的长期效果进行评估仍为时过早,但是初步迹象表明它是充满希望的。巴布亚新几内亚的勘探投入已开始回升,其占世界勘探投入的份额也开始恢复。表5.2为这一结论提供了进一步的支撑。以为2002年政府审查所作的一项研究为基础,该表展示了在24个矿业国家或者州中,外国投资者从一个代表性铜矿所获得的内部收益率。巴布亚新几内亚的数据被估计了两次,一次在1999年的税费制度下,另一次在2003年的税费制度下。在1999年的税费制度下,根据外国投资者在巴布亚新几内亚的估计回报率,其排名位于第20位,是四个低回报国家之一。相比之下,2003年的税费制度下,其回报率则高居第4位。

虽然上述数字令人欣喜,但是更为明显的是矿业特许税费在1996年至2000年期间增至6%。这一因素加上在此期间叠加的其他许多消极因素,严重地破坏了巴布亚新几内亚的投资环境。要不是政府近些年来对矿业特许税费水平和税收制度进行更为普遍的变革,对矿业的不利影响早就很快削减了该国家源自矿业这个重要经济部门的利益。

表 5.2　铜矿模型下外国投资者在所选国家或州的
内部收益率和总有效税率

国家	外国投资者内部收益率(%)	总有效税率(%)
税费水平最低的 1/4 国家或州		
瑞典	15.7	28.6
智利	15.0	36.6
阿根廷	13.9	40.0
巴布亚新几内亚(2003)	**13.8**	**42.7**
津巴布韦	13.5	39.8
菲律宾	13.5	45.3
税费水平次低的 1/4 国家或州		
南非	13.5	45.0
(丹麦)格陵兰	13.0	50.2
哈萨克斯坦	12.9	46.1
西澳大利亚州	12.7	36.4
中国	12.7	41.7
(美国)亚利桑那	12.6	49.9
税费水平次高的 1/4 国家或州		
印度尼西亚(第7代工作合同)	12.5	46.1
坦桑尼亚	12.4	47.8
加纳	11.9	54.4
秘鲁	11.7	46.5
玻利维亚	11.4	43.1
墨西哥	11.3	49.9
税费水平最高的 1/4 国家或州		
印度尼西亚(2002年,无工作合同)	11.2	52.2
波兰	11.0	49.6
巴布亚新几内亚(1999)	**10.8**	**57.8**
(加拿大)安大略	10.1	63.8
乌兹别克斯坦	9.3	62.9
科特迪瓦	8.9	62.4
布基纳法索	3.3	83.9

资料来源:奥托,2002。

（三）南非

同智利、澳大利亚和其他许多国家相比，由于各种原因，南非的矿业投资环境并不很好。与前面两小部分一样，这里将评价该国对矿业特许税费的使用。特别是，这里将讨论该国最近宣布的矿业特许税费改革在何种程度上对该国的投资环境产生了负面影响，以及这些改革如何在提高南非福祉方面已经取得了成功。

历史上，南非的矿业特许税费一直由私人投资者和矿产资源权利所有人通过直接协商的方式，对每个矿场逐一确定。在大多数情况下，权利所有者是个人或者公司，但是在某些情况下，主要是在矿产位于国有土地上时，权利所有者则是国家，并由政府的矿产和能源部来代表进行协商。因此，这样就产生了各种各样的矿业特许税费率和税费基础，而且，在不同的矿产品种类、不同的矿体和不同的矿场盈利能力之间，这些税费率和税费基础缺乏一致性。

然而，南非政府正采取措施改变这种状况。随着该国新矿业法律的出台，国家取得了矿产资源的管理者地位。在颁布新矿业法的同时，南非在2003年发布了一项矿业特许税费法案的草案（法案中没有规定废除普通法上的矿产资源权利所有权。相反，通过声明具有管理者地位，国家控制了对矿产的利用权而不是所有权，而这意味着政府可以进行征用）。预计第二次法案草案将于不久发布。但是由于矿业界的评议和关注，第二次法案可能会有很大的不同。

目前的矿业特许税费法案草案规定采用一种从价型矿业特许税费，而且税费率因矿产品类别而异：对铜和其他基本金属为总收入的2%，对黄金为3%，对钻石为8%。代表该国较大型矿业企业的南非矿业商会（Chamber of Mines of South Africa）和代表该国小型矿业企业的南非矿业开发协会（South African Mining Development Association）都对该法案草案持严重的保留态度。特别是，这两个组织对拟议法律的不利影响非常担忧。它们确信，拟议法律将会对低利润矿场或边际矿场、国家的矿产储量、矿业部门吸引外国投资的能力以及在历史上处于不利地位的南非人进入矿业领域等方面产生不利影响，而促进在历史上处于不利地位的南非人进入矿业领域则是南非现行矿产资源政策的一项重要目标。

例如，在 2003 年，南非矿业商会根据开发的一个金矿模型对收入型矿业特许税费的影响进行了估计。其结论如下：

> 假设黄金价格不变，使用 2002 年的实际数据，以营业额的 3% 计征的黄金特许税费将会使过去十年中的工作成本从每吨 318.40 兰特*上升到每吨 330.40 兰特。而边界品位将会从每吨 4 克提高至每吨 4.2 克。这意味着经济上的可采矿产资源储量将从 16250 吨下降大约 3.7%，从而降至 15650 吨。也就是说，大约 600 吨黄金将会因对营业总额征收 3% 的黄金特许税费而丧失。按 2002 年的币值计算，丧失的 600 吨地下黄金价值达 625 亿兰特，或者说，在一个 40 年的期间内，每年丧失 16 亿兰特。这与通过征收 3% 的矿业特许税费而得到的 10 亿兰特矿业特许税费相比，就……

> 以 2002 年金矿部门平均大约 207000 的就业人数为基数，3% 的矿业特许税费将减少目前经济上可采矿体的 4%。鉴于就业人数和地下开掘吨数之间存在 91% 的关联度，由于矿产储量下降 4%，就业人数将可能在短期内减少 2%；之所以只减少 2%，是因为企业基于矿业特许税费的设征而调整以维持生存与减少就业人数之间存在时滞。但是从长期来看，因征收矿业特许税费而缩小的矿产资源储量将导致就业水平足足下降 4%。当就业人数下降 2% 时，就会有 4100 人失业，而当就业人数下降 4% 时，就会有 8200 人失业。

> 金矿模型下按营业收入计征的矿业特许税费的影响同样适用于南非的其他所有矿种。按营业收入设征矿业特许税费

---

* 兰特是南非基本货币单位。——译者注。

将提高边界品位并减少矿产储量,而减少的这些矿产储量将永远不能在南非获得经济效益中发挥任何作用(13—15,和附录 A)。

当然,矿业公司对较低而不是较高的税费具有强烈兴趣,所以它们渴望修改拟议立法也就不足为奇了。尽管在评估它们的关切时需要考虑上述因素,但是它们向政府提交的评议中确实包含了许多反映拟议法案对特定公司的盈利性造成影响的案例。这些案例研究说明,该矿业特许税费法案草案将会明显改变许多现有矿场的投资环境,并且也很可能对若干未开发的矿藏产生同样的影响,从而也引发了这样一些立法方面的问题,即,拟议矿业特许税费将会如何很好地为国家的整体公共利益服务。

此外,关于待定立法对南非投资环境影响的关切,不仅限于矿业公司这一范围,还可以在商业新闻报道中发现。例如,下面的内容摘自《采矿杂志》上的一篇文章[斯温德尔斯(Swindells),2005]:

> 不确定性、延期和疑惑已经成为《矿产和石油资源开发法》的标志,而这项法律将成为民主之南非的矿业产业的基本法律。它将把勘探和开采矿产资源的权利转移给国家,有效地废除所有的由私人所持有的权利,从而为征收矿业特许税费和实施《(南非)弱势群体经济扶助》铺平道路。
>
> 对于该法实施的不安,出现于当前矿业产业试图应对已经导致全球商品价格的繁荣黯然失色的强劲南非兰特货币之时。这种不安抑制了勘探活动,严重阻碍了急需的外国投资。
>
> 该法也加重了对于南非作为外国矿业投资目的地之一的吸引力的怀疑。

对设征矿业特许税费的提议以及矿业监管领域里其他变化的关切正在破坏南非的投资环境,因此这些提议和变化没有为国家的长远利益考虑,而这引发的问题是:为什么南非的情形和西澳大利亚州存在不同?因为西澳大利亚州近期出台的黄金特许税费并没有很明显地改变投资环境,并且似乎已经服务于公共利益了。这里有四点显而易见的重要差异。

第一是南非的整体投资环境,这种环境受到了很多在西澳大利亚州并不存在的许多因素的不利影响。这些因素包括更高的艾滋病和结核病发病率或者艾滋病毒感染率,更多的犯罪和暴力事件,与政府强制规定的社会投资项目(包括政府努力给予"历史上处于不利地位的南非人"更优惠的条件以获得矿产资源)相关的更高成本,以及因公众要求在很多重要方面进行重要的社会变革而带来的更大的政治不确定性。

第二是矿业特许税费率。南非拟议的矿业特许税费率为3.0%。与之相比,在西澳大利亚州则比较低,仅为黄金产量收益的2.5%。此外,在黄金价格低迷和利润较少甚至为负时,在西澳大利亚州的公司不必缴纳全额矿业特许税费。这样,西澳大利亚州的做法就极大地减少了矿业特许税费对投资项目预期回报的影响,并进而降低了与这些项目相关的经济风险。

第三是历史上南非普通法上的矿产资源权利所有权。过去,矿场可以购买矿产资源权利作为不动产,这给予矿场所有者开发深层黄金矿产必要的保有权保障。获得这些矿产资源权利要付出巨大的代价。然而,随着目前这一新变化的出现,矿场实际上将不得不就这些在本质上相同的权利,以向国家缴纳矿业特许税费的形式,再次支付费用。假如矿场和矿产资源权利的私人所有者已经签订了长期矿产特许税费协议(而不是出售矿产资源权利的协议),那么,在新的拟议制度下,矿场必须支付双倍的矿业特许税费,也就是说,在新法出台后,矿场除了需要根据新法的规定向国家缴纳矿业特许税费外,仍然还需要履行与普通法上的矿产资源权利的私人所有者所达成的协议。

第四或许是最重要的一点是,即从1994年开始以来的许多新政策和法律的快速接连出台所造成的不确定性。拟议新矿业特许税费制度的久拖不决还增加了预测长期现金流的难度。最后,特别是与智利和澳大利亚相比,拟议新制度是不明确的、未经检验的,而这将导致在南非开发矿产资源具有更高的风险溢价。

四、宏观经济影响——政府财政收入和社会经济指标

不同国家之间投资环境的重大差异还是它们的不同宏观经济特征所造成的结果。澳大利亚、加拿大、芬兰、瑞典、美国和其他已经成功地推动了经济发展的国家,目前其人均收入很高。借助这些财富,这些国家拥有强有力的法律制度体系以及其他发达的社会和政治体制。它们还拥有受过良好教育的劳动力和完善的基础设施。所有这些宏观经济特征促进了良好投资环境的形成(本章中"对政府和东道国的影响"一节将分析矿业特许税费如何能够影响政府和宏观经济)。

五、财政收入分配——对社区的影响

设征矿业特许税费的任何一个政府都必须解决的一个核心政策问题是,征收的款项是应该归入中央政府的一般性支出基金(财政)呢,还是应该留出一部分或是将全部的矿业特许税费单独存放而给选定的主体(例如,一个受影响社区)呢?为预先确定的受益者而非整体公众征税的理念与财政分权理念息息相关。奥托(2001)曾经提出下列观点:

> 财政分权不是一个新问题。它是每个政府都会面对的问题。这个问题直指统治问题的核心。税收是为社会利益和使用而将私人资本转化成公共资本的一种方式。税款征收后通过预算编制程序而用于公共目的。这个预算编制程序可以说是政府管理中最具政治敏感性的部分,也是监管权配置中的一项重大因素。可以认为,控制着资金的实体就控制着国家的行动。如果认可这个前提,那么顺理成章的是,界定财政分权的政策还界定着国家内部的权力分配(或者,反之亦然)。因此,在大多数的政府管理体制中,征税权会被非常谨慎地对

待,同时该权力与国家宪法、机构组织法以及同样的基本法律所界定的政府基本结构紧密相关。

正如奥托所指出的,财政收入的分享可能取决于各级政府的相应权力。尽管与中央政府相比,单个的社区几乎没有什么权力,但是它们能够对矿场施加很大的影响力,甚至可以达到阻止矿场或关闭矿场的程度。因此,在某些情况下,社区当地的活动家能够引起对某种特种税费(如矿业特许税费)的分配进行调整。

从国家正常预算中下放征收和支出矿业特许税费的权力的程度,存在着千差万别。在很多主要的矿产生产国家,矿业特许税费被收归国库;但是在许多其他国家(仅举数例,如阿根廷、澳大利亚、巴西、加拿大和秘鲁),矿业特许税费的分配要么留给省级或地方政府预算,要么进一步分配给特定社区。

在过去的十年里,在受影响社区的层面上促进可持续发展的理念已经受到关注。这进而产生的一个关键问题是,怎样能够以及应该如何资助这些努力。作为一种根据矿种不同而课征的独特税费,矿业特许税费同其他根据财产价值征收的税费一样,非常适合于地方分配。政府日益注重将一部分源于矿产资源的财政利益分配给受影响的社区或地区。然而,这种关注远未形成一个趋势。许多国家仍然倾向于将征收的所有主要税费纳入一般预算资金,由中央或省级政府为了整体公共利益而公平合理地决定将资金用于何处以及如何支出。

下面是非洲、亚太和拉丁美洲三个地区有关矿业特许税费分配体制的事例。

(一) 非洲

在非洲,财政收入的分配方法和矿业特许税费的受益者千差万别。对于一般预算资金惠益的管理大多数是在国家层次上。这意味着矿业特许税费资金由于不具有一般预算资金的身份而不能进入国库,从而流入政府的财政收入库。南非是一个设立国库的国家的事例,其国库资金用于支付中央政府服务成本和分配给下级政府。莫桑比克的做法则有所不同,其矿业法规定一定比例的矿业特许税费直接缴纳给较低层级的政府。[6] 一些国家,例如加纳和纳米比亚,以分配为目的而建立了矿业发展基金。

1. 加纳

加纳已经建立了一项矿业发展基金,将部分矿业特许税费返回到直接受矿产开发影响的社区。在所征收的矿业特许税费中,20%要付给该基金。剩余收入继而在当地政府部门、土地所有者以及遭受矿业不利影响的社区之间进行分配。

2. 纳米比亚

纳米比亚也建立了一项矿业发展基金。不过,与加纳的基金相比,纳米比亚的支出具有更广泛的目标。纳米比亚的矿业发展基金使用有下列目标[7]:

(1)促进和支持矿业的各个方面;

(2)通过矿业多样化和促进经济联系,拓宽矿业部门对国民经济的贡献。

(3)为培训和教育设施以及有关项目的发展提供资金。

3. 南非

伴随新颁布的《矿产和石油资源开发法》[8],南非引入了另外一种替代性收入分配方法。尽管该法中没有条款规定较低层级的政府可以从矿业特许税费中受益,但是矿产资源所在地社区具有显著受益的可能性。

该法赋予这些社区一种获得对注册在其名下的土地或矿产资源的"优先权利"的选择权。[9] 这有效地给予了社区一种与矿产资源权利所有者相同的讨价还价能力,并促进了社区发展和其社会进步。为了获得一项优先权利,社区必须向矿产资源和能源部

---

[6] 莫桑比克《矿业法典》(2002年6月26日第14/2002号法律)。

[7] 纳米比亚1996年第19号法律。

[8] 南非《矿产和石油资源开发法》(2002年10月3日,2002年第28号法律,载于《政府公报》第448卷第23922期,2004年4月1日起实施)。

[9] 2002年《矿产和石油资源开发法》第104条。

门提交一项发展计划,发展计划可以很容易地获得五年续期。一项优先权利允许其持有人为了社区利益而勘探或采矿,或者,作为一种替代,将此权利出租给一家矿业公司,从而获得一项可以直接支付给社区的固定对价作为回报。

根据《(南非)弱势群体经济扶助》的规定,《矿产和石油资源开发法》总则在矿产所有权、采购、就业和将社区纳入矿场决策结构方面,给予弱势群体以优惠待遇。[10]

(二)亚太地区

在亚太地区,大多数政府把所有类型的矿业特许税费直接纳入国库,但是还有一些国家则采用了权力更为下放的方法。下面的事例来自中国、印度尼西亚、巴布亚新几内亚和菲律宾。

1. 中国

中国征收两种不同的矿业特许税费。第一种只纳入国家财政,被存入国库。第二种被称作矿产资源补偿费[11],由适当层次的中央政府、省级政府或市级政府征收。其中,所征收款项的50%上缴给中央政府,50%留给省级政府或市级政府。在民族自治区,这一款项的分配方案则为40%上缴给中央政府,60%由自治区留存。

2. 印度尼西亚

在过去的十年中,印度尼西亚已经大力着手实施下放税权。这种努力也对源于矿业部门的财政收入产生了影响。在该国现行法律下,源于包括矿产资源在内的自然资源的收入中,20%分配给中央政府,80%分配给地方。而后者进一步分为64%给行政区,16%给省级政府。[12]

3. 巴布亚新几内亚

在巴布亚新几内亚,政府按照《矿业法》[13]征收矿业特许税

---

〔10〕 2003年《南非采矿业广泛社会经济授权宪章》,可见于 http://www.dme.gov.za(2005-07-02)。

〔11〕 中国《矿产资源补偿费征收管理规定》(1994年第150号国务院令)。

〔12〕 印度尼西亚第25/1999号法律。

〔13〕 巴布亚新几内亚1992年《矿业法》。

费。该法规定,私有土地的所有者可以获得支付给其土地上的矿产租约的矿业特许税费总额的20%。实践中,付给土地所有者的份额可以超过20%,例如奥克泰迪(OK Tedi)和利希尔(Lihir)矿区就付给50%的份额。在国家核实并确认土地所有者的正当份额之后,矿业公司直接将款项支付给土地所有者,并将剩余部分缴纳给国家;这种做法有助于加快并确保向土地所有者付款。

4. 菲律宾

在菲律宾,根据制定法,对于来自其管辖地域内的矿产品消费税(也就是矿业特许税费)总征收额,地方政府部门享有40%的份额。[14] 这一部分数额的分配如下:20%分配给省,45%分配给市、镇,35%分配给小区(村或社区)。

(三) 拉丁美洲

在拉丁美洲,一些国家集中征收矿业特许税费,并且所征税费纳入一般财政收入资金,通过正常预算程序予以支出。然而有几个主要的矿业国家规定,应当将矿业特许税费分配给法律规定的各类实体。在阿根廷,个别州有权设征和收取矿业特许税费,并有权决定如何支出。在秘鲁,矿业特许税费由国家税务机关征收,然后将所征收款项根据特定的比例分配给制定法规定的主体。在巴西,矿业特许税费法也规定,应当向各类主体按照制定法上规定的矿业特许税费比例,支付款项,而且对于这些主体中的大部分,都是由矿场主向其直接支付。在任何把款项先缴给中央税务机关而供日后分配的体制中,都存在着一种固有的风险,即预算短缺的风险,所以,应当支付给其他主体的款项,即使法律作出了规定,也可能迟延支付或者得不到支付。在一些发展中国家,这已经是一个多次出现的问题。那些允许矿场主直接向权利主体支付矿业特许税费的国家则可以避免这一问题。

---

[14] 菲律宾《国内税收法典》(根据第8424号共和国法律《1997年税收改革法》修改)第287条。

1. 阿根廷

阿根廷宪法将矿产资源所有权赋予矿产资源所在的省份。该国宪法还赋予国会设征直接税的排他性权力,但是允许国会委托其他机关行使该项权力。由于认为矿业特许税费是应当支付给矿产资源所有者的一种补偿费,因此,设征和征收矿业特许税费的权力在阿根廷被授予给矿产资源所在省份。由于联邦政府具有促进国家利益的职责,所以,尽管省级政府拥有设定矿业特许税费率以及征收和使用矿业特许税费的权力,但是这项权力要受到联邦政府规定的最高税率不得超过3%这一制度的限制。[15] 其结果是,一些省选择设征3%的最高税费率,但还有其他一些省已经决定不征收矿业特许税费。例如,在卡塔马卡省,这一阿根廷的一个主要矿业省份,矿业特许税费率被设定为3%。在该省所征收的税费款项中,15%分配给矿业项目所在的市,用于资助当地的公共投资项目;剩余的85%用于资助该省其他地区或市的省级项目或公共投资。

2. 巴西

巴西宪法规定了税务主管机构。对于矿产资源,宪法还规定要确保州、联邦直辖区、市级政府以及联邦政府能够在各自的管辖范围内,获得矿产资源开采的"成果分享"。依据宪法,制定法规定一定比例的矿业特许税费应当支付给较低层级的政府和其他主体。[16] 具体分配规定如下:23%分配给州和联邦直辖地,65%分配给市,2%分配给国家科学和技术发展基金,10%分配给矿业与能源部。矿业与能源部应当在分配给它的10%中,将2%用于矿区的环境保护。[17]

3. 秘鲁

在秘鲁,省级和地方社区认为其未能参与矿业利益分配,由此

---

[15] 阿根廷《矿业投资法》(联邦法律第24.196号)。
[16] 巴西1989年12月28日第7990号法律。
[17] 巴西1990年3月13日第8001号法律。

产生的不满带来了政治压力,导致 2004 年设征了矿业特许税费。[18] 该矿业特许税费应当先缴给中央政府,而后分配如下:20%分配给开发所在的区(其中的一半分配给矿场所在地的社区);20%分配给开发所在的省;40%分配各省、区;15%分配给大区政府;还有 5%分配给矿场所在地区的国立大学。

正如前面所阐述的,在一些情况下,受影响社区可以直接分享矿业特许税费收入。然而,这样的事例是少数。与有权直接获得矿业特许税费相比,对于社区而言,更为普遍的是分享一种财产税,也就是以矿场资本资产的账面价值或市场价值作为课征基础的税费。在许多国家,社区和矿场之间并不存在直接的税收联系。

大多数矿业公司可能更倾向于把一部分应当缴纳的矿业特许税费指定分配给受影响社区。这是因为,矿业公司日益注重获得所谓的"社会经营许可证"以及在所受影响社区进行投资,而矿业特许税费提供了一套输送资金的相对简便的机制。在许多国家,对社区的直接投资(如投资于道路、学校、医疗援助和培训计划项目等)不得用于所得税方面的抵扣或扣除,但是几乎所有国家都允许矿业特许税费用于抵扣或扣除。

六、矿业特许税费对社会贡献的影响

尽管不征收、低税率和高税率矿业特许税费的支持者的观点各不相同,但是他们都认为矿业特许税费具有影响政治风险的可能性。[19] 当政府几乎不征收或根本不征收矿业特许税费时,从而导致国家福利惠及国外但并没有惠及国内民众,因此可能会招致政治上的不稳定。矿业公司可能认为过高的矿业特许税费将会阻碍矿场进行潜在的积极开发,从而产生不利影响。这些不利影响包括,例如,以各种形式表现的对受影响社区的贡献,为国民创造

---

[18] 秘鲁《矿业特许税费法》(第 28258 号法律)。
[19] 请读者参见本书第二章中关于征收矿业特许税费的理论基础的讨论部分。该部分探讨了公众对矿场以全社会的成本来富足自己的观点。

的就业机会,以及在北美背景下对"第一民族"*或者在非洲背景下对弱势群体经济的帮助。[20]

如果缺乏适当的立法和有效的政府管理,那么矿产资源开发将难以对社区产生积极性影响。基本上毫无疑问的是,矿业公司更喜欢向高效的政府管理缴纳税费,而这种政府管理能够向各个层次提供社会服务。但是,在发展中国家,这种情况很少如此;在发展中国家,情况是要求矿业产业为推动矿业经营地的社会进步而提供额外的资金。在不同的国家,矿业公司对社区项目资助的原因各不相同,从政府的强制性规定到矿业公司自愿贡献。这就使得矿业产业和股东投资者进入了不确定的领域,偏离了其核心经营活动。当矿业企业迁入新地区的时候,该地区对提高服务水平的期望就会增加,这就导致公司需要分配额外的资源来履行本来应当由政府履行的职能。对这种社会贡献的回报可以通过贡献所带来的政治稳定程度来衡量。换句话说,矿业公司获得了开展经营的"社会许可证"。表5.3展示了矿业特许税费法如何考虑社会贡献的事例。

政府能够做很多事情来缩小社区中存在的在期望值上的差距。矿业公司知道直接向社区支付矿业特许税费困难重重,而且可能完全容易导致政治上的不稳定。在这种情况下,政府可以通过帮助社区建立的适当机制,让社区与矿业公司相互沟通、证明其合法性、接受和管理矿业特许税费及其他社会贡献。重要挑战应该是需要确定下列事项:

(1) 哪些社区需要帮助?
(2) 谁将管理对社区的贡献?
(3) 谁来决定如何使用相关款项?

---

* 在北美洲,"第一民族"(First Nations)是指印第安土著居民。——译者注
[20] 南非矿业宪章和记分卡是对社会贡献和《(南非)弱势群体经济扶助》进行监管的一个例子。"南非采矿业广泛社会经济授权宪章的记分卡"(载于政府公报第470卷,第26661期),南非共和国比勒陀利亚,2004年8月13日。

表 5.3 社会贡献和矿业特许税费之间的关系

类型	加拿大西北新界	加纳	纳米比亚	巴布亚新几内亚	菲律宾	秘鲁	南非	坦桑尼亚
社会贡献:								
社会需求	是	否	是	是	是	是	是	是
政府愿意放弃矿业特许税费(由法律规定)	是	是	是	是	否[a]	否	是	是
矿业特许税费:								
直接向社区支付	是	否	否	否	是[b]	否	是[c]	否
向政府支付	是	是	是	是	是	是	是	是
关于分享的条款	是	是	否	是	是	是	否	否

资料来源: F. 卡伍德。

a. 适用较高的矿业特许税费。
b. 通过信托基金,最低贡献1%。
c. 通过社区持有优先权。

（4）矿业公司应该在多大程度上参与？

（5）矿业公司参与社区决策是否会导致公司的一种资助人心态，以及，这是件好事还是件坏事？

在大多数国家，适用矿业法中的综合环境标准已经成为一种基本规则。尽管国际上对社会贡献的理解并不相同，但是它已经成为联结发展举措和矿产资源开发权的常规做法。例如，在矿业公司申请矿业权时，加纳要求其提交一项招聘和培训加纳公民的详细方案。加纳建立了一项矿产资源开发基金，将政府源于矿业的部分收入返还到直接受此类活动影响的社区。在所征收的矿业特许税费中，20%被拨入该基金；这部分资金在当地政府部门、土地所有者和受矿业影响的社区之间进行分配。在纳米比亚，本国国民享有就业优先权，并且要求企业必须提供培训项目，从而确保技术和技能的转让。[21] 在南非，处于矿产资源开发阶段的矿场申请矿业权利时，必须一并提交社会计划、劳动力计划和工作计划。为了确保"记分卡"中目标的实现，南非通过年度报告的方式来监测这些计划的落实情况。在坦桑尼亚，社会计划、劳动力计划和在当地的采购计划反映着社会贡献。这些举措的实施旨在回应这一全球关注的问题，即，首当其冲地受到与采矿有关活动的影响的资源地社区获得的受益很少。然而，位置偏远的社区几乎不能提供适合于矿业就业的技能，而且在实践中，缴给中央政府的矿业特许税费几乎没有返还给受影响的地区，即便是在法律明确规定应当返还的情形下。

随着各国在其矿业制度中实施可持续发展原则，可以预计，未来规定社会贡献的立法有可能显著增加。对于是否遵从了工作计划、环境计划和社会计划，可以通过定期向公众和监管机构进行报告来衡量。遵从和报告似乎已经成为确保和衡量公司善治的主要

---

[21] 除了在1992年第33号法律《矿产资源法》中规定矿产资源开发权的条件以外，1992年《劳动法》、1994年《社会保障法》和1998年《扶持行动（就业）法》对劳动问题作出了规定。

手段。从理论上讲,这种情势是非常好的,但是,如果当地政府没有审查和解读这些信息的能力,在评估公司报告时不能采取适当的行动,这种方法则没有什么意义。

近些年来,良好的企业公民观受到了媒体极大的关注。根据南非的公司治理王牌委员会(King Committee on Corporate Governance)2002年的一份报告,可以将"企业公民观"定义为"考虑伦理价值,遵从法律规定,尊重人民、社区和环境的经营决策"。[22] 公司治理问题的提出,是公司在历史上漠视社区利益和环境的结果,并因公司追逐增加股东价值而加强。具体到矿业领域而言,对利润的追逐有时会留下以环境退化和社会衰退为特征的消极足迹,其程度到了已经引发采矿地政治动荡以及当地社区和政府的长期责任。公众对这种情况的强烈抗议以及政府面临的防止消极影响的持续压力,使得社区对其附近地区矿产的未来开发有了更大的话语权。如今,越来越多的国家通过法律(通常是在宪法层次上)来保障社区权利。遵从和善治问题已经被提升到这样一种程度,以至于王牌报告把这一论断作为善治的动机,即,"如果在一个市场中缺乏一种公司善治,那么资本就会瞬间离开这个市场"。

近来,矿业特许税费对社会贡献的影响问题在秘鲁表现得很明显。秘鲁的大坦博事件展示了那些认为其没有获得充分利益的社区阻止矿场开发的力量。受影响社区同矿场进行对抗的冲突策略包括封锁、示威以及全国性游行。尽管秘鲁政府实际上已经授权曼哈顿矿业公司(Manhattan Minerals)(一家加拿大矿业企业)进行矿场开发,但是大坦博社区在2002年6月投票反对矿场开发活动。[23] 除了抗议社区获益不足,抗议者还指出了社区成员的非自愿搬迁以及开发对环境的不利影响。秘鲁政府对此的回应是,通

---

[22] King Committee on Corporate Governance. 2002. "King Report on Corporate Governance for South Africa." Institute of Directors, Johannesburg, South Africa, 96.

[23] Amazon Financial Information System. Red List Risk Profile. http://www.redlist.org (accessed March 8, 2005).

过实施一项新的矿业特许税费法律和分配方案,减少与矿业项目有关的政治风险(参见附录 A1)。

为了提高企业增进社区利益的积极性,与矿业有关的环境问题经常被用作一项理由。一个广为传播的国际事例,是发生在印度尼西亚的纽蒙特公司的米纳哈萨拉亚项目。[24] 该项目受到很多指控,例如强迫村民搬迁、对村民赔偿不足以及对布雅湾的尾矿污染。尽管有关污染的指控尚未得到证实,但是可以得出的一个结论是:真正的问题在于人们所认为的社区获益不足,而这在很大程度上是由于期望未能实现造成的。纽蒙特公司在亚纳科查(秘鲁的一个金矿)也遭遇过类似情况。当地社区向纽蒙特公司提出的索赔范围,从因社区附近采矿活动而导致的水体污染和随之而来的鱼类死亡,一直到卖淫和犯罪所带来的社会状况恶化。这个问题的核心是基础设施和社会服务的不足。通常情况下,社区的基础设施和社会服务应当由政府来提供。但是,由于认为纽蒙特公司当初是通过讨价还价的方式以一个较低的价格获取了矿业权,而且没有包括后续用于支付改善受影响社区的政府服务的充足矿业特许税费,因此该项目遭到了抵制。纽蒙特公司(2004)表示,新的矿业特许税费制度将会注意这些问题。

一些法域的法律规定,当矿业特许税费威胁到公司的生存时,可以减征甚至免征该矿业特许税费。这可以解释为矿场的生存及其相应的社会贡献比矿业特许税费给政府带来的收入更为重要。在经济困难时期,牺牲应当收缴的矿业特许税费有助于避免被裁减矿场工人及其家属所引发的政治不稳定。但是,对此问题的另一种观点则是,由于不缴纳矿业特许税费所造成的政府财政收入不足可能会进一步削弱政府提供服务的能力,而这也可能会导致政治动乱。

矿业特许税费影响生产成本,而当期望矿场对社会发展作出

---

[24] 请参见本章参考文献中 M. 赖利(M. Riley)和 G. 格里芬(G. Griffin)(2004),以及 D. 科斯齐(D. Kosich)(2005)的著述。

贡献(这对矿场来说也是一种生产成本)时,社会经济贡献可能会由于矿场所获得的矿产品价格不足以支付这些生产成本而难以实现。这就产生了一个问题,即,国家应该如何在征收矿业特许税费和社区发展需要之间进行平衡？所需要的是这样一种更为灵活的制度体系,即,这种制度体系允许在给当地社区的利益分配和矿业特许税费征收之间作出某些权衡,从而使广大公众获益。

为了回答上面所提出的问题,可能有必要对下列问题进行重新评价：

(1) 对矿产资源收入请求权的传统层次体系,该体系目前有利于矿业特许税费的收取者。

(2) 计算矿业特许税费计征基础时的所允许的抵扣或扣除,该抵扣可能允许在计算应缴矿业特许税费之前将对社区贡献的数额予以抵扣或扣除。

(3) 为了包括社区贡献资助而提高矿业特许税费率,因之增加的矿业特许税费将由国家征收后拨入专门的社区基金。

(4) 在经济困难时期,免征矿业特许税费以支持矿场对社区的贡献。

七、对丧失棕地勘探竞争力的担心

勘探活动常常被划分为绿野勘探和棕地勘探。术语"绿野勘探"是指定位已知矿床以外的新的具有经济性的矿床的勘探活动。大多数勘探者认为棕地勘探活动是指在某个已知矿床内致力于扩大其储量,寻求将它延伸,或者寻找矿业权利区域附近与其相关的矿床。

除了在所应用的技术和方法方面存在差异以外,绿野勘探和棕地勘探在内部财务处理方面也可能存在差异。大公司通常将绿野勘探资金从采矿资金中分离出来,并且由于两者目的的不同而为它们建立相互独立的预算和公司。棕地勘探的资金通常来自于采矿公司及其预算,而不是来自于探矿公司及其预算。这种区分可能是非常重要的。附属性的勘探公司并不被指望获得利润,因为它们进行勘探而不生产。与此相反的是,附属的采矿单位却被指望赚取利润。矿业特许税费是矿业运营的一种直接成本,因此它会影响利润。当一个矿场经理面临展示利润的压力时(特别是当利润很低或者没有利润时,例如当矿产品价格下降时),他可能不愿意投资于棕地勘探活动。这种情况会导致新发现的储量变少,至少在短期内如此。然而,当预算分配在该公司的"母公司"层次上(在每个矿场经理的层次之上)进行时,因为棕地勘探活动成本更低而且风险低得多,所以在困难时期,公司几乎将总是牺牲绿野勘探活动的预算,而增加棕地勘探活动的预算。

自然的竞争力由自然的经济力量塑造,并且在传统上通过营运成本的影响进行衡量。矿业特许税费的上涨引起了现有矿场成本的增加。这让在矿产开发阶段就已经完成现金流预测的产业感到恐慌。如果上涨明显,绿野勘探活动几乎将立即会受到影响,因为投资决策(潜在的投资项目处于不同的矿业特税费法域)将喜欢成本最低的地区。但是,正在运营的矿场几乎没有其他选择,而且它们将不得不提高效率(以使成本降低),或者放弃扩张计划以及未来的勘探投资。在这一情形下,棕地勘探的竞争力就丧失了,这是因为,除非矿体的数量和质量能够弥补丧失的竞争力,否则将不会考虑新的棕地勘探机遇。总之,能够赚取的利润越少,在勘探活动上投入的资金就会越少。不过,设征新的矿业特许税费或者提高已有矿业特许税费,与绿野勘探相比,不太可能会削减棕地勘探,因为矿场的主要投资已经完成。

任何形式的矿业特许税费都将会降低棕地勘探的竞争力。从量型矿业特许税费可能在低价期间对棕地勘探产生巨大影响,这是因为这种税费对利润和价格的变化都不敏感。相比之下,从价型矿业特许税费产生的影响则较小,因为这种税费尽管对利润不敏感,但却会随着矿产价格而上下波动。从利型矿业特许税费对预算的影响程度将会最低。如果棕地勘探在纳税矿场的矿业权区

第五章 矿业特许税费对投资者、市民社会、市场和政府的影响　233

域内进行,几乎所有的国家都允许将棕地勘探费用视为已经发生的成本。

八、对税制稳定性和主权风险的认识

矿场代表着固定资本,它们一旦建成就很难移动。这意味着,相较于灵活且适合转移到一种更友好的税收法域的其他形式的投资来说,矿场更容易受到国家税收政策变化的影响。许多矿场的经营周期很长,因此能够减少公司财政脆弱性的制度体系能够打消公司的相关疑虑,尤其是在借贷和项目投资回收的期间。矿业投资者将会关心包括矿业特许税费在内的财政制度体系的稳定性,而且将财政制度体系的频繁变动视为对他们投资组合的一项风险。

然而,尽管财政稳定措施会吸引投资者,但是许多政府对于是否使用它们却犹豫不决。国家主权的一个基本信条是,当代的立法者不应该束缚未来的立法者。此外,税收稳定为每个产业所追求,因为它降低了财政的不确定性。如果向一个产业提供税收稳定的待遇,例如矿业部门,其他产业也将会寻求同样的待遇。

如果税制对所有种类的矿场都保持稳定,如此下去,将会产生一种行政管理上的挑战。随着基本税法的变化,每个得到税收稳定的矿场都将会拥有在达成税制稳定安排时的一种税制。这就意味着,在任一时点,不同的矿场将会是不同税收制度的调整对象,负责税收管理工作的政府机构在监督和执行每一税收制度时将会面临一种日益复杂的情况。

政府就这样处于一种左右为难的境地。一方面,税收稳定性安排提高了对矿业领域投资的潜力;另一方面,这种做法使得税收制度更为复杂,给行政管理提出诸多挑战。对于投资者和他们的贷款人来说,稳定性非常重要。许多国家(如阿根廷、智利、印度尼西亚、巴布亚新几内亚和秘鲁)已经成功地在其矿业部门维持了大量的外国投资,因为它们提供了保证稳定性的措施。

政府能够通过多种途径降低投资者对财政不稳定性的风险预期。最明显的方式是,规定这样一种措施,即,使整个财政制度体系或者它的一部分在某一特定时期内保持稳定。这种稳定性可以采用税收稳定协议的方式,或者由制定法的条款作出规定。[25] 下面两个方框中的事例分别来自蒙古和博茨瓦纳。蒙古事例的内容摘译自《蒙古矿业法》,它提供了这样一种方法,即,由基本税法和矿业法授权给适当的部长,由部长与矿产权利持有人订立一项财政稳定协议。

矿业法授权某位政府官员签订一项财政稳定协议的事例

《蒙古税收基本法》(1992年11月23日)第4条:

代表蒙古政府签订的一项稳定协议应当由主管财政事务的内阁成员在本法的框架内予以缔结。

《蒙古矿业法》(1997年7月1日)第4章第20条(稳定协议):

(1) 一项采矿许可证的持有者对其在蒙古的矿业项目进行投资,如果在其项目第一个五年内的投资额不低于200万美元,同时该采矿许可证持有者提交了签订一项稳定协议的申请,那么,政府应当通过财政部长签订这样一项稳定协议,为该采矿许可证持有者提供一种长期的环境保证。

(2) 稳定协议的形式应当经过政府批准,并且应当包括关于下列内容的条款:一个特定时间段内税率的稳定性,许可证持有者以国际市场价格出口和销售其产品的权利,执照持有者可以获得和处分经由这些销售活动所获得的硬通货的保证,以及关于采矿许可证持有者投资目的、数额和期限的条款。

(3) 在收到关于稳定协议的申请和草案后20个工作日内,财

---

[25] 至少在一些法域,长期税收稳定协议可能是不可强制执行的。关于这一问题的更完整的讨论,请参见奥托和科德斯(2002)。Otto, James, and John Cordes. 2002. "Chapter 4 Mineral Agreements." The Regulation of Mineral Enterprises: A Global Perspective on Economics Law and Policy. Westminster, CO: Rocky Mountain Mineral Law Foundation.

政部长应当决定申请者是否需要提供进一步的材料。如果财政部长决定无需提供进一步的材料,他应当和申请者订立稳定协议。

(4)如果对蒙古矿业项目的初始投资额不低于200万美元,稳定协议的期限可以是10年。如果初始投资额不低于2000万美元,稳定协议的期限可以是15年。

矿业法规定协议所明确的矿业特许税费条款优先于现行或未来矿业法规定的矿业特许税费条款的事例

博茨瓦纳1967年《矿山和矿产法》第53条:

(4)通过在《政府公报》上发布通知的方式,部长可以变更、修订或调整附录二中的任何或所有条款,其中包括矿业特许税费的计算方式是否与任何矿产的市场价值、任何矿业经营的盈利能力或其他事项有关……

(5)本条的任何内容并不导致本法施行之日前所订立的、并且规定以与附录二不同的某一税费率或某种计算方式缴纳矿业特许税费的协议不可执行;而且在这种情况下,应当按照协议中所规定的税费率而非附录二中规定的税费率缴纳矿业特许税费。

尽管一些国家采用正式的形式,例如上面提到的协议形式,对其某些或所有的税费予以稳定,但是大多数国家并不这样做。不过,还可以使用其他方法来降低因矿业特许税费的税费率以及计征方法的频繁或歧视性变动所产生的风险。

这些方式中的关键是用于确定矿业特许税费率的途径和决定税费基础的方法。一般而言,大多数国家采用两级立法的方法。第一级是经由选举产生的官员(议会议员或国会议员)制定的制定法;第二是经由任命的官员制定的行政法。例如,在许多普通法系国家或地区,涉及广泛事项的矿业法由议会法律予以创制,而包含实施细节的矿业附属法规则由主管矿业的部长颁布。与行政法相比,制定法往往更为稳定而且不易修改。

多数投资者会认为,制定法中规定的矿业特许税费率比附属法规或一项行政法令中规定的税费率更为稳定。同样地,对于用于计算矿业特许税费基础的确定,制定法规定得越详细,计算方法在短期内改变的概率就越小。在下面的尼日利亚事例中,矿业特许税费建立在行政法的基础之上,大多数投资者会认为其容易遭受风险。

对于从勘探或者采矿经营过程中获得的任何矿产,权利人都有义务缴纳可以由部长规定并在《政府公告》中予以公布的矿业特许税费。[26]

九、投资于何地

政府可以通过两种方式影响公司的投资决策。首先是使用一种积极的方式,也就是设计以提高竞争力、吸引投资以及或许在矿产资源储量不足的地区创造明显的竞争力为核心的政策[佩克(Peck)、兰兹伯格(Landsberg)和蒂尔顿,1992]。这种方式并不必然意味着不征税费或少征税费,毋宁说它包含恰当的政策来激励所期望的行为以及遏制不希望发生的行为。从投资的角度来看,政府可以影响投资决策的第二种方式或许是消极的,因为财政制度致使具有经济性的矿体变得不再经济,也就是说,政策妨碍了自然竞争力。

在决定向何处配置投资预算时,矿业公司确实有许多国家可供选择。在这一配置过程中,它们所使用的决策标准因公司不同而存在差异,但是大多数公司都将会考虑税费和其他因素。如果其他所有条件都相同,公司将会更喜欢到低税费的法域进行投资,当然,其他所有条件永久不会完全相同。许多调查研究和民意测验都证明了税费因素的重要性,而这表明税费因素确实重要、确实是投资者的考虑因素。

在1980年由东—西方研究中心的查尔斯·约翰逊(Charles Johnson)组织的一项对国际矿业公司的调查中,超过50%的受访者认为税收稳定性是六项关键的投资因素之一,其他五项因素分别

---

[26] 尼日利亚《矿产和矿业法令》(1999年第34号法令)。

是地质状况、租用权安全、利润汇回权利、管理控制以及股权控制。随后,在一项由联合国公布的调查中,对60项可能影响投资的因素,要求四十多个主要的以及初级的矿业公司根据它们在投资决策中的重要程度进行排序(参见表5.4)。与税费有关的四项因素跻身最重要的前20名;它们是盈利能力的衡量、预先确定纳税义务的能力、财政体制的稳定性以及税费的水平及方法。不过,这些调查中没有一项将矿业特许税费作为一项单独的指标予以考虑。

表5.4 矿业公司投资决策因素排名(来自60个可能的因素)

重要性排名		
勘探阶段	开采阶段	投资决策因素
1	不适用	目标矿产的地质潜力
不适用	**3**	**盈利指标**
2	1	租用权保障
3	2	汇回利润的能力
4	9	矿产政策的一致性和稳定性
5	7	公司享有管理控制权
6	11	矿产资源所有权
7	6	实际的外汇管理
8	4	勘探和开采期限的稳定性
9	**5**	**预先确定纳税义务的能力**
10	8	预先确定环境义务的能力
11	**10**	**财政制度的稳定性**
12	12	进行外部融资的能力
13	16	国家的长期稳定
14	17	已建立的矿场权利制度
15	不适用	应用地质评估技术的能力
16	**13**	**征费的方法和水平**
17	15	进出口政策
18	18	公司持有绝大多数股份的所有权
19	21	转让所有权的权利
20	20	境内(武装)冲突
21	14	允许建立的外部账户
22	19	现代矿产立法

资料来源:奥托,1992a。

1992年针对跨国矿业投资者的奥托—巴卡排名模式[奥托和巴卡(Bakkar),1992]表明,与矿业特许税费有关的问题都跻身于勘探和开采两个阶段排名的前10位因素。在开采阶段排名中,前5位的因素中有3项受到矿业特许税费的影响;它们是项目的盈利能力,矿业条款的稳定性,以及预先确定纳税义务的能力。

近些年来,菲沙研究所,一个位于加拿大的非盈利性机构,组织了一项年度调查(2005)。这项调查的一部分是询问公司:税费环境对于投资而言是激励因素还是阻碍因素。在2004/05年度的调查中,259个主要的和初级的公司作出了答复。表5.5包括了部分被调查法域的列表和调查对象的部分答复。同前面提到的两项调查一样,菲莎研究所的调查没有把矿业特许税费作为一项单独的税费因素。但是,需要注意的是,对于包含的主要是从利型矿业特许税费的那些税费因素,投资者认为是最有利的。表5.6按顺序列举了税费制度最具吸引力的前10个法域;在这10个法域中,有7个不征收矿业特许税费或其税收制度体系在某种程度上以利润为征税基础。

在界定什么可以造就一个"良好的投资环境"时,《世界发展报告(2005年)》认为,除了其他事项以外,一项良好的投资环境应当注重于将税费和政策的不确定性所引起的成本降低到最低限度。这一结论为《非洲发展报告(2003年)》所支持。《非洲发展报告(2003年)》提出了一项包括管理冲突、竞争力和腐败这三项关键因素在内的战略。一项适当的矿业特许税费制度将影响这三项因素中的一项,这就是东道国的竞争力。

在平衡潜在风险和回报方面,矿业特许税费能够发挥作用。如果矿业特许税费过高,那么它将减少回报;如果矿业特许税费不以盈利能力为计征基础,那么它就会产生一种不论盈利与否都需要缴纳税费的风险。在为其矿业部门设计财政制度的时候,政府需要注意的是,投资者在决定到哪里投资时将税费作为一项考虑因素。

第五章 矿业特许税费对投资者、市民社会、市场和政府的影响 239

表 5.5 菲莎研究所关于子公司对所选法域税费制度看法的调查

法域	基于地质和政策因素的吸引力评分（满分 100）[a]	税费制度调查反馈（占受访者总数的百分比）				
		鼓励投资	不阻碍投资	轻微阻碍	强烈阻碍	因税费制度而不会投资
非洲						
博茨瓦纳	27	11	44	22	11	11
加纳	61	14	57	7	14	7
南非	53	5	16	53	16	11
坦桑尼亚	41	9	55	9	18	9
赞比亚	55	17	42	17	17	8
津巴布韦	13	7	29	21	21	21
亚太地区						
中国	66	4	52	39	0	4
印度	46	20	50	30	0	0
印度尼西亚	58	6	44	19	19	13
蒙古	42	7	43	36	0	14
巴布亚新几内亚	56	13	47	20	7	13
菲律宾	46	13	44	44	0	0
澳大利亚						
新南威尔士州	52	17	61	17	0	6
北部地区	53	12	71	12	0	6
昆士兰州	67	10	65	20	0	5
西澳大利亚州	82	19	57	19	0	5

240　矿业特许税费

(续)

法域	基于地质和政策因素的吸引力评分（满分100）[a]	税费制度调查反馈（占受访者总数的百分比）			
		鼓励投资	不阻碍投资	轻微阻碍	强烈阻碍	因税费制度而不会投资
欧洲						
芬兰	45	8	38	46	8	0
俄罗斯	56	7	29	21	29	14
拉丁美洲						
阿根廷	65	14	54	21	11	0
玻利维亚	26	14	43	19	19	5
巴西	66	10	57	27	7	0
智利	77	25	53	19	3	0
墨西哥	71	7	54	33	7	0
秘鲁	74	8	39	26	17	4
委内瑞拉	32	13	39	26	17	4
北美洲						
亚利桑那州	63	3	71	23	0	3
不列颠哥伦比亚省	67	26	33	29	10	3
内华达州	98	29	56	13	2	0
西北地区	53	9	35	46	9	2
安大略省	81	22	45	30	3	0
萨斯喀彻温省	51	16	44	35	5	0

资料来源：菲莎研究所"2004/05年度矿业公司年度调查"中被调查法域详细的矿业特许税费信息，来自第64—65页表A6以及第49页图17。

说明：附表A1中含有表格中被调查法域详细的矿业特许税费信息。

a. 以地质和政策因素为基础的近似复合吸引力评分（满分为100分）。

第五章 矿业特许税费对投资者、市民社会、市场和政府的影响　241

表 5.6　所选法域中税费制度吸引力排名前 10 的法域

法域	认为税费制度具有吸引力的公司百分比	矿业特许税费制度（对于大多数非大宗矿产）
内华达州	29	从利型
不列颠哥伦比亚省	26	从利型
智利	25	无矿业特许税费
安大略省	22	从利型
印度	20	从价型
西澳大利亚州	19	从价型
新南威尔士州	17	从价型和从利型
赞比亚	17	从价型
萨斯喀彻温省	16	从利型和从价型
加纳	14	与利润挂钩的从价型

资料来源：菲莎研究所"2004/05 年度矿业公司年度调查"。

第二节　对市民社会的影响

来自市民社会的压力影响着政府对外国投资的态度，进而也影响着政府关于矿业特许税费的观点。政治家们正日益受到来自市民社会的压力，被要求其向全体选民提供证据，使选民确信矿产资源在以一种可持续发展的方式进行开发，而这种方式能够让当代人和后代人都受益。这就要求平衡两种相互冲突的事项：减少用于增强国家（或地区）竞争力的政府收入，确保矿产资源这种国家资产的损失能够获得充分的补偿。对矿业投资的需求需要一种能够让矿产资源开发者进行经营的政治和经济环境。奥托（1992b）研究过这种吸引外国投资的需要，并得出了发展中国家之间正在进行相互竞争的结论，而进行竞争的大多数原因是国内资金短缺。由于这种对外国资本的追求，国家或地区被迫向相对缺乏博爱精神的国际矿业投资者提供优惠的条款和条件。奥托发现，为了吸引矿业投资，一些发展中国家降低了它们的矿业特许税费率，而还有其他一些国家则根本不征收矿业特许税费。不征收矿业特许税费的国家有智利、秘鲁、南非和津巴布韦等。然而，从长期来看,这种情形可能对社会公众来说是不可接受的。当政治压力袭来之时,政府作出调整可能在所难免,因为市民社会将目睹到矿产资源这种国家资产损耗但却没有带来直接财政利益的情况。

政治家们改变这种公众认知的一种简单方法是提高营业额型特许税费。这可以解释为什么秘鲁最近引入了矿业特许税费,以及为什么智利、南非和津巴布韦已经启动了可能设征矿业特许税费的立法程序。根据政府对外国投资者的态度,税率可能具有竞争力(1%到3%,如在秘鲁),或者相反,极高(10%,如津巴布韦的拟议方案)。这样的行动已经导致投资者将像津巴布韦这样的国家标为具有风险的国家,因为投资者将矿业特许税费的随意变动视为"在游戏开始后改变游戏规则"。尽管矿业特许税费理论可以追溯到古代,但是由于市民社会不断变化的政治意愿,政府似乎仍然难以设计出恰当的模式。

矿业特许税费对矿场盈利能力的影响使其成为一项有力的财政工具,它在矿业部门既可以吸引投资也可以妨碍投资。当矿业公司的经济状况在任何时候发生变化时,过高或过低的矿业特许税费都会导致对税费率进行修改成为必要。起初,社会公众抱着社会将会获益的期望,欢迎对矿业部门的投资。但是,期望与现实之间总是存在差距,而从长远来看,这就会导致社会公众态度的变化。政府对此的反应则是,从低矿业特许税费或根本不征矿业特许税费转变为设征能够威胁公司经济状况的矿业特许税费水平。当这种情况发生时,边际矿场特别容易受到伤害。在无法保证投资能够获得收益时,股东们将不会进行投资。因此,作为对高风险的边际矿场进行投资的回报,股东们会要求在价格突然提高时能够获得一种更高的回报。为了这种平衡风险—收益关系,股东们需要预测因风险而贴现后的预期收益。这种预测的整体性取决于在项目周期内对各项经济参数和财政工具能够进行精确量化的程度。这也解释了为什么投资者愿意付给那些传统上具有稳定的税收和合理的矿业特许税费的国家以额外的利益。

一、对边际矿场的影响

在缺乏关于边际矿场概念的统一定义的情况下,人们可以通过参考矿产法中的具体规定,寻求指导。在南非《矿产和石油资源开发法》[27]第52条中就有这样的规定。它允许矿业权的持有者在矿场的盈利能力可能影响就业的情形下,通知矿产资源和矿业发展委员会。该条关于"边际"的解释如下:

52(1)(a)以连续12个月期间的平均值为依据,当经济状况导致相关矿场的利润-收入比低于6%时,或

(b)如果采矿作业规模缩小或者停止,有可能导致10%或以上的劳动力或者500名及以上的雇员,以较低者为准,在任何一个连续12个月的期间内遭到裁减。

如果要理解上述规定,应当将其与金矿的规模浮动税收计算公式的结构联系在一起。当评估年度的盈利率下降到5%以下时,该公式能够有效地免除矿场缴纳公司所得税的义务。南非根据规模浮动计算公式对金矿场征税,该公式通过盈利程度来确定税率。这一公式具有矿产资源经济租金税的某些特征(虽然它并非为此设计),因为它试图在黄金价格处于高位时获得超额利润。这一公式采用以下形式:

$$Y = a - (ab/X)$$

其中:Y = 税率,以应税所得额的一个百分比表示

a = 边际税率(常数)

b = 免税收入部分(常数,目前是5%)

X = 利润-收入比

在坦桑尼亚,对边际矿场的理解也与盈利能力有关。该国《矿

---

[27] 南非《矿产和石油资源开发法》(2002年10月3日,2002年第28号法律,载于《政府公报》第448卷第23922期,2004年4月1日起实施)。

业法》规定,在现金营业利润(总销售收入减运营成本)降低而低于零时,可以少缴、免缴或缓缴矿业特许税费。[28] 无论边际矿场的准确含义是什么,在某些情况下,许多国家更愿意避免矿场关闭的风险及其影响,并且允许减轻矿业特许税费的负担(参见第三章中的具体事例)。虽然在产业经济中矿场关闭可能是一个无关紧要的事件,但是在矿业在经济中占主导地位的国家,政府将会确保边际矿场的定义能够对失业的突然增加进行早期预警。

与其他形式相比,某些形式的矿业特许税费对边际矿场的影响较小。例如,澳大利亚的北部地区通过根据净价值征收矿业特许税费的办法,来调节矿业特许税费对边际矿场的影响。通过允许在计算矿业特许税费数额之前扣除运营、资本和勘探的成本,这一税费制度体系自动地降低了对边际矿场的影响。在实行从利型矿业特许税费之外,该制度体系还允许在特殊环境和事件下的额外减征。[29]

矿业特许税费对边际矿场的投资者如此重要的原因在于下列因素:矿业特许税费对边界品位和固定成本、运营成本的影响,它在利益链请求体系中的重要地位[30],以及营业额型矿业特许税费和有效税率之间的正相关关系。所有这些问题都具有让一个矿场从利润微薄变为亏损的潜在可能性。图 5.1 以南非案例研究论证了营业额型矿业特许税费和有效税率之间的正相关性。鉴于大型金矿平均雇工超过 10000 人,关闭矿场对当地的潜在影响是十分严重的。因此,为了开发这些深层矿体,有必要建立一种经过深思熟虑的矿业特许税费制度。南非政府意图对金矿业部门额外收取 3% 的矿业特许税费,这引发了一场争论,而这场争论为评估矿业

---

[28] 《矿业法》(1998 年第 15 号法律)第 87 条,1998 年 7 月 1 日签署。
[29] 关于 1982 年《矿业特许税费法》第 10(2)条,请详参附录 A1。
[30] 请参见奥托和科德斯(2002)的详细解释;Otto, James, and John Cordes. 2002. "Chapter 4 Mineral Agreements." The Regulation of Mineral Enterprises: A Global Perspective on Economics Law and Policy. Westminster, CO: Rocky Mountain Mineral Law Foundation。

特许税费对边际矿场影响提供了一起极好的案例。因此,当前来自于南非的经验教训对于国际上关于设计利益平衡的矿业特许税费制度的探索,益处颇多。

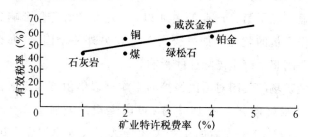

图 5.1 南非矿业特许税费与有关税率之间的关系
资料来源:卡伍德和麦克法兰(Macfarlane),2003。

在进行一项探讨矿业特许税费对边际矿场的影响的研究中,矿业产业的观点是非常容易预见的,而且,它主要集中在下列事项:

(1)鉴于"支付能力"原则,矿业产业明显偏好一种从利型矿业特许税费。

(2)当收入型矿业特许税费提高采矿税费的缴纳限额时,矿业企业害怕丧失棕地勘探竞争力。一项采用2002年公布的真实信息的调查显示,南非拟议的对黄金征收3%的矿业特许税费将会增加平均3.7%的运营成本;边界品位从4.0克/吨提高到4.2克/吨;储藏量从16250吨减少到15650吨;未来40年平均每年减少1.6亿兰特的产值(南非矿业商会,2003)。

(3)矿业企业害怕失业将会引发其与工会之间的敏感性谈判。

二、对失业的影响

不同项目之间,每个矿场的工人数量差异显著。一个劳动密集型矿场可以提供10000个以上的工作岗位,但是大型的资本密集型矿场可能仅雇用不到100名工人。这给人的第一印象是,资本密集型项目对失业的影响并不显著。从全国的失业率看来,这可能是正确的。然而,由于资本密集型产业严重依赖于第二产业以实现高效运营,所以间接失业的乘数效应对个别社区的影响能够非常明显。除了第二产业的失业以外,关闭矿场还会影响到公司总部工作人员的就业。如果公司总部在另外一个国家,那么地方的矿场关闭将会产生国际性的影响。

大型矿场的关闭对国民经济的影响可以借由英国煤矿部门的实例得以很好阐释。在1981年,英国煤炭产业雇工229000名。1984年—1985年争端后的矿场关闭导致了大规模解雇。20年后的今天,这些遭解雇的煤矿工作中的90000个岗位仍然没有被其他经济部门所替代(英国广播公司,2005b)。如今,英国的情况相当敏感,以至于关闭一个雇用劳动力相对较少的矿场也会招致公众的极大负面评价。例如,当只有340个工作岗位的埃林顿煤矿(Ellington Colliery)宣布其将于2005年1月关闭的打算时,全国矿工联盟的回应是:"在这样的问题上玩安全游戏完全是荒谬的"(英国广播公司,2005a)。在澳大利亚,必须将矿业失业置于其他所有行业失业的背景下予以考虑。根据世界社会主义网站[库克(Cook),1999)]所载,澳大利亚矿业部门在18个月中失去3000多个就业岗位导致了1999年的示威游行。据估计,澳大利亚一个煤矿每失去一个岗位,就会直接导致当地社区失去另外三个岗位[马厄(Maher),1999]。关于矿业失业对其他部门裁员的影响,美国新墨西哥州的菲尔普斯道奇矿业公司最近进行了一项调查。研究发现,每裁掉矿业运营中400名工人的决定将会导致冶炼行业失去250个工作岗位,格兰特县损失300个当地就业岗位,还会在全国范围内导致损失额外的950个工作岗位[莫菲特(Moffett)和霍尔(Hall),2001]。

矿业特许税费不仅有可能导致大型矿场失去工作岗位,对小型矿场也会有影响。因此,一项矿业特许税费制度还应该考虑小型矿场部门。许多国家都非常重视小型矿场在提供就业机会方面的重要意义。菲律宾在其公布政策中,声明了在就业需求与分部门对一项公平矿业特许税费制度的需求之间进行平衡的重要性[31]:

> 谨此声明……为促进、发展、保护……能够独立发展的小型矿场……以创造更多的就业机会和规定对国家财富的一种公平分享。

这种平衡往往通过为小型矿场矿业部门提供宽松的条件和特许税费的减免来实现。

三、政治不稳定

当高税费率导致失业,进而引起受影响社区的经济困难,乃至最终导致依赖于采矿业的经济体的贫困水平提高时,矿业特许税费似乎具有影响政治稳定的可能性。在贫穷国家,受信托管理国家矿产资源财富的政治家们的动机更容易受到质疑。如果政府不能引入从根本上变革这种状况的机制,那么,社区的动荡可能会逐步恶化,引起国家政治上的不稳定。

从量型、从价型或收入型的矿业特许税费都包括这些缺陷,即,对所要求投资回报的消极影响,增加采矿成本,以及,从长期来看,撤回投资的可能性,导致经济活动减少以及引发裁员。就对采矿成本的影响而言,它对矿场盈利能力具有立竿见影的效果;而对于边际矿场来说,其效果就可能是失业。矿业特许税费的增加提高了税费缴纳的限额,导致边际储量不再具有经济上的开发价值,从而缩短了现有运营的周期。由于矿场希望平安度过困难期,所以这种状况可能导致储量得不到最优利用的生产决策。这种非最优策略的一个事例是,为了满足金属含量指标的条件,长期在一种较高的品位上开采较少的数量。南非矿业商会(2003)已经评估了这种情形。图5.2清楚地表明,失业人口随着矿产产量的减少而

---

[31] 1991年第7076号法律的第2条,请详参附录A1。

增加。不可避免的裁员以及随之而来的失业率提高,可能会成为政治不稳定的一种催化剂。

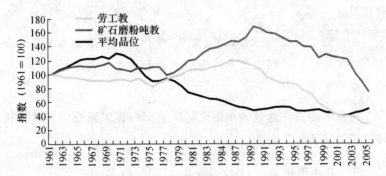

图 5.2 南非黄金矿场劳工人数、矿石磨粉吨数以及磨粉矿石的平均品位
资料来源:南非矿场商会 2005 年提供的数据。

矿场关闭的后果之一是出现政治不稳定的可能性,这促使南非政府通过《矿产和石油资源开发法》第 52 条,对有关矿场关闭的调查作出了立法上的规定。该条的内容如下:

> (2) 在与有关的权利持有人进行协商后,矿产资源和矿业发展委员会必须调查,
> 　(a) 相关情势……以及
> 　(b) 因此而可能产生的社会—经济以及就业方面的影响,
> 并向主管部长提出建议。
> (3)(a) 主管部长可以……以书面形式指示有关的矿业权持有人按照其有权决定的条款和条件采取矫正措施。

总之,在为一个国家设计矿业特许税费制度时,细致地平衡矿业各种利益相关者的期望是非常重要的。这些利益相关者包括希望从国家矿产资源的消耗中受益的公民,他们在公共机构里的代表(这些代表必须设计一种平衡的方法),要求有利投资环境的矿业企业,代表着生活来源依赖于该产业的人们的劳工组织,以及潜在投资者(必须使其确信投资回报和承受风险相一致)。

第三节　对市场的影响

本节研究矿业特许税费对矿产品市场的影响,包括其对矿产品价格、生产国、其他矿产材料、二次生产以及下游矿产品消费企业的影响。

一、矿产品价格

对于矿业企业来说,矿业特许税费是生产成本的一部分。其结果是,新设或提高矿业特许税费通常会导致生产成本的增加,因此,市场供给曲线会呈现出一个向左或向上的走势。反过来,这一走势又提高了市场均衡价格,减少了市场的均衡产量。不过,也可能存在例外。

在企业利用市场力量、通过运用生产者价格或其他机制在其最优水平上设置市场价格的商品市场上,新设一种矿业特许税费可能不会改变企业的认知。即使公司现在必须向政府缴纳矿业特许税费,它们也可能维持同样的价格。

即便在公司没有定价力量的竞争性市场上,新设一种矿业特许税费或许也不会改变市场价格。在这种市场上,产业边际成本曲线决定着市场供给曲线,市场供给曲线与市场需求曲线的交点决定了均衡价格和均衡产量。因此,在一个没有边际矿场的国家,其设征的矿业特许税费将只会改变边际内矿场的成本。这会改变产业供给曲线的形状,但是不改变该曲线和市场需求曲线相交的区域。第二章中的图2.4就说明了边际内矿场(A至F)和边际矿场(G)的成本情况。如果一种矿业特许税费增加了矿场A到矿场F的成本,但是矿场G的成本却没有增加(这可能是因为矿场G在另一个国家),市场价格保持不变。

尽管如此,不过,矿业特许税费通常确实会提高矿产品的市场价格。无论是从短期来看还是从长期来看,这都是事实,因为对于矿业企业来说,矿业特许税费是对其产出征收的一种费用。

二、矿业生产国之间的竞争

矿业特许税费能够以两种重要的方式改变矿业生产国之间的竞争。首先,正如本章一开始就讨论的那样,它们影响着矿业生产国投资环境的吸引力。然而,矿业特许税费只是影响矿业国吸引新投资的能力的众多变量之一,因此,不夸大它们的总体影响是非常重要的。一个国家的地质潜力、政治稳定性以及整体税收制度似乎与矿业特许税费一样重要,甚至更为重要。

其次,通过改变正在运行的矿场的生产成本,矿业特许税费能够在短期内影响生产者的竞争力。如第二章的图 2.2 所示,矿业特许税费可以改变相对成本曲线上矿场的排列和位置。如果矿场 A 和 C 在智利,智利政府设征矿业特许税费将会提高这些矿场的平均可变成本。如果大幅度提高矿业特许税费,矿场 B 和 D 以及 E 可能随之会有一个相对较低的平均变动成本,从而移动到矿场 A 和 C 的左边。如果市场价格下降,那么矿场 A、C 将在短期内缺乏竞争力,因而更容易遭受关闭的风险。

三、与其他矿产材料之间的竞争

在许多最终用途领域,金属与其他矿产材料之间存在相互竞争。饮料容器市场或许为这种竞争提供了最为生动的例子。历史上,玻璃、钢铁、锡、铬、铝和塑料曾经争夺软饮料和啤酒的首选容器的特权。在通讯电线、管线和汽车散热器市场上,也存在着类似的事例。

矿业特许税费对各种矿产材料之间竞争的影响只限于其改变了这些材料间的相对价格。如果新设矿业特许税费对某种矿产品的市场价格影响甚微,或没有影响,那么这也应该不会影响或者基本不影响该种矿产品与其他材料相竞争的能力。如果情况并非如此,也就是说矿业特许税费对市场价格影响明显,那么,对于该种矿产品与其他矿产材料之间的竞争,新设矿业特许税费就是短期和长期的影响因素。在个别的最终用途领域,生产者能够迅速而容易地转向替代材料,以回应相对价格的变动。例如,为应对铝墙板价格的上涨,建筑企业可以用木制墙板或复合墙板代替铝墙板来建设居住用房。同样地,有时候也可以在特种钢的生产过程中多用一点铁合金来代替其他合金,而且仍然可以保持合金的重要作用。不过,现有的实证资料表明,至少相对于较长期的影响,这种短期回应似乎是比较温和的(蒂尔顿,1983,1991)。

材料的替代常常要求新的生产设备,而且需要对职员进行重新培训。这些改变需要花费时间,而且所需费用高,所以,只有在确定新的价格水平会维持不变时,才会采取这样的变动。较高的价格还强有力地激励着新技术的研发,而新技术则为替代价格不太贵的矿产材料创造了机会,进而以其他方式减少了对成本较高矿产材料的需求。

因此,尽管矿业特许税费可以明显地影响一种金属与其他金属之间以及其他矿产材料之间相互竞争的能力,但是,这种情况的实际发生与否取决于矿业特许税费对市场价格的提高程度。

四、与二次生产之间的竞争?

初次生产商和二次生产商都供应矿产品。初次生产商从事矿石开采和对开采出来的矿石的加工。二次生产商则通过循环利用在新产品生产过程中产生的金属废品和其他废旧材料以及通过回收到达经济寿命终期的消费商品和生产者商品,向市场供应二次商品。就像矿产品的初次生产商既在相互竞争也会与替代材料的生产商竞争一样,它们也会和二次生产商进行竞争(蒂尔顿,1999)。

很多人相信,从长期来看,在矿产资源的损耗导致初次产品的成本增加时,二次生产商将会更具竞争性,但是,几乎没有证据能够表明这种情况已经发生(蒂尔顿,2002)。尽管资源消耗已经渐渐地迫使初次生产商开采品位更低而且质量较差的矿床,但是对于几乎所有的矿产品来说,随之而产生的初次产品实际成本增加的趋势都已经被新技术带来的成本降低的效果所抵销。因此,初次产品占总产量的比重并没有随着时间推移而呈现出一种系统化的下降趋势。此外,对于出现成本下降的情况,大部分可以解释为其他因素所致。例如,铅产业近些年来二次生产的增多,在很大程度上是由于对健康和环境的关切而推动制定的政府规章的实施结果。

由于矿业特许税费增加的是初次生产商的成本而不是二次生产商的成本,人们可能会认为,在二次生产商之间会出现以牺牲初次生产商为代价的,更为激烈的竞争。然而,这种情况仅在矿业特许税费提高市场价格时才会出现,不过,市场价格可能不会提高。即使矿业特许税费确实提高了市场价格,其对初次生产商之间竞争的负面影响还取决于价格提高的幅度。一种小幅度的或者些许的提高只会对初次生产商和二次生产商之间的竞争产生很小的或不太大的影响。

五、对矿产品下游产业的影响

矿业特许税费也会对那些消费受影响矿产品的企业产生影响,尽管这也取决于矿业特许税费是否引起了它们所使用的矿产材料的市场价格的提高。即使矿业特许税费确实导致了市场价格的提高,在大多数情况下,这也会由于数个原因而对消费企业影响甚微。首先,在许多情况下,由于矿业特许税费引起的价格上涨不是太大。其次,下游企业有时会通过使用便宜一些的替代材料来减轻不利影响。再次,在对下游企业的产品需求于价格变化方面高度不敏感的情形下(即刚性需求的情形下),下游企业能够以更高价格的方式将增加的成本转嫁给它们的客户。当然,也存在例外,而且有时矿业特许税费对下游企业的影响是非常巨大的。

第四节 对政府和东道国的影响

本节探讨矿业特许税费对政府和东道国的整体影响。首先研究两个主要的宏观经济问题,然后讨论其他问题。

一、对经济增长和经济稳定的影响

在全国层面上,宏观经济领域主要集中在经济表现的两个方面,即,经济的长期增长与发展以及短期周期性波动。

(一)对经济增长与稳定的影响

澳大利亚、加拿大、芬兰和其他几个发达国家属于世界上主要的矿产品生产国和出口国。对于这些国家,人们即便不是一致认为也是普遍认为,多年来,矿业和矿产资源加工业已经对经济增长和发展作出了积极贡献。

然而,颇有争议的是矿产资源在发展中国家经济增长和发展中的作用。一些跨国比较研究已经发现,在过去的几十年中,矿产品出口国普遍表现不佳。[32] 在某些情况下,实际人均收入事实上已经下降。即使是在实际人均收入增长的地方,其增长一般也低于其他处在同等发展水平但其经济不依赖于矿产品生产和出口的国家。根据这些发现,可以得出这样一项结论,即,资源是个诅咒。在该结论的支持者中,一些人甚至提议发展中国家停止矿产品生产,把它们可能拥有的任何矿产资源都保留于地下。

当然,对于这样的建议并不是没有争议的。持相反观点的学者质疑经验证据所确立的对矿产资源依赖性和经济增长之间因果关系的程度。他们还质疑实证研究结果能够在多大程度上推广到其他时段,尤其是推广到未来。他们也不同意依赖矿产资源可能

---

[32] 尤其请参见本章参考文献中杰弗里·萨克斯(Jeffrey D. Sachs)和安德鲁·沃纳(Andrew Warner)的著述。

会导致经济增长放缓的可能原因。

虽然关于资源诅咒的争论远未结束,但是在以下三点上却正在逐渐达成一致。第一,矿产品的生产和出口确已促进了一些发展中国家的经济增长。智利和博茨瓦纳经常被引以为例。第二,矿产品的生产和出口也阻碍了一些发展中国家的经济增长。只是造成这种情况的原因还未完全明晰,但是可能的解释是矿产品生产创造的财富加剧了内乱、腐败和其他反增长活动。刚果民主共和国常常被作为这一类国家的范例而援引。第三,丰富的矿藏为发展中国家提供了机遇,但是有些国家把握住了机遇而有些国家却没有。对第三点达成的共识十分重要,正如戴维斯和蒂尔顿(2005)所指出的:

> 这意味着,在发展中国家,对所有矿业活动实施一项统一的政策是不可取的。恰当的公共政策问题不是我们应不应该促进发展中国家的矿业发展,而是我们应该鼓励矿业在哪里发展以及如何能够确保其尽可能多地对经济发展和扶贫作出贡献。

以上讨论表明,对于经济增长和发展,矿业特许税费可能有积极的影响,也可能有消极的影响。当矿业特许税费导致整体税收水平高于最佳税收水平时(参见图2.1),会造成对国家矿业部门投资的减少,继而会减少从矿业部门流向政府的租金和其他机遇。在整体税收水平低于最佳水平的国家,或者,换句话说,在没有能力很好地抓住其矿业部门创造的机会的国家,就是恰好相反的情况。

(二) 经济的周期性波动

与商业周期有关的经济短期周期性波动是在宏观经济领域要探讨的国民经济表现的第二个主要方面。在出口矿产品的发展中国家,其出口产品的需求波动很大程度上驱动着它们经济的周期性波动。相应地,出口产品的需求波动又是由发达国家以及近些年来个别发展中国家(如中国)的商业周期所决定的。当发达国家经济繁荣的时候,对矿产品的需求就会大幅度上升。之所以存在这种联系,是因为大多数矿产品消耗于这样一些经济部门,即,商业周期内的产值以一种非常明显的方式随着国内生产总值的变化而变化的经济部门,例如耐用消费品、资本货物、运输业和建筑业。当国内生产总值增长3%时,建筑部门或资本设备部门可能会增长10%。

在大多数矿产品生产国的经济中,由于外部力量在很大程度上是造成短期波动的原因,人们可能会认为矿业特许税费无论对加强还是减小这样的波动没有影响或者影响甚微。虽然在很大程度上这种观点是正确的,但是重要的是要注意,从量型和从价型矿业特许税费是商业周期内政府相对稳定的收入来源。只要矿场继续生产,政府就会从矿业特许税费中获得收入。这不是企业所得税那种形式。当国内经济和世界经济衰退时,矿产品价格会趋于下降。其结果是,由于产量和价格都处于低迷状态,所以公司的利润,继而政府从企业所得税中获得的收入都会下降。的确,在这样的时期,企业利润往往会蒸发。

相应地,出口矿产品的发展中国家因征收从量型和从价型矿业特许税费,获得了其矿产部门中比重相当大的收入,使其在商业周期中享有一种更为稳定的收入流。特别是在商业周期的低迷期,相对于矿业特许税费只占矿产收入不太大的一部分或者不占份额的情况来说,它们会享有更多的收入。这样,这些国家能够将更多的开支用于国内,特别是用于遭受经济衰退打击最严重的地区。这些开支可以帮助减轻全球经济衰退对国内经济的影响。

二、对宏观经济的影响

矿业特许税费能够对政府和东道国的宏观经济产生多重影响,包括对私人投资环境和风险分担的影响。

(一) 私人投资环境

本章一开始已经在某种程度上详细地探讨了矿业特许税费能

够对国内私人投资环境产生的影响。因此,这里只需简单提及。特别是对于出口矿产品的发展中国家,国内投资环境可以极大地影响这些国家吸引外国资本和技术的能力。相应地,这对经济的长期增长和发展具有重大的意义。

(二) 风险分担

即使预期收入可能相同,相对于倚重公司所得税的税费制度,那些倚重从量型和从价型矿业特许税费的税费制度往往可以产生更稳定的和更确定的收入流。所以,除了可以影响政府所获得的预期租金份额以外,矿业特许税费还可以向私人投资者和生产者转移更多的与矿业和矿产品生产有关的经济风险。尽管从私人投资者的角度来看,这可以减少投资风险,但是如果政府愿意接受更小的与矿产项目有关的预期租金份额(从而弥补私人投资者增加的风险),情况就并不需要如此。

这就提出了一个有趣的问题,即,谁应该承担与矿业投资和生产相关的主要风险,是政府,还是私人投资者,抑或第三方主体。在因价格不稳定而导致利润波动的情形下,风险不可控,再加上其他类型的经济风险,这个问题的答案取决于这三方的哪一方对风险厌恶的水平最低。因此,人们通常会认为承担者应该是私人投资者或第三方主体,比如说投资于期货或其他金融衍生工具的投机商。在可以完全或部分地控制风险的情形下,能够影响风险的一方通常处于承担风险的最佳地位。例如,就税费制度某种变化的可能性而言,因为政府控制着这一风险,所以相对于私人公司而言,政府很可能会有一种更低的风险贴现率。因此,将这一风险转移给政府的机制可能会比较适宜。

参考文献

African Development Bank. 2003, *African Development Report 2003: Globalization and Africa's Development*. Oxford: African Development Bank and Oxford University Press.

Amazon Financial Information System. Red List Risk Profile. http://www.redlist.

org(accessed March 8,2005).

Australian Bureau of Statistics. 2005. "Mineral and Petroleum Exploration, Australia." Table 5. Mineral Exploration (Other than for petroleum)-Expenditure by Mineral Sought. http://www. abs. gov. au (accessed March 25,2005).

BBC News(UK). 2005a. "Mining Job Losses Not Replaced." BBC. http://news. bbc. co. uk/2/hi/uk _ news/england/tyne/4208195. stm, January26, 2005 (accessed March 21,2005).

BBC News(UK). 2005b. "Jobs Lost After Flood Wrecks Mine." BBC. http://news. bbc. co. uk/1/hi/wales/4317517. stm, March 4, 2005 (accessed March 21,2005).

Cawood, F. T. 1999. "Determining the Optimal Rent for South African Mineral Resources." PhD diss., University of the Witwatersrand, Johannesburg, South Africa.

Cawood, F. T., and A. S. Macfarlane. 2003. "The Mineral and Petroleum Royalty Bill." *Journal of South African Institute of Mining and Metallurgy* 103(4): 213—32.

Chamber of Mines of South Africa. 2003. "Memorandum to the National Treasury on the Draft Mineral and Petroleum Royalty Bill." Submission by the Chamber of Mines of South Africa, Johannesburg.

Cook, T. 1999. "Job Losses Mount in Australia as Company Profits Rise." World Socialist Web site. http://www. wsws. org/articles/1999/mar1999/jobs-m03. shtml, March 3, 1999 (accessed March 21,2005).

Davis, Graham A, and John E. Tilton. 2005. "The Resource Curse." *Natural Resources Forum* 29(3):233—42.

Fraser Institute, The. 2005. "Annual Survey of Mining Companies 2004/2005." Fraser Institute, Vancouver, Canada,64—65.

Fraser, Rob. 1999. "An Analysis of the Western Australian Gold Royalty." *Australian Journal of Agricultural and Resource Economics* 43(1):35.

Johnson, Charles. 1980. "Ranking Countries for Minerals Exploration." *Natural Resources Forum* 14(3):175—185.

King Committee on Corporate Governance. 2002. "King Report on Corporate Governance for South Africa." Institute of Directors, Johannesburg, South Africa.

Kosich, D. 2005, "Buyat Bay Doctor Recants Toxic Claims." http://www.mineweb.com (accessed February 15, 2005).

Maher, T. 1999. "Encouraging Response to Our Public Campaign to Save Jobs" Common Cause. http://www.cfmea.asn.au/, April 1999 (accessed March 21, 2005).

Moffett, M., and D. W. Hall. 2001. "Losing More Than Copper: An Analysis of the Impact of Recent Layoff Announcements on New Mexico's Economy." New Mexico Department of Labor. http://www.dol.state.nm.us/, November 29, 2001 (accessed March 21, 2005).

Nappi, Carmine. 1979. *Commodity Market Controls: A Historical Review*, 123. Lexington, MA: Lexington Books.

Nappi, Carmine. 1992. "Alunminum." In *Competitiveness in Metals: The Impact of Public* Otto, James 2004. http://www.newmont.com (accessed March 8, 2005).

Otto, James. 1992a. "Criteria and Methodology for Assessing Mineral Investment Conditions." In *Mineral Investment Conditions in Selected Countries of the Asia-Pacific Region*. United Nations ESCAP.

Otto, James. 1992. b "International Competition for Mineral Investment: Implications for the Asia-Pacific Region." In *Asia Pacific Resource Development: Mining Policy Directions*, ed. Peter Crowley. Vancouver: Pacific Economic Cooperation Council, Minerals and Energy Forum.

Otto, James. 1995. "The International Competition for Mineral Investment-Implications for Africa". Institute of Mining and Metallurgy Namibian Section, Windhoek.

Otto, James. 2001. "Fiscal Decentralization and Mining Taxation." World Bank Group Mining Department, Washington, DC.

Otto, James. 2002. "Materials for a Workshop on the Position of the Papua New Guinea Tax System as Compared to Mining Taxation Systems in Other Nations." Prepared for the PNG Department of Mining and the World Bank.

Otto, James, and P. Bakker. 1992. *Mineral Investment in Asian Regions-A Checklist for Success*. CPMLP Professional Paper Series. SPI ISBN 0 906343 51 8, 8pp.

Otto, James, and John Cordes. 2002. "Chapter 4 Mineral Agreements." *The Regulation of Mineral Enterprises: A Global Perspective on Economics Law and Policy.* Westminster, CO: Rocky Mountain Mineral Law Foundation.

Otto, James, John Cordes, and Maria L. Batarseh. 2000. *Global Mining Taxation Comparative Study*, 2nd ed. Golden, CO: Institute for Global Resources Policy and Management, Colorado School of Mines.

Peck, Merton J., Hans H. Landsberg, and John E. Tilton, eds. 1992. *Competitiveness in Metals: The Impact of Public Policy*, 212—41. London: Mining Journal Books.

Riley, M., and G. Griffin. 2004. Denver Post Newmont Series—"Shadowy Figures, Deals Marked Mine Battle," pt. 1, and "Fighting Back," pt. 2, December 3, 2004. Circulated on glomin@jiscmail.ac.za, CEPMLP, University of Dundee, Scotland (accessed December 14, 2004).

Roger, Christopher D. 1992. "Tin". In *Competitiveness in Metals: The Impact of Public Policy*, eds. Merton J. Peck, Hans H. Landsberg, and John E. Tilton, 242—65. London: Mining Journal Books.

Sachs, Jeffrey D., and Andrew Warner. 1997. "Sources of Slow Growth in African Economies." *Journal of African Economies* 6(3):335—76.

Sachs, Jeffrey D., and Andrew Warner. 1999a. "The Big Push, Natural Resource Booms and Growth." *Journal of Development Economics* 59:43—76.

Sachs, Jeffrey D., and Andrew Warner. 1999b. "Natural Resource Intensity and Economic Growth." In *Development Policies in Natural Resource Economies*, eds. jörg Mayer Brian Chambers, and Ayisha Farooq, 13—38. Cheltenham, UK: Edward Elgar.

Sachs, Jeffrey D., and Andrew Warner. 2000. "Globalization and International Competitiveness: Some Board Lessons of the Past Decade." In *The Global Competitiveness Report 2000*, ed. Michael E. Porter. New York: Oxford University Press.

Sachs, Jeffrey D., and Andrew Warner. 2001. "Natural Resources and Economic Development: The Curse of Natural Resources." *European Economic Review* 45 827—38.

South African Mining Development Association. 2003. "Submission to the Department of Finance Regarding the Proposed Mining Royalty Bill," unpublished report, Johannesburg, April 30.

Swindells, Steve. 2005. "South African Fight Over Right."*Mining Journal* (February 25), ed. John E. Tilton, 26—28. 1983. *Material Substitution*. Washington, DC: Resources for the Future.

Tilton, John E. 1983. *Material Substitution: Lessons from Tin-Using Industries*. Washington, DC: Resources for the Future.

Tilton, John E. 1991. "Material Substitution: The Role of New Technology." In *Diffusion of Technologies and Social Behavior*, eds. Nebojsa Nakicenovic and Arnulf Grubler, 383—406. Berlin: Springer-Verlag for the International Institute for Applied Systems Analysis.

Tilton, John E. 1999. "The Future of Recycling." *Resources Policy* 25 (3): 197—204.

Tilton, John E. 2002. *On Borrowed Time? Assessing the Threat of Mineral Depletion*. Washington, DC: Resources for the Future.

World Bank. 2004. "World Development Report 2005: A Better Investment Climate for Everyone." Oxford: World Bank, Washington, DC, and Oxford University Press.

第六章

收入流的透明度、治理和管理

本项研究的前面几章主要以矿业特许税费制度为中心,探讨了国家矿业产业财政制度的政策和行政管理基础。国家如果试图在将投资从与其竞争的地区争夺过来的同时,以一种公平且富有国际竞争力的方式对矿业部门征收税费,就需要在政府与公司的期望之间实现一种微妙的平衡。但是,国际上日益关注的问题是政府和矿业企业之间如何核算以及披露矿业产生的各种税费和付款。因此,本章将讨论矿业收入流的透明度、治理和管理问题。

第一节 透明度问题

透明度问题十分重要,日益受到国际关注。2005年7月格伦伊格尔斯八国集团首脑峰会在其最后公报中就有一项关于改进治理方式的原则呼吁。就矿业而言,在过去5年中,已经推行了一些重大改革举措,例如《公布支出》(Publish What You Pay)、《采矿业透明度倡议》,以及《全球报告倡议》(Global Reporting Initiative)。这些措施由发达国家和非政府组织带头实施,但是越来越多的发展中国家也在强调这一问题。许多大型石油和矿产资源公司声明支持高水平的财政收入透明度和治理。此外,在各种公司治理丑闻曝光之后,经合组织成员国以及它们的证券交易所都已经实施了更加严格的披露规则。例如,美国和一些欧洲国家的政府,已经通过立法要求公司公开披露在国内和国外缴付的款项和税收。最后,国际金融组织和主要银行都已经严格了关于治理资源开发项目资金的公司原则。例如,国际金融公司（世界银行的附属机构）在为矿业项目提供资金时,如今要求就妥善治理财政收入流事宜提供保证。

改善矿业治理和透明度的运动是著名观察家就有关问题提出重大质疑的结果。就矿业在许多发展中国家的经济贡献以及它们对人类福祉的影响,批评者已经列举出许多问题,其中主要是下面讨论的问题。

一、资源诅咒（或富裕悖论）

所谓资源诅咒（resource curse）,或称富裕悖论（paradox of plenty）,是指那些严重依赖矿业的国家,其经济发展情况反而劣于那些对矿业依赖性小的国家。[1] 运用回归分析方法,索瓦迪尔·哥理法森（Thorvaldur Gylfason）、杰弗里·萨克斯以及其他人的研究表明,经济增长和资源依赖度之间存在负相关关系。[2] 值得注意的是,有人对分析中所采用数据的准确性和相关性提出了一些保留意见（戴维斯和蒂尔顿,2002）。例如,资源诅咒的例外事例包括博茨瓦纳、智利、马来西亚和挪威,这些国家通常被援引为已经很好地管理源于矿业创造的财政收入的事例。然而,大多数观察者发现诅咒或悖论的说法值得进一步反思,因为许多国家（如安哥拉、尼日利亚、巴布亚新几内亚、秘鲁）曾经或目前在管理它们矿业部门创造的财政收入时遇到困难。

---

[1] 这种现象通常根据矿业占国内生产总值的百分比或者占出口收入的百分比进行衡量。有时也会使用矿业部门所缴税费占国民经济所缴税费总额的百分比进行衡量。
[2] 详细信息,请参见本章参考文献中盖尔布（Gelb）(1988),哥理法森、赫伯森（Herbertsson）和措厄加（Zoega）(1999),以及萨克斯和华纳（1995,2001）的著述。

二、内乱

在某些情况下,源于矿业的资源财富与内乱之间似乎存在着某种关系。在许多发展中国家,特别是在非洲,为了控制自然资源及其产生的财政收入,各派系和各种族之间存在着相当激烈的争斗。在最极端情况下(如安哥拉、刚果民主共和国、塞拉利昂和苏丹),为了控制这些资源甚至已经引发了持久而血腥的内战。科利尔(Collier)和霍弗勒(Hoeffler)(2000)以及其他人的研究表明,用于解释许多国家出现内乱的相关因素很多,包括极端贫困、低经济增长、大规模散居国外的人口以及存在易于掠夺的矿产资源。很明显,尽管造成内战的因素很多,但是在有些国家,控制矿业财政收入流方面的争夺似乎是一项关键因素。

三、腐败

在一些国家,源于矿业的财政收入被认为加剧了腐败。例如,透明国际发布的许多国家的腐败指数与这些国家经济对矿产或石油资源的依赖程度存在正相关。矿业收入流具有这样的性质,即,与当地经济关系密切、产生迅速、受到政府与私人公司之间通常具有秘密性的合同的制约。这些因素有助于解释腐败倾向。但是应该指出的是,许多不依赖矿业的国家的腐败指数得分也很低。

鉴于上述种种弊端,有人认为国家应该延缓开发和开采其矿产资源。然而,期望国家和矿业企业放弃开采矿产资源(和石油资源)这一可行的经济活动是不现实的。一种更为平衡的路径是将资源开发和后续开采纳入良好的治理之中。因此,需要重点关注的是确保财政收入能够得到恰当的解释,确保财政收入能够直接投入到用于改善公共服务质量和提供的项目。实现这一点的关键是披露矿业企业所缴纳、政府所收取的包括矿业特许税费在内的财政收入。通过这种方式,有关国家的公民就能够自行对源于矿业部门的财政收入数额及其来源作出明智的判断,并且通过他们国家的政治程序,要求他们的政治领导人提供一个正确的资金会计记录以及资金分配的使用记录。

第二节 披露和报告的一般原则

人们普遍同意,善治的基本要求是:首先要遵守法律,其次要透明且全面地披露财政收入流。但是,信息披露引发了一系列需要认真考虑的问题。例如,需要披露信息应该具有什么样的关联程度？由谁披露信息,是每家公司还是作为整体的矿业部门？如果定期进行披露,报告周期是多长？使用的标准是什么以及这些标准是否一致？对于在分类处理文件中报告的各种各样的已缴税费,公众在何种程度上可以查阅？如果没有进行披露,或者披露被认为是错误的,是否适用处罚？如果适用的话,处罚应该是什么样的处罚？由谁来认证和验证被披露的信息？下面将对这些问题以及其他相关问题进行讨论。

一、关联性

所披露的数据或信息必须能够回答所询问的问题。例如,政府官员、政治领导人和公共机构的其他成员可能找不到与已缴和已收的税费相关的数值。以其占税费总额百分比的形式,或者以其占已缴或已收财政收入比例的形式,对已缴税费额予以公布,会更具相关性。同样地,对于一项采矿运营中产生的产品、工资、社会开支以及其他收益流指标等方面的信息和数据,如果放在具体环境中进行分析,披露的关联度会更高。例如,将产品价值以占国内生产总值百分比的形式予以公布,则生产总值会更具相关性；如果公布的就业报告与当地整体就业情况有关,那么就业情况的相关性就会增强。通常,这只是一个表述上的问题,而且在大多数情况下,进行这类调整是很简单的。但是,在其他情况下,可能会要求编制和分析一些额外的数据。以一种相关性的方法披露信息,能够让矿业界之外的人士更好地理解财政收入和收益流的重要性。

二、重要性

有关矿业企业已缴和政府已收税费和财政收入数据的记录和报告难免会有错误、误差和遗漏。如果这些错误、误差和遗漏的大小和性质影响到信息使用者的决策,那么,它们就应该被认为是重要的。例如,在矿业企业所公布已缴矿业特许税费数额和政府声明所收矿业特许税费数额之间,可能存在差异。同样地,在增值税的申报和返还方面,矿业企业和政府各自所提供的数据有时会显示出不同。在大多数情况下,这种不同或差异可以解释为报告期略有变化,或者现金收付制与权责发生制会计计算方法的不同。目前披露财政收入流最好的实践做法是,应该采用现金收付制会计计算方法。因此,矿业企业和政府需要协调各种财务报表,删除预提税费资产和负债(例如,应缴纳的和应返还的增值税数额)。对于报告中在数额方面所存在的任何差异的原因,应该给予充分的解释。更重要的是,诸如报告时间、报告周期和会计计算方法的这类定义问题,需要得到统一。

三、报告层次

矿业是一个具有竞争性的行业。一方面,向社会公众披露与某一个体运营有关的详细信息,例如运营成本以及冶炼厂、精炼厂和顾客支付的价格,可能会有损矿场的竞争能力。另一方面,虽然公众获取有关个体运营详细信息的能力能够作为一种监督机制发挥作用,但是这种机制在仅由监管机构进行监测的情况下可能并不存在。这种困境常常会导致需要两个层次的报告,即公司的报告和政府的报告。先由矿场向政府提供详细信息,然后将这些信息以某种保留机密性的方式提供给公众(见以下),但是仍然能够满足公众的需要。例如,为了维护一种切实可行的商业环境,政府报告可以汇总所有类似矿场的财政收入信息,或者汇总由任何一个矿场缴纳的所有税收和税费。虽然完整的信息披露可能有助于实现对收益流的一种充分理解,但是一次非常详细的信息披露(特别是关于成本和价格方面的)可能会为竞争对手提供一些非常有价值的、若非这种披露而难以获取的信息。

四、保密性

对于保密性信息(如具体的薪资资料)或一旦遭披露就可能导致其处于商业上不利地位的信息(如生产成本资料),公司有着正当的担忧。公司还常常与第三方(如供应商、客户或合资伙伴)签订一项或多项保密协议。在这种情况下,政府和公司将需要确定哪些资料是要披露的,哪些资料是要保留的,以及确定信息披露是否会影响已有的保密协议。也就是说,这些假设应该有利于充分披露信息,对于以保密性为由而保留的资料,需要给予充分的解释和论证。

五、易懂性

人们越来越多地认识到,对于信息和报告的资料,是更广泛的受众而不是传统上所认为的财务、行业或政府专家更具有利益。披露的目的在于将信息和资料传递给当地众多的利益相关者(包括社区、雇员、民间组织和企业),后者可能对矿业部门、财务或税费缺乏深入了解。而且,在许多发展中国家,进行披露必须要考虑到语言、受教育水平和文化方面的差异。此外,非常普遍的是,公众对于一项运营产生的财政收入流以及在有形利益出现前所花费的时间,存在着过高的期望。对市民社会中的关键利益相关者来说,宣传和培训班能够有助于阐明矿业运营的基本要素(生产成本、附加值、所需投资和市场波动)以及对财政收入和利益流(税收、工作、供应商合同和社会贡献)持切合实际的期待。另外,数据和信息必须以一种易于全体受众获取和理解的方式予以公开。对于运营区附近的村民们(一个关键的利益群体)来说,网上公布数据和信息的方法并不是最好的方法,因为村民们可能没有机会使用电力或电脑。同时,对于一般社会公众来说,公司报告、法律文件或政府统计附件中的复杂数值表中所公布的材料既不易获取也不易理解。为了使信息披露能够覆盖这些利益相关群体,就需要对所披露信息的性质、范围和重要性进行解释。最后,如果政府和公司能够与利益相关群体建立密切关系,听取后者关于如何确保所提供信息易于理解并能得到有效传播的建议,政府和公司能够受益良多。

六、可靠性

为了确保所披露数据和信息的可靠性,需要考虑几项要素。只有遵从了透明度原则,所披露数据才能够被认为是可靠的。此外,对所有相关问题都应该以一种真实的、连贯的方式予以记录和解释;同时,所报告信息都应该以一种可追踪到原始文件的方式予以记载。所有重要或关键性的假设都应该记录在案。政府和公司两者所收集和分析信息的精确性是确立完整性和可靠性的关键。虽然大多数跨国公司的财务管理系统具备这样的精确性,但是在许多发展中国家,其企业和政府的财务管理系统以及员工能力可能达不到同样的水准。这些信息必须是完整的,也就是说,对于报告期内发生的有关事项没有重大遗漏,对于为有关数据点确立的定义没有重大遗漏。例如,报告中公司已缴税费数额和政府已收税费数额之间有时会由于公司和政府所采用的报告周期不同而存在差异,这种差异有时还会因为混淆现金收付制和权责发生制会计制度而加剧。对税费、缴纳或矿业特许税费的性质和计算方法进行精确定义,有时也会成为问题。不仅是因为这些定义通常很复杂,而且矿业开发协议中通常反映的是矿业公司母国所采用的定义,而母国和东道国所采用的定义可能会存有差别。

七、时效性

在报告周期结束后，未能及时提供的信息和资料可能会失去关联性。虽然近些年来随着自动财务处理系统在许多发展中国家的启用，这一方面已经取得了长足进步，但是，在政府得以合并和披露财政收入和收益流的信息之间，有时仍然需要好几个月。尽管跨国公司一般在其财务报告周期结束后能够很快报告公布，但是有时政府和公司的报告周期并不一样，因而需要协调。此外，许多较小的当地矿业公司没有及时准备财务报表，甚或根本就没有准备报表。当一家公司不是股票上市公司，因而不是证券交易监管规则（这种监管规则建立了严格的审计标准）的监管对象时，这更是一个问题。小公司使用的报表通常只是简单符合了纳税申报目的的申报要求，而这种报表的截止日期比这里讨论中的申报周期相差了好几个月。

因此，为了及时披露信息资料，会允许披露初步信息数据，但是这仅限于初步数据得到全面解释和记录的情况。许多针对矿业部门的监管计划要求，矿业特许税费应当按月或按季度申报和缴纳。在生产者居于价格制定者地位的市场中，这些信息可能非常敏感。这是因为，对于某些从价型税费来说，这种信息披露将为竞争对手提供可以提升其竞争优势的信息。在生产者被动接受市场价格的市场中，及时公布矿业特许税费缴纳情况通常不会是一个问题。由于这种原因，非常常见的情况是，在公开披露或统计同类生产商的矿业特许税费之前，政府需要用一年时间来统计单个生产商的矿业特许税费缴纳情况。

八、可核查性

对于所披露的数据和信息，应该以一种能够让内部或外部审计人员证实其可信度的方式，进行记录、编辑和分析。在大多数发达国家，有完善的审计职业和审计行业，其中拥有丰富自然资源或大型矿业产业的国家,有公司开展专门的自然资源会计和审计业务。但是,在大多数发展中国家,情况并非如此。大多数发展中国家的审计行业要么并不健全,要么有的国家甚至根本就没有这一行业。这种"能力差距"对于以一种能够使审计正常进行的方式收集和报告数据资料,能够造成严重的后果,特别是当地公司和政府机构更是如此。这里举一个例子,如果政府不具有独立检测样式装运的能力或者不具有获取有关买卖和精炼合同的原始文件的能力,那么,对金矿装运的数量和质量进行审计,从而确定从价型矿业特许税费将成为一个问题。在大多数情况下,这些政府仅仅依靠矿业公司所提供的信息,但这些信息的质量或许不符合充分审计的要求。

九、可比性和一致性

为了确保矿业公司和政府报告的财政收入信息具有可比性,就需要对矿业公司和政府两者长期持续报告的数据类型,给予明确的界定。例如,关于一项收益流信息,其中一项矿业运营中的雇佣情况应该是很容易报告的。但是实际上,由于每一家公司都有不同的雇佣管理做法(兼职、专职、管理人员、承包商等等),所以,应该采用适用于在该国营运的所有公司的一致性的计算系数,对就业信息以"专职等效基础"加以规范化。这些应该与政府就业委员会或劳动部门规定的范围相符合。另一项标准是数据资料分辨趋势的能力,数据资料在不同的周期之间需要具有可比性。如果申报程序或者界定随着时间推移而发生了变化,那么可能会成为一个问题。进一步说,矿业特许税费和其他税费的缴纳可能会上涨或下降,而这取决于生产水平和国际市场价格。对于随着时间推移而出现的波动进行全面解释,能够有助于使社区和政府的期望更加合理。

第三节 披露过程中的关键性挑战

关于更为充分地披露财政收入和收益流,矿业领域的经验正在迅速积累。本节将总结在信息披露过程中将会遇到的重大挑战,以及如何最佳地应对这些挑战。

一、公司单独披露还是部门整体披露

应该由公司逐一披露信息资料还是由矿业部门作为一个整体联合披露呢?在目前要求更多披露和更大透明度的运动下,这是最棘手的问题之一。对于这一问题,可以从两个方面来进行分析。

一方面,公司有理由认为,在拥有强大矿业的发达国家中,即使有的话,也没有几个国家的政府披露单个纳税人的信息。一些信息具有商业上的敏感性,对其进行披露可能会损害提供信息的公司的竞争地位。逐一披露单个纳税人的纳税和其他付款信息可能会使某一公司遭受可能的指责或歧视性待遇。作为一种最佳做法,人们认为政府应该继续在保密的基础上持有单个纳税者的资料信息。此外,矿业企业基于全球性的视角,合法地优化它们的缴纳税费义务,因为多数大型矿业企业在多国从事经营业务。在一个国家缴纳的税费可以通过在另一个国家的抵扣和扣除来抵销。虽然非税务专业人士几乎无法理解用于调整扣除、冲销和抵扣管理的纷繁复杂的规则,但是这导致了实际税费负担的重大变化。部分社会公众产生误解的可能性很大,而这可能会引发关于重新议定当前有效的矿业协议或税费法规的要求。

另一方面,有些负责任的非政府组织认为,矿业公司应该单独定期披露其在采矿当地国家所缴纳税费和所获得收入的主要内容。根据其股票上市地证券交易所的规则,矿业公司主要通过提交所需文件的方式进行披露。这些非政府组织坚持认为,矿业公司几乎没有理由拒绝向其运营发生地国家的社会公众披露有关

税费缴纳的主要内容。不过,根据具体情况,可以保留一些确实具有商业上敏感性的数据资料。那些已经单独披露所缴纳税费和其他付款的公司的经验并没有有效消除矿业公司表达的各种担心。

二、矿业开发协议的披露

作为国际上的一种最佳做法,税费制度的基本方面应该在矿业法或税费法中得到编纂。在发达国家或者那些拥有强大矿业产业的国家,如澳大利亚、加拿大、智利和南非,这一进程业已完成。事实上,当矿业公司在发展中国家进行投资的时候,大多数投资者将要求签订税收稳定协议或签订专门的矿业开发协议,而这也是东道国政府准备给予投资者的。税收稳定协议通常会在一个明确的时期内,对于在某个时间点上制定法所规定的应缴税费的种类、该公司的税费率以及它们的计算方法,予以固定冻结。这种协议通常都会披露,而且,对于任何一个国家来说,都会对同类协议采用标准格式。相比之下,一项矿业开发协议往往需要解决范围广泛的一系列问题,取代成文法,而且它只是针对关注的一个项目进行谈判的结果。矿业开发协议以及,在针对石油和天然气的情形下,产品分成协议的披露,目前还是一个存在争议的问题。许多非政府组织认为,这些协议应该完全披露。个别政府(如东帝汶)正在朝着这一方向发展。但是,矿业公司和矿业主管部门总体上还在犹豫是否披露这种协议。

要求披露专门矿业开发协议的理由有很多。矿体勘探和技术特性中固有的风险有时会要求一些专门的条件。在某些情况下,政府要么动用公共财政,要么有时使用国际援助资金,已经投入了大量资本,对某一矿藏的情况进行勘探。这种情况下,对于确保补偿政府的先期投入,最终发现的收益,以及公司承诺将矿床投产开发的工作成本,一项专门的协议可能十分必要。对于那些没有健全矿业产业和缺乏与大型跨国公司打交道经验的国家,专门协议对于解决矿业公司股东和融资机构的疑虑是必不可少的。最后，尽管在过去的10年中，许多国家制定了新的和富有国际竞争力的矿业法律，但是实施这些法律所需要的矿业法规和附属立法并没有颁布。专门协议不但可以用于填补这些空白，还可以用来规定该国可能提出的有关跨国矿业公司母国纳税义务的任何特殊条件。

  矿业开发协议的范围各不相同。有些协议与一般立法中规定的整体税费制度密切相关，而且必要时需要通过说明或其他解释进行补充。在其他情况下，协议可以在很大程度上与现行立法不同，尤其是在矿体特别巨大或者已经对矿体进行了大量前期勘探的情况下。一般而言，在法律没有相关规定的情况下，专门协议可能包含下列事项：会计定义、折旧和摊销规则、国家参股条款、矿业特许税费结构和计算方法、应缴全国性或地方性土地税、燃料税、对各种社会基金的捐助、耗竭补贴、关税税率和可能的关税免征、增值税的缴纳和返还、红利和发现收益的支付、先前勘探费用的返还、工作承诺、外汇及其汇回义务、离岸托管账户的使用，以及需要处理的其他有关事宜。主协议或附属协议可以就矿业运营流入省级和地方社区的其他收益流的贡献和管理事宜作出规定。

  披露这种协议方面所关注的问题是，财务处理固有的权衡机制纷繁复杂，以致不可能为社会公众所充分理解。例如，准予减少一家矿业企业的矿业特许税费，作为回报，政府在一家矿业合资企业中的股权增加。以公众的观点进行评判，这可能会也可能不会优于增加前期付款以偿还先期勘探支出而减少政府股权份额的方案。同样地，将某处矿产投入生产或带入国际市场的条件上的困难，可能需要针对某一特定公司提出专门的税费条件，因为已有的相同条件可能并不适合。对于这些复杂协议的披露，公司所害怕的是它们可能被挑选出来，遭受歧视性待遇或受到指责。

三、会计和审计标准

矿业部门透明度的一项先决条件是会计和审计标准的选择。它不仅对于准确反映一个国家的财政收入流十分重要,而且对于得以进行跨越国际的相互比较也很重要。虽然在采用国际财务报告标准方面正在取得很大进展,但是事实上,会计标准和实务在国家之间以及公司之间仍然存在着很大差异。一些挑战有待解决。

跨国公司自然会选择其母国或其上市所在国的会计准则和标准。但是,来自于中国和俄罗斯的公司与来自于澳大利亚或加拿大的公司,它们之间的会计和审计标准是不一样的。此外,母国的标准和东道国的标准可能会存在很大的差异,这就要求投入相当多的时间和相当大的精力来对账户进行协调。这不只是一项负担的问题,而是它可能带来的严重困难。这是因为,有关收支平衡的基本会计规定可能并不相同。最后,在许多发展中国家,会计行业还不够成熟,包括政府在内,都缺乏进行会计和审计的地方性能力。但是,构建这种能力以及培养政府官员能够在一致性基础上进行充分审查和监测财政收入流的能力,还有很多工作需要去做。

另一项挑战是对矿业部门中国有的和部分国有的矿业公司的营运进行审计。它们中的许多企业已经在不透明的监督和监管制度下运行多年。经验已经表明,国有企业有时会拒绝接受国际上认可的审计。接受审计的企业,已经发现其财务报告和内部管理控制方面存在着重大缺陷。在许多情况下,这些企业的会计账目是不完整的或者几乎与普遍接受的会计原则不相符。由于国有企业的会计账目缺乏透明度,因而将善治引入矿业部门的首要步骤是,应用国际审计标准,对这些公司进行独立审计。同样,对于该部门内私人控制的公司也应该进行独立审计,或者,如果独立审计已经存在的话,那么就应该将审计结果公布于众。

四、认证和验证

在一个理想的世界里,政府披露财政收入流应该经过一家独立机构的认证或者验证。不经过这种认证而直接进行的披露可能缺乏可信性。不断修订的《采矿业透明度倡议》(对该倡议,本章后文将详解)正在解决这一问题。《采矿业透明度倡议》创造了"行政官"这个新术语,而且为其安排了一个类似于但并不同于国际审计者的角色。鉴于一家单个公司的审计者的典型职责是证明公司财务报表的真实性,行政官的职责则是协调公司报告的已缴财政收入流和政府报告的已收同一财政收入流。这在大多数情况下常常是以整个部门为基础(也即,不点明单个企业)进行,而不是以一个具体的公司为基础来完成。尽管在有些国家,是逐一按公司还是按整个部门为单位进行披露仍在争论之中。行政官将会适用国际审计标准来协调会计账目并说明差距和差异。最后,行政官将会对财政收入流报告的真实性发表证明意见。

在撰写本书之时,还没有任何一个国家真正地披露经由一家独立机构或行政官证实的、由矿业部门报告的财政收入流。传统的审计公司在进入这一未知领域时都非常谨慎。有人建议,世界银行或其他国际机构可以承担行政官的角色,并且负责核实披露。另一种可能是效仿"称职人"概念对矿石储量进行验证,或者利用独立的验证公司进行验证。例如,政府利用后者来监管矿石是否符合技术规格以及用于控制进出口矿石的质量。无论怎样,虽然目前还没有固定的标准或者没有显而易见的合适人选,但是需要由某些机构来承担认证矿业部门财政收入流披露的责任。

五、市民社会的参与

市民社会和非政府组织应该在多大程度上参与到决定财政收入流报告的方法以及决定财政收入流使用管理的方法中去呢?过去15年中,在国家层面,尤其是在地方上,这些团体在明确表达其更大程度参与矿业产业的要求上,呼声越来越高。在国家层面上,争议常常集中于是按大型公司缴纳的总财政收入还是按整个矿业部门缴纳的总财政收入进行披露。市民社会和当地非政府组织常常得到更大型的国际公认的非政府组织的支持,例如全球见证(Global Witness)、公布付款阵线(Publish What You Pay)和索罗斯基金会(the Soros Foundation),这些国际非政府组织特别在各种透明度和治理倡议上一直十分活跃。在地方层面上,非政府组织和市民社会首要关注的是财政收入和收益流的分配。矿业运营区内及附近的当地社区抱怨,他们承担了由于矿业运营而引发的不利环境和社会动乱的成本,但是在税费和财政收入方面,回报却很少,甚至没有。公司一般认为,而且十分肯定地认为,关于将多大部分的税收和费用缴纳或者留给地方的决定,即便是有,它们也无权决定。尽管如此,矿业公司常常首当其冲地遭受指责,而且很难解释它们对当地社区作出的真正贡献。市民社会和非政府组织的参与致使争议变得更加复杂,除了传统的矿业公司或政府的公共关系信息以外,它们的要求更具有实质性内容。

市民社会越来越不想接受关于收益和财政收入流方面的填鸭式信息,但是它们确实想在一种持续不断的基础上,参与到矿业公司和政府关于收缴和监管收益和财政收入流的方法的设计中来。而且,一旦监测和评估体系设计出来并投入使用,市民社会的部分成员希望这一体系能够确认标准尺度,从而用以评估矿业公司或政府的行为。这能够显著增加矿业公司和政府的风险,因为它能够意味着一系列指标或许在也或许不在矿业公司或政府单独掌控的范围之内。即便矿业公司和政府有时并没有意识到这一点,但是这种监督职能还是会发挥作用的。非政府组织还能够通过培训当地社区理解收益和财政收入流以及矿业产业的基本因素,向当地社区提供帮助,而且,这些非政府组织往往比矿业公司或政府的代表更具有可信性。

六、与遵从有关的成本和挑战

从 20 世纪 80 年代后期起,有些政府已经制定了新的国家矿业政策和资源租金策略。在大多数情况下,这些政策和策略同这些国家以前的政策和策略有着本质上的区别。因为现在的政策已经大大不同于过去的政策,对于矿产资源开发、税费以及矿业特许税费的收缴来说,用新的法律框架来代替旧的立法已经成为必要。此外,新的利益相关者(如非政府组织和当地社区)对矿业部门的报告已经变得更加感兴趣。新立法和利益团体施压的结果是遵从成本的增加。矿业公司和政府遵从规则的成本在随着会计规则的变化而增加。例如,会计规则发生了从过去曾经普遍接受的公认会计准则(GAAP)向国际会计准则(IAS)的转变。这对于那些在多个法域上市的公司尤为重要。最后,一项关键的挑战将是把公司善治的其他方面、市民社会团体以及政府本身都整合到可持续发展的整体框架之中。这些在矿业中都是相对新型的观念,因而,对一套共同认可的原则达成一致还需要一些时间。同时,对这些问题理解方面的困惑将会增加遵从规则的成本,从而导致利益各方相互之间的误解。

七、其他收益流的报告

国际社会对于透明度和治理问题的关注,大多数集中于矿业创造的财政收入流。然而,任何矿业或者石油、天然气项目都有其他重要的收益流。许多其他收益流直接关系到人民的生活和福祉,因此,与矿业公司缴纳的税费相比,这些其他收益流与人民生活和福祉的关联性更强。事实上,社区领导、政府决策者以及非政府组织的代表都在不断质疑矿业给全国和地方经济所带来的收益。令人奇怪的是,很难得到关于这些非财政性收益流的实证性数据。目前还没有出现这样一种可以前后一致适用的方法论,据之可以对来自不同项目或不同国家的此种收益流进行衡量和比较。的确,矿业公司总是定期衡量某些利益(如支付的工资、慈善捐助、基础设施投资的价值),但是矿业公司对这些利益的衡量是有所区别的。由于缺乏一种统一的衡量标准,以致很难对这些利益进行对比。

目前,正在采取一些措施,基于一致性和可比性,对这些种类的收益流进行衡量。特别是有一项"资源禀赋研究",它受国际矿业与金属理事会的资助而进行。国际矿业与金属理事会是一个由主要矿业公司组成的协会,它的总部位于伦敦。该项研究将提出这样一份示范模版,使得单个矿业运营能够衡量和公布非财政性的收益流。该模版将要报告的最重要的收益如下:

(1) 就业和关联因素。报告的内容包括:以专职工作作为基础统计的直接、间接和引致就业;地方和国家劳动力组成的对比;以及,社会性分布(性别、年龄、种族以及其他方面)。

(2) 采购的价值。概述供应链、国内和国际采购的价值、资本成本和运营支出之比,以及从采购中获益的团体的特点。

(3) 员工的人力资本。涵盖内部培训项目、受益人数目、财务和时间成本,以及因业绩提升而得到的奖励。

(4) 东道国的经济增值。包括地方经济的增值、对保留价值的分析,以及经济资源的机会成本。

(5) 社会服务和基础设施的提供。描述和衡量财务和员工对物质、教育、健康、地方企业和社区发展所作出的贡献。

以专家咨询服务为后盾,一个利益相关者工作组已经建立,来帮助准备示范模版。目前,这份模版正在选定的非洲和南美洲矿业运营中进行试点检验。一旦试点检验完成,而且模版顺利通过验证,国际矿业与金属理事会就会建议其成员矿业公司在相互一致的基础上开始汇编相关信息。世界银行正参与示范模版的准备工作,并且鼓励那些在矿业领域活跃的国家考虑实施这一报告机制。

最后,正如前面所提及的,仅仅报告花费在各种社区支持项目上的资金数额,对许多利益相关者来说可能并没有多么特殊的意义或相关性。这些利益相关者以及他们的政治领导想要知道的是受资助计划和项目所产生的结果。例如,一家矿业公司可能已经建立了药房和医院,但是,以寿命统计为视角,在所衡量的公众健康程度方面是否得到了提升?矿业公司资助了校园疫苗计划,但是传染性疾病(如麻疹或脑膜炎)的传播随之下降了吗?矿业公司资助建立了校舍、招募了教师、购买了课本,但是学生的考试成绩因此提高了吗?难以衡量这种资助方法的价值的原因之一是,这些类型的结果不仅仅与公司的资助有关,还受到其他因素和外部条件的巨大影响。然而,不能要求政府或公司对受其掌控之外的因素影响所造成的后果负责。另一个难点是如何确定衡量标准。许多政府缺乏衡量教育、健康和人民福祉方面某些指标的能力。即便这些政府确实具备了这种能力并掌握了方法论,时常不会具体运用,也不能从有关数据中推断出公司计划和结果之间的直接联系。尽管如此,随着联合国、世界银行以及单个政府收集到的一些适当的统计数据,这方面正在取得一些进展。对于有兴趣支持上述努力的公司来说,好的起点是《千年发展目标》以及有关人类发展的各种出版物,如联合国开发计划署的《人类发展报告》(http://hdr.undp.org/reports/global/2004/)。[3]

第四节 矿业部门收入示范报告模板

表 6.1 中的示范报告模板已以开发出来,供所有报告主体(公共机构、国有矿业公司以及私人矿业公司)用于记录不同类型的收入流、收入源和收入价值。这一基本模板可以根据不同国家的具体国情,予以修改。

---

[3] 有关《千年发展目标》的详细信息,请参见 http://www.un.org/millenniumgoals/。关于人类发展指数,一个有用的起点是网页 http://hdr.undp.org/reports/global/2004/。

表 6.1　示范报告模板

收入流的性质	产生所获收入流的国家	价值（百万美元）
所获矿产品（按各类）		
对利润和收入征收的税费		
矿产资源税费和矿业特许税费		
其他税，如非常重要，则作为独立项目报告，例如： • （净）增值税 • 预扣税 • 环境税 • 财产税 • 道路税 • 员工社保费用 • 关税 • 燃料和消费税 • 紧急情况税		
政府收费，如非常重要，则作为独立项目报告，例如： • 许可证和许可费 • 土地租赁费 • 准入费 • 其他许可证和特许的对价		
签约红利和产品红利		
股息所得		
矿业公司代表政府（或政府机构）支付的利息和偿付的贷款		
其他由矿业公司代表政府（或政府机构）所为的支付，如非常重要，则作为独立项目报告		
销售矿业资产而产生的收入		
从矿业公司或其他金融机构长期借款而产生的收入		
租赁活动而产生的收入		
向政府社会基金的捐款		
其他大额付费（需要具体列出）		

资料来源：《采矿业透明度倡议》。

第五节 《采矿业透明度倡议》

本节内容摘自《〈采矿业透明度倡议〉资源手册》以及描述该倡议的其他文件。有关该倡议的全面信息,可见《采矿业透明度倡议》官方网站(http://www.eitransparency.org)。

一、《采矿业透明度倡议》的背景

2002年9月,在南非约翰内斯堡举行的可持续发展世界首脑会议上,当时的英国首相托尼·布莱尔(Tony Blair)宣布了《采矿业透明度倡议》。此后,一些国家的政府、公司和民间社会团体以及国际捐助组织都赞同《采矿业透明度倡议》所提出的各项原则,并支持这一倡议。简而言之,《采矿业透明度倡议》旨在提高政府和公司之间在矿业领域中交易的透明度。

对于发展中国家和转型国家来说,通过对石油、天然气和矿业公司收取税费、矿业特许税费、签约红利以及其他形式的税费所取得的财政收入,应该成为经济增长和社会发展的一项重要动力。然而,在这些财政收入方面的缺乏问责制和透明度能够加剧恶治状况,从而导致腐败、冲突和贫困。矿业对于全球五十多个发展中国家以及居于其中的35亿人口来说,是十分重要的。对于税费缴付的透明度,虽然许多产业部门都非常渴望有所提高,但是,自然资源丰富国家和高度贫穷国家之间的关系更为密切。矿业部门本身并没有什么固有的问题,但是高风险、高成本和勘探所具有的不确定性,以及相应地,利润实现前的很长孕育期同自然资源的有限性之间的关系,使得该部门的财政管理非常困难。与自然资源贫乏的其他国家相比,一些拥有丰富石油、天然气和矿产资源的国家在财政收入管理方面表现不佳。

支持《采矿业透明度倡议》的根本理由在于,提高源于矿业的财政收入的透明度和增强对该收入的认识,将使公民和机构有能力追究政府的责任。它会使不良资金管理或者将资金用于非可持续发展目的的行为变得更加困难。通过改善商业环境,它还会使发展中的和转型中的经济体受益,从而帮助这些经济体吸引外国直接投资。负责任的公司很可能会从一个竞争环境更公平、商业环境更可预期以及自然资源和能源安全前景更好的地方获益。

《采矿业透明度倡议》是一个协商程序,赞同其基本原则的国家中的多种利益相关者都参与了这一程序(见表6.2)。这些基本原则最初于2003年在伦敦举行的兰开斯特宫预备会议上提出,会议启动了《采矿业透明度倡议》的实施。如果某一国家启动实施该倡议,该国的最高政治领导层通常必须批准并赞成这些基本原则。迄今为止的经验是,接下来的步骤是建立一个由各种利益相关者组成的实施委员会;各种利益相关者包括政府关键部门、私人公司以及非政府组织和市民社会的代表。委员会的目标在于达成一项协议,在协议中规定公司缴纳税费和政府财政收入的年度披露事项。披露由每个国家所有各利益相关者都信任的第三方采用标准化模版的形式进行。继而,对披露的数据可能进行校对,必要情况下还进行合计,最后总结归入该国对外公布报告。

表6.2 《采矿业透明度倡议》兰开斯特宫原则

1. 我们共同坚信,自然资源财富的慎重利用应该成为经济可持续增长的一种重要动力。经济的可持续增长有助于可持续发展和减少贫困。但是,如果对自然资源财富管理不善,就会产生经济和社会方面的负面影响。
2. 我们确信,为了国家发展,为本国公民的利益而管理自然资源财富是主权政府必须履行的职责。
3. 我们认识到,多年来,自然资源开采惠益带来了财政收入流,而且其与自然资源产品价格息息相关。
4. 我们认识到,公众对于政府财政收入和支出的长期理解,有助于公众对此进行讨论,从而就可持续发展事宜形成适当而现实的选择。
5. 我们强调,在采矿业中,政府和公司透明度具有重要性,需要加强公共财政管理和审计。
6. 我们认识到,更高透明度的实现必须在遵守合同和法律的前提下进行。
7. 我们认识到,财政透明可能会为国内和国外直接投资带来改善的环境。

(续表)

> 8. 我们相信,对于所有公民,政府负有说明财政收入流和公共支出管理的原则和做法的责任。
> 9. 我们致力于,鼓励在公众生活、政府运行和商业运作中高标准的透明度和责任。
> 10. 我们认为,在税费缴纳和财政收入信息披露方面,需要一种广泛一致、切实有效的方法;这种方法应当简便易行。
> 11. 我们认为,在一个特定国家的税费缴纳信息的披露应该包括在该国范围内营运的所有矿业公司的情况。
> 12. 我们认为,在寻求问题解决方案的过程中,所有利益相关者都能够作出重要且相关的贡献;其中包括政府及其机构、矿业公司、服务公司、多边组织、金融机构、投资者和非政府组织。

资料来源:《采矿业透明度倡议》。

截至 2005 年 7 月,已经有大约 20 个国家公开支持《采矿业透明度倡议》的基本原则。如今,在这些国家中,倡议处于不同的实施阶段。

二、《采矿业透明度倡议》的实施经验:以吉尔吉斯斯坦共和国为例

吉尔吉斯斯坦共和国位于中亚地区的中部,人口约 510 万。1992 年独立时,它继承了前苏联的经济管理思想体系和基础设施。自 20 世纪 90 年代早期,该国一直努力开发其自然资源,主要是农业、水电以及矿产资源。尽管农业和水电为某些经济增长提供了既有平台,但是金矿开采业的发展最为迅速,已经成为其国民经济中的一个重大因素。

天山地区的库姆托尔(Kumtor)金矿床由前苏联地质学家于 20 世纪 60 年代发现,在 20 世纪 70 年代和 80 年代进行全面勘探。在吉尔吉斯斯坦独立时,这一矿床还未得到开发。加拿大的一家铀矿商卡麦科集团公司(Cameco Corp.)得知了这一潜在的开发机会。吉尔吉斯斯坦政府与加拿大卡麦科金矿公司签订了一项联合协议,规定对该矿床进行开发。最初的协议规定,卡麦科金矿公司持有运营企业 33.3% 的股份,吉尔吉斯斯坦通过其全资拥有的国有企业吉尔吉萨丁(Kyrgyzaltin)公司持有 66.7% 的股份。此外,为

了将这一矿床投产,协议还包括一些财务和金融方面的条款。库姆托尔金矿床开发的最终成本是 4.3 亿美元。1997 年,库姆托尔金矿开始营运,黄金年产量为 65 万盎司。按照目前的生产率和市场价格计算,该金矿的产值大约占该国国内生产总值的 10%,其出口收入占该国出口总收入的 40%。

2003 年,吉尔吉斯斯坦政府和卡麦科金矿公司开始商讨对原主合同进行重构。双方讨论了多处修改,并决定建立一家新的独立公司赛特拉黄金公司(Centerra Gold),并且新公司将在多伦多证券交易市场上市交易。吉尔吉萨丁公司和卡麦科金矿公司都将其持有的库姆托尔经营公司的全部股份转移到赛特拉黄金公司。此外,卡麦科金矿公司还将其在蒙古和美国内华达州的矿业股份也转移到赛特拉黄金公司。预计赛特拉黄金公司的股票市值能够超过通过库姆托尔经营公司所获得的收益,从而为吉尔吉斯斯坦政府和卡麦科金矿公司实现矿床价值的最大化。依据首次公募时的最后市场估值,预计吉尔吉萨丁公司将持有赛特拉黄金公司大约 30% 的股份。

2003 年 12 月,吉尔吉斯斯坦政府就上述拟议重构计划征求世界银行和国际货币基金组织的意见。世界银行和国际货币基金组织强调了数项问题。其中包括:将有价值的国家财产出资给一家新的上市公司时,如何将政府的风险最小化而获得利益;确保交易以及与之相关的财政收入流的透明度要求。为了解决这些问题,世界银行和国际货币基金组织提出了三点建议。第一,在公司进行首次公募时,吉尔吉斯斯坦政府应该立即将其所持股份的一部分进行二次发行,以获得现金,降低风险。第二,吉尔吉斯斯坦政府应该支持并实施《采矿业透明度倡议》。第三,吉尔吉斯斯坦政府应该通过一家国际公认的审计公司对吉尔吉萨丁公司进行"风险控制和保证审计"。

2004 年 6 月 30 日,赛特拉黄金公司完成了首次公募。吉尔吉斯斯坦政府按照事先安排,通过二次发行对其所持赛特拉黄金公司股份中的约 30% 予以销售，获得收入约 8000 万美元。这笔资金通过吉尔吉萨丁公司移交到吉尔吉斯斯坦国库。尽管从吉尔吉萨丁公司管理的角度，该公司确实希望留存这笔资金，因为吉尔吉萨丁公司是赛特拉黄金公司股份的法定托管人。但是，吉尔吉斯斯坦政府作为吉尔吉萨丁公司的唯一股东还是命令后者将这笔资金移交到吉尔吉斯斯坦国库。根据与国际捐助组织达成的协议，吉尔吉斯斯坦政府已经承诺将该项资金用于全国的扶贫工作。

吉尔吉斯斯坦政府签署了一项法令，推动《采矿业透明度倡议》向前发展。该法令同意该倡议的基本原则，建立实施委员会，准备公布由矿业部门创造的财政收入流的会计结算。实施委员会的代表来自政府机构、私营矿业公司和市民社会。代表们定期会面，并制定了记录财政收入流的模板。实施委员会和政府机构能够利用（世界银行和英国国际开发部的）捐赠基金，获得会计方面的专业技术支持。该项基金还用于支持由非政府组织发起的、针对市民社会的培训计划和宣传活动。关于矿业部门产生的财政收入流的第一份报告于 2004 年 8 月在全国性报纸和财政部网站上发布。报告公布的绝大部分资金来自库姆托尔金矿和出售赛特拉黄金公司股份。不过，实施委员会正在将其他的部门数据与报告模板进行进一步迭代结合。预计报告今后将会每 6 个月发布一次，吉尔吉斯斯坦政府目前正在按照计划实现这一目标。

吉尔吉萨丁公司的审计工作是由德勤会计师事务所（Deloitte & Touche LLP）承担的。审计报告旨在找出公司内部在融资和财务事务管理和控制机制中存在的漏洞，以及建议相应的补救措施。由德勤会计师事务所出具的审计报告实际上已经指出了多处漏洞，并且就以后如何完善相关制度提出了建议。本着实施报告所提建议的目标，吉尔吉斯斯坦政府官员和吉尔吉萨丁公司管理人员正在审查德勤会计师事务所出具的审计报告。

第六章　收入流的透明度、治理和管理　　285

第六节　经验教训

吉尔吉斯斯坦实施《采矿业透明度倡议》的过程这一事例，阐释了一个国家处理透明度问题的方式。像在其他所有国家一样，在吉尔吉斯斯坦，使源于矿业部门的财政收入流更加透明更主要是一项程序性工作。一个国家的经验可以为另一个国家提供启示，但是另一个国家不能完全照抄照搬。很显然，正在形成的一个重要经验是，一种模式并不能够适合所有国家；每个国家都需要开发符合其自身情况的方法、制度和法律结构，从而确保财政收入流的披露和报告。

尽管如此，那些决定实施该项倡议的国家将不得不解决本章中所提到的一般准则中以及《采矿业透明度倡议》特别建议中的那些基本问题。目前所讨论的观点如下：

（1）就报告财政收入流而言，关于什么是重要的、什么是非重要的问题对于许多国家来说都具有重大意义。虽然每个国家对于问题重要与否有着自己的评判，但是所有国家都需要界定明确的标准或最低起始点，区分收入流的重要性。

（2）尽管《采矿业透明度倡议》最初的理念之一是使其得到自愿实施，但是越来越显而易见的是，一些公司愿意参与，而另一些公司则不愿意参与，这就产生了一致性和平等性的问题。被选中参与的公司还担心它们将会遭到无端的单独审查，而未被选中参与的竞争对手却可以免遭这种审查。因此出现了这样一种趋势，即，由国内法直接规定，使披露财政收入流成为一项强制性义务。然而，强制披露并非看起来这么简单，因为不同的利益相关者之间必须就报告要求的性质和范围达成一致。因而，趋势可能是将这些要求降至最低程度，也即，达到大多数被参与者都可以接受的水平。

（3）一些国家已经提出，民间社会团体（特别是非政府组织）有义务公布它们的收入流和资金来源。广义上讲，民间社会团体的界定,以及在与透明度相关的对话中选择谁代表市民社会,都是十分重要的。那些自称支持透明度的人,也许能或也许不能真正代表他们所声称的选民们,因此,需要检查和平衡,避免为了短期的政治利益而在透明度问题上哗众取宠。

(4)透明度和披露是有程度的。显然,一些法域将更进一步,更彻底、更专业地报告它们的财政收入流。但是,有没有可以制定的激励机制,用于鼓励各国推动透明度进程呢?

(5)目前存在对矿业公司和政府的账户进行审计的多种方式。这些审计方式因所讨论的国家不同,自然资源基础和财政收入流的性质不同而有所区别。是否可能有一些国际公认的审计模式,能够供人根据财政收入流的复杂性和国内产业的发展程度而进行选择呢?

(6)在联邦制国家,矿业所负担的大多数义务都转移到了次国家层面的管辖区域(如在阿根廷、澳大利亚、加拿大、马来西亚和美国)。对于联邦政府而言,透明度和治理在何种程度上是其概莫能外的一项首要责任?又或,对于次国家层面的管辖区域来说,透明度和治理在何种程度上与其更具有相关性?

(7)在强制实施透明度的过程中,国际开发机构(如国际货币基金组织和世界银行)是否应该发挥更加积极的作用?十分明显的是,尽管各国领导人和国际开发机构领导人的政治性声明都强调透明度,但是双边或多边的援助和贷款项目应该以透明度和披露作为条件吗?

(8)目前针对透明度和披露的工作应该如何与更为宽泛的有关议程相适应,如治理、民主、对地方社区放权、责任、尊重人权以及目前影响矿业营运的其他事项?例如,在尼日尔河三角洲地区,讨论财政收入流披露问题,势必要一并讨论这些更为宽泛的问题。

本章基本上是重点研究了对财政收入流是如何进行核算并予以披露的。根据许多富有见识的人士的观点,这还远远不够。政府还应该披露它是如何支出从矿业取得的财政收入的。在理论上,将财政收入的开支情况做到完全透明,将会增加政府的责任。然而,在实践中,许多发展中国家的公共开支管理制度太过简陋,无法满足这种透明度水平的要求。国际金融机构(如世界银行和国际货币基金组织)正在与发展中国家开展合作,提高政府预算和开支过程的透明度。然而,对于大多数发展中国家来说,这将是一个长期的过程,仍有大量的工作需要完成。因此,问题在于能否通过这些机构或者其他机构让新的机制发挥作用,从而确保公共开支领域具有更大的透明度。

对于这些问题以及本章提出的其他问题,人们目前还没有得出答案,只能寄希望于当前正在进行的工作。也许十年后,一套公认的实践做法将会出现,连同与环境评价和管理相似的指南以及政府指令一起,将能够满足财政收入流,以及,如果可能的话,其开支情况披露的需要。在未来的几年中,预计所有国家的政府、矿业公司和市民社会将推动对这些问题的讨论。

参考文献

Collier, P., and A. Hoeffler. 2000. "Greed and Grievance in Civil War." Policy Research Working Paper 2355, Development Research Group, World Bank, Washington, DC.

Davis, G., and J. Tilton. 2002. "Should Developing Countries Renounce Mining? A Perspective on the Debate." Working Paper, Colorado School of Mines, Division of Economics and Business.

Gelb, Alan. 1988. *Oil Windfalls: Blessing or Curse.* New York: Oxford University Press.

Gylfason, T., T. T. Herbertsson, and G. Zoega. 1999. *A Mixed Blessing: Natural Resources and Economic Growth.* Vol. 3 of *Macroeconomic Dynamics*, 204—25. Cambridge, MA: Cambridge University Press.

Sachs, J. D., and A. M. Warner. 1995. "Natural Resource Abundance and Economic Growth." Development Discussion Paper No. 517a. Cambridge, MA: Harvard Institute for International Development.

Sachs, J. D., and A. M. Warner. 2001. "The Curse of Natural Resources." *European Economic Review* 45: 847—59.

总结和结论

一、研究发现之总结

世界上大多数国家在过去二十多年中已开始启动它们在矿业部门的监管改革。这些改革举措的重要组成部分之一，就是仔细检查针对矿业活动的财政制度。在设计矿业部门税收制度的过程中，决策者必须认真寻求平衡既能够满足国家需求又能够满足矿业投资者需求的平衡的税费种类、税费率和激励机制。这种体制必须既公平又具有全球竞争力。本项研究的目的是要提供一种全面、客观、中立的分析，供政府和矿业界在认真讨论有关矿业特许税费及其各种表现形式的优点和缺点时参考使用。

大多数国家的政府对矿产资源产品征收矿业特许税费。那些不征收矿业特许税费的国家之所以不愿意征收，可能是希望在不同的经济部门之间适用非歧视性的税收原则，或者是想提供有利的投资条件从而在全球性竞争市场上吸引投资。在那些征收矿业特许税费的国家，其方法和税费率之间的差别很大。征收这种税费的理由可以是对其不可再生的国家资源的永久失去而获得的补偿（即，一种所有权转让税费），也可以是作为政府的采矿许可回报而收取的财政收入（即，一种使用税费）。

在第二章中，对矿业税收进行了一般性讨论。其中的一个核心概念是税收的"最佳水平"。从宏观经济的政府管理的角度来看，最佳水平是指这样一种水平，即，对来源于矿业部门长期的社会利益（包括政府的税费收入）的净现值予以最大化。这意味着需要达到一种平衡。这是因为，如果税收过高，随着投资者转向其他替代性领域，投资和税收基础将会降低；如果税收过低，国家将损失服务于公共福祉的有用财政收入。确定什么是最佳水平,对政府而言,构成了一种挑战,因为这可能需要寻找投资者观念和行为的经验性证据作为参考。

政府所面临的挑战并不仅仅是确定矿业部门税收的最佳水平,而且还扩及部门歧视问题。应该解决的一个关键问题是,同其他部门相比,是否应当对矿业部门征收同样的或者不同的税费。许多经济学家认为,不同产业部门之间的税费歧视将导致国民经济中存在引发问题的扭曲。然而,也有很多其他经济学家认为,矿业部门不同于其他部门,需要特殊的税费方面的考虑。目前,大多数国家对矿业部门规定了特殊的税收待遇,其中包括:基于所得税目的的针对勘探、开发和资本成本的处理;减轻在输入税和输出税(进口和出口关税,对商品和服务的增值税,预扣税项,营业税,消费税等)方面的负担;以及,征收特许税费。

歧视问题既存在于宏观经济层面(应该如何对待所有矿种),也发生在微观层面(应该如何对每个矿种征税)。在微观经济(项目)的层面上,对于同经济租金思想有关的概念,范围广泛的研究机构在过去的几十年中已经进行了研究和发展。这里,政府需要面对的理论性挑战无疑是:决定可以从一个项目中征收多少税款而为投资者留下足够的投资回报,从而使投资者满意。每一个矿种的经济参数都与众不同,这意味着,对于根据经济租金原则寻求构建其税收制度的国家来说,将需要一种能够调整而适用于所有矿种的税收制度。当今世界,没有任何一个政府仅仅根据经济租金的概念而施行针对矿业部门的一种税收制度,尽管一些税收方式(如基于利润的计征方式)比其他方式更符合经济租金的节拍和旋律。毋庸质疑的一点是,矿业税收的最终目标不是获得经济租金,而是增进社会福祉,这已经为盛行的政治进程所确定。此外,从长远来看,经济租金在矿业部门的存在受到这一事实的质疑,即,由新发现储量而创造的财富刺激着矿产资源的勘探开发。

政府在设计其财政制度的时候,可以从许多供选方案中进行选择。而它们所选择的税收结构和水平能够对投资者的投资意愿产生消极的或者积极的影响。可以将税收类型划分为两类，即，从量型或者从价型的税收类型，以及以衡量盈利性为计征基础的从利型税收类型。前者如从量型矿业特许税费和从价型矿业特许税费、营业税和消费税、财产税和资本税、进口和出口关税、商品和服务的预扣税、增值税、登记费，以面积为计征基础的土地收费，以及印花税。后者如所得税、资本所得税、附加和超额利润税、从利型或收入型矿业特许税费，以及对红利的预扣所得税。通常情况下，投资者更愿意缴纳在某些方面同其支付能力具有某种联系的税费，也就是说，以衡量盈利性为计征基础的税收。在选择适用何种类型的税费时，政府的决策者必须在自己的目标和投资者的目标之间进行平衡。许多政府一般都喜欢对所有矿种都至少征收一些税费，而不管每个矿种的开发是否具有盈利性。尽管投资者必将关注有关税种，但是最重要的是关注所有税种对其运营的累积性影响。如果整体税制的净影响过大，也即有效税费率过高，那么，投资者可能将其重心转移到一个净影响相对较低的地区。

当前，国家对矿业部门设征了范围广泛的税费种类。在过去的几十年中，总的趋势是，矿业部门的总体税费负担已经下降。这种同样的下降趋势也发生于大部分其他行业，这或许反映了已经修正的政府关于最佳税收水平的观点。

基于第二章对于税收问题的一般性讨论，第三章专门讨论了矿业特许税费。第三章重点讨论了矿业特许税费的目的，由于矿种不同而存在的矿业特许税费的设征方式和水平，矿业特许税费不同种类和水平的事例，以及矿业特许税费概念对于私人当事人安排的适用问题。分析结果显示，在全球范围内，矿业特许税费的方式多种多样，并没有形成任何明显的趋势。大多数国家对矿业部门征收某种形式的矿业特许税费，但是另外一些国家（如智利、丹麦的格陵兰、墨西哥、瑞典和津巴布韦）却并不这样做。智利、南非和津巴布韦目前正在考虑引入征收矿业特许税费的做法。

总结和结论

设计矿业特许税费制度的一个关键性政策决定是,该制度将在什么程度和范围内对不同的矿种予以区别对待。针对每一矿种使用一种独特的评估方法的优点是,它能够切合该矿种的市场营销、物理属性以及相应的盈利情况。拥有多种矿业且矿业历史发展充分的许多国家对不同矿种予以区别对待。它们或者在矿业特许税费的方式上,或者在矿业特许税费的税费率方面,或者同时在这两个方面,实行区别对待。其他一些国家则使用一种更为统一的方法,也就是对所有的矿种,或者至少是对同类矿种,征收相同的税费。对不同矿种予以区别对待的大多数制度,它们被视为"透明的"。这是因为,计征基础以一种最适合每种矿产资源产品的方式得到了公布,而并不是依赖于行政性的解释。然而,对矿种不予区别的制度也有一些优点,特别是当其适用于混合性矿产资源产品(例如从许多块状硫化物矿床中开发的浓缩矿产品)的时候。以盈利性或者收入为计征基础的从利型矿业特许税费制度的明显优点之一,是它们不需要区分对待被开发的不同矿种,可以适用于任何矿种或者任何规模的矿业运营。

对35个以上国家的矿业特许税费制度进行研究后发现,大多数的矿业特许税费方法可以归类为下列三种类型之一:以单位为计征基础(从量型),以价值为计征基础(从价型),或者,以利润为计征基础(从利型)。一些国家,不过只有少数几个,采用将三种类型中两种或两种以上进行结合的混合制度。使用最为普通的方法是从量型制度和从价型制度,不过从利型制度正在得到日益增长的使用,特别是在多元化的经济体中。

从量型方法通常适用于量大价低的同质化"批量"大宗矿产资源产品,例如建筑材料、铝土矿、铁矿石、磷酸盐和钾盐等。从量型矿业特许税费非常适合于对不同运营规模的区分,因而它通常被视为一种规模浮动方法。从量型矿业特许税费提供了一定程度的和持续不断的财政收入来源,而且相对容易进行管理。

同从量型矿业特许税费一样,从价型矿业特许税费的征缴也不区分矿场的盈利或者亏损。然而,与从量型矿业特许税费所不同的是,从价型矿业特许税费随着商品价格波动而波动。对于从价型矿业特许税费,既可以进行简单的管理,也可以进行复杂的管理,而这取决于如何界定价值。在对不同法域的从价型矿业特许税费进行比较的时候,必须注意的是,除非计征的所有基础相同,不要孤立地比较税费率。从价型矿业特许税费税费率既可以对所有矿产资源产品的销售都一视同仁,也可以基于矿产资源产品的销售量或者累进价值,根据规模浮动方法而有所区别。通常的一个价值是所谓的矿业企业净回报(net smelter return, NSR)。在矿业企业净回报中,应税额考虑了生产者在支付冶炼和精炼费用后所产生的回报。为了计算矿业企业净回报,那些与进一步下游加工相关的成本,在计算矿业企业净回报特许税费方法的计征基础前,已经得到了扣除。

从利型矿业特许税费制度主要用于这样一些发达国家,即,既拥有强大的矿业产业,也拥有强大的税务管理。这种矿业特许税费制度给政府提供了一种不确定的财政收入来源,而且行政管理上复杂。但是,对于政府而言,它们可以产生高水平、长期性的税收收入,并且满足大多数投资者的判断标准。

虽然从量型矿业特许税费简单、容易计算,但是从价型矿业特许税费也并不难计算。在从量型矿业特许税费的情况下,所需要的只是了解所开发生产的产品的数量,而在从价型矿业特许税费的情况下,了解矿产资源产品的价值是不可或缺的。简单地从价型矿业特许税费制度使用一种"实现价值"(例如,客户的发票)作为计征基础。更复杂的方法是在估算矿产资源产品的价值时,使用其他方法,诸如将公开报道的国际参考价格适用于矿产资源产品的某些方面,寻求独立评估师(如钻石产品)的意见,或者使用不计算某些成本(如运输、保险和运费)的估算值。从利型矿业特许税费的评估方法往往要更为详细,反映慎重考虑如何将所有收入和成本(通常包括资本和经常性的营运成本在内)进行处理的需要。

对于矿业特许税费的方法,政府和投资者有着不同的目标(或者目的)和偏好。政府通常倾向于从量型方法和从价型方法,而投资者则更喜欢从利型方法。政府倾向于喜欢那些稳定的、公正的、能够产生持续财政收入的、易于管理的并且服从于目标分配的矿业特许税费制度。公司则更偏好以支付能力为基础的方法,能够让其早些回收资本的方法,能够对下游市场价格作出反应的方法,不会扭曲生产决策(例如,边界品位或者矿场寿命)的方法,不会显著增加运营成本的方法,并且服务于向受影响的利益相关者进行直接分配的方法。无论是政府还是投资者都喜欢高度透明的矿业特许税费制度。

在考虑关于矿业特许税费的任何一种方法时,政府需要注意是否能够对所选择的方法进行有效率的、有效果的管理。大多数政府往往想减少它们的税务征收和监督部门的人员,因此,对于那些行政管理资源有限的政府来说,简便的矿业特许税费方法比相对复杂的方法更受欢迎。根据本项研究对国家层次和地方层次的矿业特许税费方案的研究分析,复杂的从利型矿业特许税费制度主要是这些发达国家的一个特点,即,相对而言,它们的税务收入员和审计人员资金充足、训练有素。矿业特许税费的征收和监管责任可能由负责执行所有矿业法律的部门承担,也可能由通常的税务办公室承担。如果责任由矿业部门承担,那么,可能由于对被出售的产品有较高水平的理解,就会提高对价值之类的事项有效地作出合理决定的能力。然而,在低价格下或者矿业产业不景气的运营时期,这种理解也可能导致对于这种矿业特许税费在适用方式上缺乏中立性。健全的矿业特许税费制度清晰地明确规定纳税人的各项义务,包括诸如以下细节:需要计收矿业特许税费的最终矿业产品(是未经加工的还是经过加工的)、评值方法、将以何种特别销售方法(例如,期货、预售、对冲和长期合同)进行处理的方式、申报矿业特许税费义务的方式以及周期(税费返还)、缴付方式和地点、可用于缴付的货币、对预计和实际的销售额进行调整的措施、修正关联交易的方式、对违法行为如何课以罚款和收缴罚款,以及对评值的异议程序或者关于申请税费豁免或者缓缴的程序。

对于政府决策者来说,另一个关键性问题是矿业特许税费的分配。设征像矿业特许税费这样一种专门产业部门税,同那些普通适用的税种相比,在政治上更容易直接针对已经确定的利益相关者(而不是为了公共财政而预先确定的)。许多国家在省级层次上设计矿业特许税费的征收和分配,而另外一些国家已经参加了关于是否应该将矿业特许税费的部分收入分配给受影响社区的讨论(个别政府现在要求这样做)。

按地区分布而言,非洲大多数国家,矿业特许税费由中央政府征收并通过年度财政预算程序进行分配。多数政府已经选择从价型矿业特许税费,税费率一般在3%左右。钻石在许多非洲国家是矿业的关键部分,通常被课征高于其他矿种的税费率。大多数矿业法典规定了在例外情形下矿业特许税费的免缴和缓缴。

在亚洲和太平洋地区,一些国家设征缴纳给中央政府的矿业特许税费,而另外一些国家则更愿意为省级层次或者地方层次设征。大多数政府对大宗矿种设征从量型矿业特许税费,对其他矿种则征收从价型矿业特许税费。个别国家允许在困难时期免缴或者少缴矿业特许税费,但是大多数国家不允许这样做。大部分从价型的税费率在2%—4%之间。

在澳大利亚,矿业特许税费的设征和征收在州级层次上进行。矿业特许税费制度的规则通常十分详细而具体,因矿种不同而有所不同。澳大利亚的大多数州对工业矿种设征从量型矿业特许税费,而对其他矿种则适用从价型矿业特许税费。有一个州对所有矿种采用统一的从利型矿业特许税费制度,但是有两个州只对少数特殊矿种适用从利型矿业特许税费。一些州允许在困难时期缓缴或少缴矿业特许税费,但是其他州则不允许。从价型的税费率通常在2%—4%之间的范围以内。

在拉丁美洲，矿业特许税费通常采取从价型方法，而且大多数国家的税费率处于2%—3%之间。一些矿业生产大国或者省份（州），例如墨西哥和阿根廷的一些省份不征收矿业特许税费。征收矿业特许税费的国家常常将税费分配给资源地的居民，而不是为了增加中央财政收入而对其进行设计。对于处于财政困难时期的公司，大多数国家不允许缓缴。

在北美洲，加拿大和美国在联邦政府层次上不设征矿业特许税费。在加拿大，矿业特许税费的管辖权主要是由各省享有。但是在美国，矿业特许税费制度非常复杂，而且通常同矿产资源所有权的性质有关。在加拿大，几乎所有矿种的矿业特许税费都是从利型的，税费率一般高于5%（还有一些超过10%）。在美国，属于州所有或者出现于州所拥有土地上的矿种，通常是从价型矿业特许税费的对象，尽管一个重要的矿业州（即内华达州）采用从利型矿业特许税费制度。

国内法中所规定的从价型和从利型的矿业特许税费的方法，国与国之间的差异很大。因此，在比较矿业特许税费税费率的时候，必须审慎，确信能够清楚地理解矿业特许税费的税基。对于分布于世界各地的一些国家，在随附光盘（中文版略）的附录A1中，总结汇报了它们矿业特许税费立法的节选和摘要。对这些法律进行研究分析，并没有发现在矿业特许税费同矿产资源是否具有多样性之间存在很强的联系。同样地，拥有世界上丰富矿藏的国家同其他国家相比，并不是通常征收更高或者更低水平的矿业特许税费。不过，对这些制定法的分析研究，确实发现了国家富足程度同矿业特许税费类型之间的关系，例如，从利型矿业特许税费制度的国家都限于发达的经济体。但是，在宽泛的经济指标（例如，国内生产总值，以及矿业对国内生产总值的贡献）和有效税费率之间，也并没有显示出某种关系。国家之间的矿业特许税费缺乏相似性，归因于这样一个事实，即，每个国家都独一无二，有着自己的法律体系、历史、政治机构和利益集团。

尽管国家之间的矿业特许税费制度存在很大差异，但是在私人当事人之间经过协商所达成的协议中，特许权使用费种类的多样性和范围或许更大。出现于私人当事人安排下的特许权使用费的种类虽然形式多样，但是总体上可以按照对政府所设征矿业特许税费进行分类的同样方法，予以分类，即，从价型、从量型以及从利型或收入型。尽管理论上的建议是，在选择矿业特许税费的方法以及相应的税费率时，矿产资源的具体质量应该是决定性因素，但是所有者的本体特征及其风险经历却时常是最重要的因素。当矿产资源权利属于私人所有，并且存在一个已经建立的供矿产资源权利进行积极交易的市场的情况下，例如在澳大利亚、加拿大和美国，以一个固定的（销售）数量或者金额来对矿产资源权利进行一次性交易的方式，效果良好。更喜欢这种方式的所有者通常不喜欢风险，而且，相对于矿业公司而言，在争取合同中于己有利的条款和条件方面，这些私人所有者讨价还价的能力较低。另一方面，国家偏爱有期限的矿业特许税费。这是因为，第一，对于随着时间流逝而出现的资源损耗，有期限的矿业特许税费会是一种系统性的补偿；第二，当矿藏产生超额产出时，它允许用一定程度的风险共担来换取更大的回报；第三，政府可以用它证明，国家的自然资源是为了公众利益而进行开发的。在国家拥有矿产资源所有权的国度，私人当事人的矿业特许权使用费经常同某一矿业权的持有人之间的更替（比如，在一个大型矿业公司和一个小型勘探公司之间）相关。相反地，在矿产资源所有权属于私人而不是国家的地方，私人当事人之间的矿业特许权使用费安排常常是在矿产资源所有者和矿业公司之间（例如，在不久之前，南非一直如此）。偶尔地，一个公司同一个社区、部落或者土著社团（例如，在澳大利亚、加拿大、菲律宾和美国的一些地区）之间也会就矿业特许权使用费进行磋商。私人当事人之间的安排通常并不排斥同时缴纳政府设征的矿业特许税费的义务。

尽管有这么多形式各异的矿业特许税费方法可供选择，但是，一个税收政策分析者应该如何将一种方法同另外一种方法进行比较呢？在第四章中，九种矿业特许税费计算方案被应用于三个矿种（金矿、铜矿和铝土矿），以确定它们对矿产经济的影响。之所以选择这些模型化的矿业特许税费方法，是因为它们能够验证那些目前正在使用的方法，以及那些经常成为公司和政府的税收决策者之间辩论主题的方法。这九种方案使用了三个主要的矿业特许税费类型：从量型（1个模型），从价型（6个模型）和从利型（2个模型）。这项模拟清楚地证明：在税收政策分析中，这些模型的使用能够成为一项有价值的工具。一个分析者在多种成本和价格的情形下，能够迅速地确定拟议方案的影响，无论是对政府收入的影响，还是对投资者内部收益率和净现值的影响。

人们时常讨论，某一矿业特许税费的设征能够影响生产决策。矿场设计根据基本参数进行，包括边界品位、储藏量和矿场寿命，所有这些参数都受到成本的影响。以任何形式设征的一种矿业特许税费都是一项成本，尤其是从量型和从价型的矿业特许税费，并因此会影响为了优化矿场利润而设定的生产参数。这些影响应该成为政府税收政策制定者的关心事项。如果矿业特许税费税费率设定得过高，就会给矿场强加一项巨大的成本，净税收财政收入可能会比在没有矿业特许税费时还要少。矿业特许税费仅仅是数项税费种类中的一项，而且其他的所有税收都可能会受到影响。例如，如果一种矿业特许税费导致矿场寿命缩短，那么，对于在一个较低矿业特许税费下采矿将会继续进行的那些年月中所能够产生的所得税、矿业特许税费、股息红利以及其他收入，将会全部失去。过去常常用一个铜矿模型来说明，在给定的一系列假设条件下，一项矿业特许税费可能给投资者和政府的回报或者收入所产生的影响。

在选择一种矿业特许税费方法和税费率（如果需要有相应的税费率的话）的过程中，税收政策制定者不仅需要考虑税收将会如何影响个别矿种，还要考虑它将会如何影响投资者。在当今的全球化经济中,在决定到哪里投资进行勘探和开发时,投资者有许多国家可供选择。在比较可能的投资地点时,公司将会既考察总体的投资环境,也会考察个别的因素和指标。除了地质方面的潜在性外,至关重要的因素将会是那些威胁稳定性的因素,例如政治的、意识形态的和社会的风险,以及那些危及盈利性的因素,例如成本、环境义务、社会义务和税收。为了阐释投资者对矿业特许税费的敏感性,第五章提交了五项简明的案例研究报告。这些案例研究描述了智利、牙买加、巴布亚新几内亚、南非和西澳大利亚州这五个法域内的矿业特许税费和投资情况。这些研究证明,矿业特许税费过高能够对投资水平产生影响,而且对这种影响进行量化基本上是不可能的。在智利和南非,征收新矿业特许税费的可能性已经减弱了投资者关于这些地区的投资环境相对具有吸引力的认识。在牙买加和巴布亚新几内亚,矿业特许税费的大幅度增长导致了,或者说加剧了勘探和投资的低水平;而在西澳大利亚州,一项合理而且理由充分的针对金矿的从价型矿业特许税费,相对于历史投资水平而言,并没有显现出具有多大影响。

公司也关心矿业特许税费的财政收入将会如何予以分配。历史上,矿业特许税费被中央或者地方政府大量保留,几乎没有分给采矿活动发生的地区或者社区。其结果是,矿业地的社区不仅几乎没有受益,相反还要承受与矿业活动有关的不利影响的冲击。尽管大多数国家目前仍然将矿业特许税费纳入一般财政收入,并通过财政预算程序进行分配,但是有越来越多的国家,特别是在拉丁美洲,确定的分配目标范围更为狭小。在第五章中,简要地描述了这些国家的分配方案,即,阿根廷、巴西、中国、加纳、印度尼西亚、纳米比亚、巴布亚新几内亚、秘鲁、菲律宾和南非。在今天的经营环境中,公司日益关注同可持续发展、社区参与以及如何为这些付费之类的相关问题。如果要征收矿业特许税费,大多数矿产公司愿意选择将矿业特许税费的至少一部分要么分配给受影响社区,要么投入可以识别的公共基础设施。矿业特许税费更适合简单的和有针对性的分配到下级政府或者受影响的利益相关者,而不是作为根据所得税规定所征收的一般财政收入。在那些不将矿业特许税费在地方层次分配的国家,已经出现的问题是:作为一项成本的矿业特许税费,是否会削弱公司在受影响社区进行投资的能力和意愿。

矿业特许税费能够在两个层面上影响勘探投资:绿野勘探和棕地勘探。* 这种影响可能取决于公司内部在勘探成本方面作出决定的部门。如果勘探的投资决定是由勘探子公司作出,那么,可以认为,相对于由必须实现利润目标的一个公司内部单位作出决定而言,勘探子公司对于影响采矿盈利性因素的考虑要小一些。绿野勘探常常由勘探子公司控制,而棕地勘探则往往处于采矿部门的控制之下。因此,至少在短期内,矿业特许税费的设征对棕地勘探比对绿野勘探可能会具有更大的影响。

公司在评估投资环境时将会考虑的另一个因素是税收的稳定性。不稳定的税收制度产生了这样一种风险,即,公司的经济预测和决策可能建立于错误的假设之上。矿业特许税费的方法和税费率可以采用很多方式予以稳固,包括通过专门协议以及议会制定法规定税费率,而不是由行政机构以行政法规设定税费率。

在一个国家争取具有竞争力方面,税收特别是矿业特许税费的重要性如何?矿业特许税费重要性的表征可以通过民意调查的方法获得。联合国一项关于矿业公司的调查结果显示,在一份涉及60项可能的投资指标因素清单中,前15项因素中有4项是与税收有关的因素。菲莎研究所组织了一项关于比较矿业部门财政制度的相对吸引力的年度民意调查。调查涉及许多国家,确定受访者对一个国家整体矿业税收制度态度的下列选项的比例,即,(1)鼓励投资;(2)不阻碍投资;(3)轻微的阻碍投资;(4)强烈的阻碍

---

* 绿野(greenfields)是指没有经过工业利用或者开发的土地,或者没有经过城镇化开发利用的土地;棕地(brownfields)则是指工业或者城镇正在利用着的土地。——译者注

投资,以及(5)过于繁重而排斥投资。然而遗憾的是,没有任何民意调查在整体矿业部门税收制度之外单独考虑投资者对矿业特许税费的观点。在排名前10位的税收制度最具吸引力的国家当中(根据菲莎研究所的调查结果),1个国家没有设征矿业特许税费,3个国家使用从利型矿业特许税费,2个国家使用从利型和从价型相结合的矿业特许税费,3个国家使用从价型方法,1个国家使用从价型制度但伴以从利型的规模浮动方法。非常清晰的是,在这一调查中,相对于其他类型的矿业特许税费,公司更喜欢从利型这一类型。

不设征矿业特许税费的国家将时而面临来自市民社会要求设征的压力。在本项研究所涉及的范围广泛的国家中,阿根廷的一些省份、智利、墨西哥、南非、瑞典和津巴布韦不设征矿业特许税费。但是,在本项研究成果即将出版时,智利、南非和津巴布韦都正在考虑引入矿业特许税费。当矿产品价格低下而矿场采掘和销售矿产品都因此不用缴纳所得税的时候,或者当价格非常高而社会感觉它没有充分分享丰厚的利润的时候,要求设征矿业特许税费的压力会变得特别严重。因为很多矿场由外国利益集团所有,或者至少一部分为外国利益集团所有,它们格外地容易受到关于外国人开发资源言论的攻击。在政治制度体系中,有些人利用这些主张来获取广泛的支持。弥补这一漏洞的是这样一个事实:从量型和从价型的矿业特许税费是这样一项成本,即,如果设征,它可能导致利润微薄的矿场关闭。尽管矿场仅仅雇佣了很小比例的本国劳动力,但是,即使是在矿业主导型经济中,它们在当地和社区经济层次上却可能是十分重要的。间接失业的乘数效应能够对单个社区产生重大影响,而受到矿场关闭影响的选民将会强烈地提倡抵制矿业特许税费。在有数目巨大的工人受到矿场潜在关闭影响的地方,比如波兰(煤矿工人)和南非(金矿工人),大规模裁员的威胁在极端情况下可能会构成对国家稳定的挑战。对于政府来说,矿场存在以及相应的社会义务有时候比获得矿业特许税费更为重要。因为这些原因,许多国家允许在困难时期对矿业特许税费予以少缴、缓缴或者豁免。

许多类型的矿产资源产品都是在世界市场中竞争的商品。矿业特许税费在多大程度上能够影响这些市场?关于矿业特许税费影响市场最显而易见的方式,简单地说,它是一种成本。如果来自一个国家的甲生产者必须要缴纳矿业特许税费,而来自另外一个国家的乙生产者不需要缴纳,那么甲生产者就具有较小的竞争力。如果许多生产者都必须缴纳,那么消费者将会支出更多,因为矿业特许税费这一成本流经全球市场。如果一种矿产资源商品的市场价格上涨了,这种商品就更容易被一种更便宜的替代品或者通过回收进行的二次生产的商品所取代。

综上所述,本项研究试图解决同矿业特许税费有关的许多问题和事项。研究的目的无疑是提供一种针对矿业特许税费的全面的、客观的、中立的分析,能够供政府和矿业界在认真讨论有关矿业特许税费及其各种表现形式的优点和缺点时参考使用。

二、建议和最佳做法

一个国家的地质、经济、社会和政治环境导致该国具有独特性。非常适合于一个国家的矿业特许税费路径对于另一个国家来说可能并不切合实际。不分情况地讲矿业特许税费是好或者是坏,也不是明智之举。因为这些判断取决于所涉各方的环境、项目的经济价值以及有关人员的看法。尽管存在这些限制,然而,提出可以适用于大多数情况的建议却是可能的。

(1) 在设计一项税收制度时,决策者应该注意税收对矿业经济以及对未来的潜在投资水平所可能产生的累积性影响。在决定将何种税收及其税负适用于矿业部门时,决策者不应该仅仅考虑实现单个税种目标的方式,而且还必须将所有税种的累积性影响考虑在内。这种意识包括必须承认每一个税种在实现特定目标方面的重要性。无论对于国家还是对于投资者而言,整体的税收体制都应该是公平的,应该是具有全球竞争力的。

(2) 对于眼下财政收入同长期收益之间的关系,应该慎重权衡。眼下财政收入是指从包括矿业特许税费在内的税种的高税负中所能够获得的财政收入,长期收益是指从能够对长期发展、基础设施和经济多元化作出贡献的一种可持续发展的矿业中所能够获得的收益。

(3) 在影响政府就矿业特许税费有关事宜作出决定方面,矿业企业可以发挥一种应有的作用。它们有能力向政府提供有关矿业特许税费对下列事宜影响的定量评估:潜在的总体投资,贫瘠矿场的关闭以及这些关闭的影响,国家矿产资源储量总量的变化,以及诸如此类的事宜。获得此类信息的政府将能够作出更合理的决定。

(4) 在国家具有吸引投资者的强烈愿望的情况下,它既可以考虑放弃矿业特许税费而依赖于一般税收体制,也可以认可投资者更愿意接受按其能力纳税的强烈偏好。对于一个寻求同其在矿业部门投资领域进行竞争的其他国家实行不同制度的国家而言,它会发现以所得或者利润为计征基础的收入型或从利型矿业特许税费是一种投资激励措施。同其他形式的矿业特许税费方案相比,虽然从利型矿业特许税费制度存在固有的实施难度,但是,对于有能力对所得税进行有效管理的政府,它最好实施从利型矿业特许税费。

(5) 设征矿业特许税费的政府应该采取下列措施:

——为了评估矿业特许税费制度的变化将会对矿业部门产生的影响,征询矿业产业的意见。

——实施一种或者几种透明的制度,以及在有关法律和法规中规定一种足够详细的具体规定,从而让所有矿产资源税费计征基础的确定事宜都清晰明确。

——在税费征收机构的能力范围内,选择一种或者数种适合于进行有效率的和有效果的行政管理的矿业特许税费方法。

——无论是在加强财务报告方面还是在加强对矿业部门税务负有设定和征收职责的行政机构的体制能力建设方面,都需要给予优先考虑。因此,政府可以考虑矿业特许税费供选方案的全部范围,而不是仅仅限于那些最简单的方法。

——基于纳税能力,慎重地考虑矿业特许税费的所有供选方案(从利型的各种制度)。

——避免过高的从量型或者从价型的矿业特许税费税费率。过高的税费率将会严重影响诸如边界品位和矿场寿命这类生产参数。

——对于遭遇金融困境的矿业企业,规定一种它们可以申请缓交或者免交矿业特许税费的方法,条件是它们完全满足预先设定的条件。

——允许将已经缴纳的矿业特许税费从应当缴纳所得税的收入中予以扣除,或者允许用其冲抵应纳所得税额。

——对于个体和小规模经营者,在一般的矿业特许税费方案不应该实施的情形下,规定替代性措施。

(6) 在受影响社区能够直接从矿业收益中分享利益的情形下,决策者和企业应该考虑采取一些措施,其中包括下列措施:

——承认这种收益可以通过包括或者不包括税收在内的多种措施得以实现。

——平衡包括矿业特许税费在内的整体矿业税收制度,为企业投资于社区和地区层次上的可持续发展项目计划提供一种激励机制。

——制定法中规定,允许矿业企业直接向资源地社区支付一定份额的矿业特许税费(或者其他形式的矿业税费),而不必经过中央税务机构;或者作为一种替代方式,规定这样一种制度,即,确定的资源地社区的份额通过中央税务机构缴纳,但是以一种透明而及时的方式进行分配。

(7) 在以一种提高公众参与度的透明方式处理矿业特许税费

缴纳方面,决策者和企业应该承担共同责任。总的来说,源于矿业部门的财政收入应该对经济增长和社会发展作出贡献。特别是在发展中国家,关于这些财政收入方面的责任制和透明度的缺乏,往往加剧了治理不善,导致了腐败、冲突和贫困。关于报告财政收入的许多原则已经获得了国际性的认可。但是对于有些问题,关于最佳做法的共识仍然处于形成之中。在这方面的一项重大发展是《采矿业透明度倡议》,它是这样一项程序,即,国家和矿业企业自愿同意系统地记录并公开政府已经收到的、矿业企业已经缴纳的财政收入。

（8）从宏观经济的角度来看,政府的优化目标应该是,对来源于矿业部门长期的社会利益（包括但不限于政府的税费收入）的净现值予以最大化。这意味着需要寻求一种平衡。这是因为,如果税收过高,随着投资者转向其他替代性领域,投资和税收基础将会降低;如果税收过低,国家将损失服务于公共福祉的有用财政收入。